油气田企业
安全监督工作手册

主 编◇赵国安　副主编◇焦亚军　胡百中

石油工业出版社

内 容 提 要

本书总结了油气田企业在安全监督工作方面的最新实践经验，紧贴安全监督人员在安全环保理念、知识和技能方面的实际需求，针对油气田企业安全监督工作方面的实际案例，依据 HSE 监督人员在专业知识和监督要点的有关规章制度，对相关安全法规、标准规范、现行安全管理理念、制度、技术，以及安全监督的方法和技巧进行了全面梳理和总结，内容丰富而翔实，具有很强的知识性和实用性。

本书可作为安全监督和安全管理人员的工具书，也可用于各类安全监督和安全管理人员学习和培训的教材。

图书在版编目（CIP）数据

油气田企业安全监督工作手册 / 赵国安主编. —
北京：石油工业出版社，2025.3. -- ISBN 978-7
-5183-7196-9

Ⅰ. F407.22-62

中国国家版本馆 CIP 数据核字第 2024J4N774 号

出版发行：石油工业出版社

（北京安定门外安华里 2 区 1 号　100011）

网　　址：www.petropub.com

编辑部：（010）64523550　　图书营销中心：（010）64523633

经　　销：全国新华书店

印　　刷：北京中石油彩色印刷有限责任公司

2025 年 3 月第 1 版　2025 年 3 月第 1 次印刷
787×1092 毫米　开本：1/16　印张：17.75
字数：355 千字

定价：180.00 元
（如出现印装质量问题，我社图书营销中心负责调换）
版权所有，翻印必究

《油气田企业安全监督工作手册》
编写组

主　编： 赵国安

副主编： 焦亚军　胡百中

委　员： 周　磊　马　良　周晓珉　唐培林　黄　程　汪韶雷
　　　　　唐　磊　王合安　柯　研　范　良　李乐乐　张益臣
　　　　　徐欢欢

编写人： 李乐乐　雷　飞　牛凯杰　王　飞　李建国　赵　雄
　　　　　李文举　董鹏飞　秦　奇　于路均　张琳婧　沈国龙
　　　　　鲁　磊　刘丽雯　陈素银　倪海龙　牛军帅　张盼锋
　　　　　蔡　军　杨　哲　张　强　朱梦茹　李国旗　崔文军
　　　　　李发智　夏　辉　巨　龙　夏大林　张铭春　周　璐
　　　　　胡涛山　宋英发　李辉龙　孙佳慧

生产工作进行监督护航。在日常工作中，广大监督工作者不断地发现问题、协助解决问题，不断地推动企业及各单位、部门提升 QHSE 管理水平，在长期以来的现场实践中积累了丰富的经验，这些经验对企业来说，是一笔宝贵的财富，是企业夯实安全环保基础、培养优秀安全管理人才，实现长治久安的传承。

《油气田企业安全监督工作手册》《油气田企业工程监督工作手册》《油气田企业监督实践工作手册》是奔赴在一线的广大监督工作者结合监督工作实际，梳理监督过程中的标准规范、典型做法、问题图片、风险预警等形成的知识、经验汇编。该系列工作手册的出版，为广大 QHSE 工作者开展安全及监督工作、业务管理人员提升 QHSE 履职能力、新员工入场培训提供了有效的工具，是一套理论与实践结合的高质量丛书。

在国家持续繁荣昌盛、企业持续高质量发展的时代背景下，广大 QHSE 工作者要进一步认清面临的形势，持之以恒地为企业的安全平稳保驾护航。要不断学习新标准、新知识、新技能，结合现场实际，探索更为高效的 QHSE 管控模式，总结固化好的经验做法，为油田企业的有效益、可持续、高质量发展贡献智慧和力量。

前言

安全监督是保障企业各级人员、承包商队伍守规矩、讲标准、落实安全生产职责的重要力量，是保证现场安全生产、风险管控措施落实的重要保障，是守护企业和员工生命财产安全的卫士，对推进 QHSE 管理体系、强化风险管控起着关键的保障作用。其责任大、影响广、担子重、任务硬，安全监督人员作风素质、工作效率、监督的质量直接代表着企业安全生产管理水平。为了统一和规范安全监督工作标准，促进各级监督人员深入、有效地开展监督工作，编写组依据相关法律法规、标准规范、规章制度，并结合公司监督实践经验，编写了《油气田企业安全监督工作手册》。

本书主要依据国家法规标准、行业标准、中国石油天然气集团有限公司企业标准、HSE 体系文件及相关管理制度等编写而成，具体阐述了现场监督检查工作流程，以及对各种作业、各种设备和基层基础管理的监督检查重点，为安全监督人员学习业务、提高技能、更好地开展工作提供了第一手资料。

希望各级安全监督人员牢记自身的责任和使命，不断学习本书的内容要求，掌握充分的安全知识、法规制度及生产技能，严格按照监督工作程序和标准实施现场监督工作，确保油气田企业安全生产工作长治久安。

目录 Contents

第一章　安全监督部门及监督人员职责

第一节　企业 QHSE 监督部门职责 ………………………………… 2

第二节　二级单位 QHSE 监督机构职责 …………………………… 3

第三节　安全监督职责 ……………………………………………… 4

第四节　安全监督权力 ……………………………………………… 5

第二章　特殊作业

第一节　特殊作业现场通用要求 …………………………………… 8

第二节　动火作业 ………………………………………………… 10

第三节　吊装作业 ………………………………………………… 14

第四节　高处作业 ………………………………………………… 18

第五节　动土作业 ………………………………………………… 22

第六节　临时用电作业 …………………………………………… 25

第七节　管线打开（盲板抽堵）作业 …………………………… 28

第八节　受限空间作业 …………………………………………… 31

第九节　断路作业 ………………………………………………… 35

第十节　射线作业 ………………………………………………… 37

第十一节　屏蔽安全设施作业 …………………………………… 39

第三章　场站管理

第一节　页岩气平台 ……………………………………………… 42

第二节　煤层气井场 …………………………………………… 50
　　第三节　采油井场 ……………………………………………… 55
　　第四节　集气站 ………………………………………………… 58
　　第五节　化验室 ………………………………………………… 66
　　第六节　水处理站 ……………………………………………… 68
　　第七节　联合站 ………………………………………………… 71
　　第八节　长停井 ………………………………………………… 78
　　第九节　提 XAI 项目 …………………………………………… 80
　　第十节　光伏发电项目 ………………………………………… 88
　　第十一节　LNG 场站 …………………………………………… 96
　　第十二节　CNG 场站 ………………………………………… 105

第四章　工程技术
　　第一节　钻井作业 ……………………………………………… 114
　　第二节　井下作业 ……………………………………………… 151

第五章　工程建设
　　第一节　管道建设 ……………………………………………… 194
　　第二节　场站建设 ……………………………………………… 209

第六章　专项监督
　　第一节　危险化学品 …………………………………………… 216
　　第二节　环境保护 ……………………………………………… 219
　　第三节　防爆电气 ……………………………………………… 226
　　第四节　消防管理 ……………………………………………… 233
　　第五节　应急管理 ……………………………………………… 237
　　第六节　交通管理 ……………………………………………… 240
　　第七节　特种设备 ……………………………………………… 242

附录

附录一 生产作业现场应急物资配备标准 ………………………… 262
附录二 医疗急救包应急物品配备标准 …………………………… 268

第一章

安全监督部门及监督人员职责

第一节　企业QHSE监督部门职责

（1）建立健全安全生产监督工作制度和程序。

（2）制订并实施安全生产监督工作计划，组织落实安全生产监督工作指令。

（3）负责有关安全生产监督人员的培训、履职能力评估、考核、奖惩和履职督查。

（4）定期向企业安全总监报告安全生产监督工作情况。

（5）及时通报发现的问题，并提出处理建议，对有关部门的问题整改情况和处理建议落实情况进行通报。

（6）参与突发事件现场应对和生产安全事故现场调查等。

（7）指导、督导二级单位监督工作，同时推动公司安全文化建设工作。

第二节　二级单位 QHSE 监督机构职责

（1）负责监督本单位贯彻落实国家和上级 QHSE 方针、政策、法规和制度，并积极开展 QHSE 监督工作。

（2）每月将本单位 QHSE 监督工作开展情况进行汇总、分类，分析问题根源，制订下步风险管控措施，并向本单位安全总监汇报，定期根据本单位问题开展四查工作。

（3）负责监督本单位生产建设各类施工作业现场及作业许可执行情况。

（4）负责监督本单位及所辖承包商违章的查处与处理，跟踪落实违章人员的培训与评估。

（5）监督本单位及所辖承包商危害识别、风险评估、风险削减和控制工作。

（6）负责监督本单位及所辖承包商 QHSE 检查、HSE 培训工作的开展情况。

（7）负责本单位及所辖承包商违章档案的建立。

（8）负责对本单位外聘安全监督进行业务指导和培训提素、履职能力评估及考核。

第三节　安全监督职责

（1）持续强化"四种能力"（设计学习与执行能力、问题研判与预警能力、监督检查与分析整改能力、闭环管理与现场服务能力），不断提升业务素质及能力水平。

（2）对被监督单位执行落实安全生产法律法规、标准规范及公司有关规章制度和管理要求的情况进行监督检查，对发现的问题和隐患提出整改要求。

（3）纠正现场违章指挥、违章作业和违反劳动纪律等"三违"行为，提出预防措施和处理建议。

（4）总结分析现场工作情况，及时将监督工作情况反馈被监督单位，并向所在安全生产监督机构报告。

（5）开展违章问题分析，提出管理改进建议，违章问题闭环验证，独立完成监督报告，组织开展安全培训。

（6）安全生产监督机构赋予的其他职责。

第四节　安全监督权力

（1）根据监督工作计划，有权进入现场检查，调阅有关资料，询问有关人员。

（2）对发现的"三违"行为和安全管理失职行为，有权予以纠正或者要求限期改正，并依据有关规定对相关人员提出处理意见，责令被监督单位进行处理。

（3）对发现的影响安全生产的问题和隐患，有权责令整改；在整改前无法保证安全的，有权责令停止作业或者停工。

（4）发现危及人员生命安全的紧急情况时，有权责令立即停止作业或者停工检查，并责令作业人员立即撤出危险区域。

（5）具有对被监督单位的安全生产考核建议权。

第二章

特殊作业

第一节　特殊作业现场通用要求

（1）特殊作业实施安全生产挂牌制管理，建立高危作业区域安全生产"区长"制。在高危作业现场悬挂区长公示牌，标明区域范围、"区长"姓名、职务和有效的联系方式。公示牌应悬挂在高危施工区域入口处显著位置。

（2）特种作业人员取得特种作业资格证，持有效"特种作业操作证"上岗作业，生产、建设单位应组织作业申请、方案批准、现场作业批准、作业实施、气体检测、作业监护、属地监督、"区长"等人员开展作业许可培训和能力评估，并取得培训合格证后方可承担工作，培训合格证有效期为3年。

注：地面建设现场辅助作业的临时用工可不参与作业许可专项培训，但不得参与特殊、非常规作业，且必须做好入场安全教育和安全技术交底。

（3）施工作业前，应组织开展工作前安全分析，不得照搬照抄模板，必须结合现场实际进行全面安全分析。

（4）施工作业前，作业单位和属地单位按照工作前安全分析或作业方案中的要求落实各项安全措施，批准人或授权人现场对安全措施进行确认，方案审查和现场核查通过后，方案批准人、现场批准人、作业监护人、属地监督和受影响的相关方均应在作业许可证上签字。

注：原则上，审批人不准授权，特殊情况下确需授权，应当由具备相应风险管控能力的被授权人审批，但授权不授责。

（5）节假日、公休日、夜间（5月1日～10月31日：晚上9点至次日凌晨5点；11月1日～次年4月30日：晚上7点至次日早上7点），以及其他特殊敏感时期或者特殊情况，应当尽量减少作业数量，确需作业，应当实行升级管理。生产、建设单位及所管辖的承包商已明确周六、周日正常上班的，可不执行升级管理。

（6）作业单位应当根据不同作业类型、风险大小、工作量等综合因素确定作业许可时限，并符合《油田公司作业许可安全管理实施细则》

第二十八条的要求。

（7）作业前，作业区域所在单位应当会同作业单位对参加作业的人员进行安全技术交底，作业人员清楚现场环境、作业风险及应急处置措施。

（8）作业监护人对作业实施全过程监护。作业前，检查核实各项安全措施是否落实到位；作业期间，检查监督作业人员行为和现场安全作业条件，不擅自离开作业现场，不从事与监护无关的事。

（9）建设单位聘用的承包商在生产单位投入使用的设备设施属地内开展特殊作业、非常规作业，承包商必须向生产单位申请办理作业许可，建设单位、生产单位必须同时履行现场监管职责；在未投入使用（包括已建成未竣工验收）设备设施的属地内开展特殊作业、非常规作业的，承包商负责作业许可证审批，如果作业影响到生产单位生产安全，必须提前24h告知生产单位，生产单位应在作业许可证相关方中签字确认，并进行安全技术交底，建设单位履行现场监督职责。

（10）公司安全管理部门负责推广使用电子作业许可证，建设电子许可证审批系统，具备作业预约报备、风险数据库、线上会签、电子定位（确保现场审批）、数智分析及归档等功能，提升特殊、非常规作业风险管控效率和水平。

（11）同一作业区域应当尽量减少交叉作业。如发生交叉作业，应当由作业区域所在单位组织风险辨识，采取可靠保护措施，并指定专人统一协调管理，保持信息畅通。

（12）作业完毕，应当清理现场，恢复原状。作业申请人、现场作业批准人或属地监督、相关方应当及时进行现场验收，确认无隐患，并清除所贴挂标识。验收合格并签字后，方可关闭作业许可。

第二节　动火作业

一、作业风险

动火作业的作业风险包括火灾、爆炸、灼烫、触电、中毒等。

二、适用范围

在直接或者间接产生明火的工艺设施以外的禁火区内，从事可能产生火焰、火花或者炽热表面的作业，包括但不限于以下方式：

（1）各种气焊、电焊、铅焊、锡焊、塑料焊等焊接作业及气割、等离子切割机、砂轮机等各种金属切割作业。

（2）使用喷灯、液化气炉、火炉、电炉等明火作业。

（3）烧、烤、煨管线、熬沥青、炒砂子、喷砂、电钻、磨光机、铁锤击（产生火花）物件和产生火花的其他作业。

（4）生产装置区、油气装卸作业区和罐区、加油（气）站，连接临时电源并使用非防爆电气设备和电动工具。

三、监督检查要点

动火作业监督检查要点见表2-1。

表2-1　动火作业监督检查要点

监督项目	监督检查要点
作业许可审批监管	1.特级动火作业： （1）审批： 生产单位：基层单位主要领导审核，生产单位主要领导方案批准，生产单位分管领导现场确认批准； 建设单位：施工队伍负责人审核，承包商项目部负责人方案批准，承包商项目部分管领导现场确认批准。 （2）监护：属地监督全过程监督；作业单位配备专职监护人。 （3）票证期限：许可证有效期不超过8h。

续表

监督项目	监督检查要点
作业许可 审批监管	2. 一级动火作业： （1）审批： 生产单位：基层单位分管领导审核，生产单位业务部门负责人方案批准，基层单位分管领导现场确认批准。 建设单位：施工队伍负责人方案批准，施工队伍副队长现场确认批准。 （2）监护：属地监督全过程监督。 （3）票证期限：许可证有效期不超过 8h。 3. 二级动火作业： （1）审批： 生产单位：基层单位班组长方案批准，属地主管现场确认批准， 建设单位：施工队伍副队长方案批准，施工队伍班组长现场确认批准。 （2）监护：属地监督可以巡回监督。 （3）票证期限：许可证有效期不超过 72h。 4. 特级动火作业应预先制订作业方案。 5. 遇五级风以上（含五级风）天气，禁止露天动火作业。因生产确需动火，动火作业应当升级管理
作业前安全 条件检查 确认	1. 动火点相连的工艺管线、设备、电器仪表均进行隔断，无漏点。 2. 动火点相邻的工艺、设备及能够形成电气连接的附件完全断开，断开的电气仪表线路裸露部分进行绝缘包扎。 3. 动火点直接相连的阀门应上锁挂牌，按照方案标示的位置、编号逐一核查盲板安装和抽取，隔离盲板强度满足要求。 4. 油气生产装置、管线、设备动火作业置换应使用氮气等惰性气体进行，严禁使用空气置换。 5. 动火作业区域应当设置灭火器材和警戒，严禁与动火作业无关人员或者车辆进入作业区域。 6. 应当清除距动火点周围 5m 之内的可燃物。 7. 距离动火点 15m 范围内的漏斗、排水口、各类井口、排气管、地沟等应当封盖严密，对于有可能泄漏易燃、可燃物料的设备设施，应当采取隔离措施。 8. 动火点周围或者其下方的电缆桥架、孔洞、窨井、地沟、水封设施、污水井等，应当检查分析并采取清理或者封盖等措施。 9. 对于受热分解可产生易燃易爆、有毒有害物质的场所，应当进行风险分析并采取清理或者封盖等防护措施。因条件限制无法满足安全要求时，应当用阻燃物品隔离。 10. 在盛有或者盛装过助燃或者易燃易爆危险化学品的设备、容器、管道等生产、储存设施及火灾爆炸危险场所中生产设备上的动火作业，应当将上述设备设施与生产系统彻底断开或者隔离，不应以水封或者仅关闭阀门代替盲板作为隔断措施。

续表

监督项目	监督检查要点
作业前安全条件检查确认	11.进入受限空间的动火作业前，应当将内部物料除净，对易燃易爆、有毒有害物料应当进行吹扫和置换，打开通风口或者人孔，采取空气对流或者采用机械强制通风换气，并检测合格；在有可燃物构件和使用可燃物做防腐内衬的设备内部进行动火作业时，应当采取防火隔绝措施。 12.在较长的物料管线上动火，动火前应当在彻底隔绝区域内分段采样分析；在管道、储罐、塔器等设备外壁上动火，应当在动火点10m范围内进行气体分析，同时还应检测设备内气体含量；在设备及管道外环境动火，应当在动火点10m范围内进行气体分析；每日动火前均应进行气体分析；特级动火作业期间应当进行连续检测。 13.动火分析合格判定指标如下： （1）采用色谱分析等化验分析方法进行检测时，被测的可燃气体或者可燃液体蒸气的爆炸下限大于或者等于4%时，其被测浓度应不大于0.5%（体积分数）；当被测气体或者蒸气的爆炸下限小于4%时，其被测浓度应不大于0.2%（体积分数）； （2）采用移动式或者便携式检测仪进行检测时，被测的可燃气体或者可燃液体蒸气的浓度应不大于爆炸下限（LEL）的10%； （3）在生产、使用、储存氧气的设备上进行动火作业时，设备内氧气含量不应超过23.5%（体积分数）。 14.隔离措施满足防止物料流动、扩散、火花、焊渣飞溅的要求，隔离设施选用不燃或难燃材料。 15.特级动火作业时，各单位志愿消防队员负责特级动火作业的消防条件确认和现场监护，有条件的单位可以由专职消防队现场监护。 16.电焊工具完好、接地可靠，严禁用管道充作各种用电设备的导电体和接地线，一次侧电源线长度不应大于5m，二次线应采用防水橡皮护套铜芯电缆，电缆长度不大于30m，当需要加长导线时，应增加导线截面积，通过道路时，应架空或穿管保护。 17.非防爆配电箱、开关箱等临时用电设施设置在无可燃气体的安全地带。 18.气焊（割）动火时，气瓶检定合格（氧气、乙炔气瓶每3年一次，惰性气瓶每5年一次，见瓶体钢印），氧气瓶与乙炔瓶间距不小于5m，两者与动火点距离不小于10m，并应当设置防晒和防倾倒设施，乙炔瓶应当安装防回火装置；氧气瓶体不得沾染油脂等易燃品，乙炔瓶严禁放在绝缘体上使用。 19.风向标设置在现场便于观察的地方，作业人员避开油气流可能喷射和封堵物射出方位。 20.高处动火作业，使用的安全带、救生索等防护装备应当采用防火阻燃材料，不得用易燃材料搭设施工平台和人行道，并采取防止火花溅落措施。 21.遇五级风以上（含五级风）天气，禁止露天动火作业。因生产确需动火，动火作业应当升级管理。

续表

监督项目	监督检查要点
作业前安全条件检查确认	22. 应急通道畅通，紧急撤离路线标识清楚。 23. 现场灭火器、消防毯、空气呼吸器、防静电服、急救包等消防、应急物资器材配备符合作业方案要求，并摆放在动火点的上风向。 24. 气体检测设备必须由具备检测资质的单位检测合格，并确保其处于正常工作状态。被测可燃气体或者可燃液体蒸气的浓度应不大于爆炸下限（LEL）的10%，且应使用两台设备进行对比检测，记录气体监测数据，动火前气体检测时间距动火时间不应超过30min。
作业过程安全措施落实情况	1. 处于运行状态的生产作业区域和罐区内，凡是可不动火的一律不动火，凡是能拆移下来的动火部件必须拆移到安全场所动火。严禁在装置停车倒空置换期间及投料开车过程中进行动火作业。 2. 动火期间，在动火点10m范围内、动火点上方及下方不应同时进行可燃溶剂清洗或者喷漆作业，不应进行可燃性粉尘清扫作业；距动火点15m范围内不应排放可燃液体；距动火点30m范围内不应排放可燃气体或者存在液态烃、低闪点油品泄漏的情况；铁路沿线25m范围内的动火作业，如遇有装有危险化学品的火车通过或者停留时，应当立即停止。 3. 在作业过程中可能释放出易燃易爆、有毒有害物质的设备上或者设备内部动火时，动火前应当进行风险分析，并采取有效的防范措施，必要时应当连续检测气体浓度。 4. 动火作业人员应当在动火点的上风向作业，并采取隔离措施控制火花飞溅。高处动火作业使用的安全带、救生索等防护装备应当采用防火阻燃材料，必要时使用自动锁定连接，并采取防止火花溅落措施。 5. 使用气焊（割）动火作业时，乙炔瓶应当直立放置，不应卧放使用；氧气瓶与乙炔瓶的间距不应小于5m，两者与作业地点间距不应小于10m，并应当设置防晒和防倾倒设施；乙炔瓶应当安装防回火装置。 6. 在受限空间内实施焊割作业时，气瓶应当放置在受限空间外。 7. 使用电焊时，电焊工具应当完好，焊把线和二次回路线到位，电焊机外壳应当接地，与动火点间距不应超过10m。不能满足要求时应当将电焊机作为动火点进行管理。 8. 拆除管线进行动火作业时，应当先查明其内部介质危险特性、工艺条件及走向，并根据所要拆除管线的情况制订安全防护措施。 9. 特级动火作业应当采集全过程作业影像，且作业现场使用的摄录设备应当为防爆型；作业过程影像记录应当至少保存一个月。

第三节 吊装作业

一、作业风险

吊装作业的作业风险包括吊物（包括吊具、吊重或吊臂）坠落、起重机倾翻、夹挤、物体打击等风险。

二、使用范围

指流动式起重机、塔式起重机、臂架起重机、桥式和门式起重机、缆索起重机、轻小型起重设备，不包括浮式起重机、矿山井下提升设备、升降机、载人工作平台和石油钻井提升设备。

对于常规的有操作规程的固定作业场所吊装作业可不办理作业许可，但应当进行风险分析，编制关键操作卡，并确保措施可靠。

三、分级管理

1. 一级吊装

（1）吊装质量大于100t或者长度大于60m（含60m）；

（2）实际起重量超过额定起重能力的80%，以及两台及以上的起重机联合起吊的。

2. 二级吊装

吊装质量在40～100t（含40t和100t）。

3. 三级吊装

吊装质量小于40t。

注：有下列十种情况之一的，禁止吊装作业，即"十不吊"。

（1）吊物重量不清或超载不吊；

（2）指挥信号不明不吊；

（3）捆绑不牢、索具打结、斜拉歪拽不吊；

（4）吊臂吊物下有人或吊物上有人有物不吊；

（5）吊物与其他相连不吊；

（6）棱角吊物无衬垫不吊；

（7）支垫不牢、安全装置失灵不吊；

（8）看不清场地或吊物起落点不吊；

（9）吊篮、吊斗物料过满不吊；

（10）恶劣天气不吊。

四、监督检查要点

吊装作业监督检查要点见表2-2。

表 2-2　吊装作业监督检查要点

监督项目	监督检查要点
作业许可审批	1. 一级吊装作业： （1）审批： 生产单位：基层单位主要领导审核，生产单位主要领导方案批准，生产单位分管领导现场确认批准。 建设单位：施工队伍负责人审核，承包商项目部负责人方案批准，承包商项目部分管领导现场确认批准。 （2）监护：属地监督全过程监督，作业单位配备专职监护人。 2. 二级吊装作业： （1）审批： 生产单位：基层单位分管领导审核，生产单位业务部门负责人方案批准，基层单位分管领导现场确认批准。 建设单位：施工队伍负责人方案批准，施工队伍副队长现场确认批准。 （2）监护：属地监督全过程监督。 3. 三级吊装作业： （1）审批： 生产单位：基层单位班组长方案批准，属地主管现场确认批准。 建设单位：施工队伍副队长方案批准，施工队伍班组长现场确认批准。 （2）监护：属地监督可以巡回监督。 4. 许可证的有效期限一般不超过24h

续表

监督项目	监督检查要点
作业前安全条件确认	1. 起重机指挥人员和起重机司机应接受专业培训，取得培训合格证，方可从事指挥和操作。 2. 起重机操作室和驾驶室中应配置灭火器，出入驾驶室、操作室均应配备梯子（带栏杆或扶手）或台阶，驾驶室所有窗户的玻璃应为安全玻璃，起重机平台和走道应采用防滑表面。 3. 起重机主臂、副臂、吊钩、支腿等应有安全限位装置，与报警设施联锁保护，确保灵敏有效。 4. 作业前对起重机械、吊具、索具、吊钩、安全装置等进行检查，确保其处于完好、安全状态，长短适宜，并签字确认。 5. 进入作业区域之前，应对地面土层、作业环境等进行检查，起重机司机必须巡视工作场所，确认支腿已按要求垫枕木。 6. 检查吊具、吊索与货物的捆绑或吊挂情况，不准用吊钩直接缠绕吊物，不得将不同种类或不同规格的吊索、吊具混合使用。 7. 吊装作业的安全距离应当遵守以下要求： （1）吊物的吊装路径应当避开油气生产设备、管道； （2）起重机与周围设施的安全距离不应小于0.5m； （3）在沟（坑）边作业时，起重机临边侧支腿或者履带等承重构件的外缘应当与沟（坑）保持不小于其深度1.2倍的安全距离，且起重机作业区域的地耐力满足吊装要求； （4）不应靠近输电线路进行吊装作业，确需在输电线路附近作业时，起重机械的安全距离应当大于起重机械的倒塌半径，并符合《电力安全工作规程 电力线路部分》（DL/T 409）的要求。不能满足时，应当停电后再进行作业。 8. 起重机吊臂回转范围内应采用警戒带或其他方式隔离，无关人员不得进入该区域内。 9. 不应利用管道、管架、电杆、机电设备等作吊装锚点。未经土建专业审查核算，不应将建筑物、构筑物作为锚点。 10. 起吊前应当进行试吊，试吊中检查全部机具、地锚受力情况，发现问题应当将吊物放回地面，排除故障后重新试吊，确认正常后方可正式吊装
作业过程安全措施落实情况	1. 吊装指挥应佩戴明显的标志，严格执行吊装作业方案按规定的联络信号进行指挥，核实吊物重量与起重机械额定起重量是否相符，确认索具、吊具的选择。 2. 两台或多台起重机械吊运同一吊物时，应当确保起重机械吊运保持同步，各台起重机械所承受的载荷不应超过各自额定起重能力的80%。 3. 超载、吊物重量不清、与其他吊物相连、埋在地下、与其他物体冻结在一起时，吊物捆绑、紧固、吊挂不牢、吊挂不平衡，索具打结、索具不齐、斜拉重物、棱角吊物与钢丝绳之间无衬垫的，起重臂吊钩或者吊物下有人、吊物上有人或者浮置物的，不应指挥起吊。

续表

监督项目	监督检查要点
作业过程安全措施落实情况	4. 吊物捆绑应当牢靠，吊点和吊物的重心应当在同一垂直线上；除具有特殊结构的吊物外，严禁单点捆绑起吊；起升吊物时应当检查其连接点是否牢固、可靠；吊运零散件时，应当使用专门的吊篮、吊斗等器具，吊篮、吊斗等不应装满。 5. 任何人发出的紧急停车信号均应立即执行；吊装过程中出现故障，应当立即向指挥人员报告。 6. 吊物接近或者达到额定起重吊装能力时，应当检查制动器，用低高度、短行程试吊后，再起吊。 7. 操作中起重机应处于水平状态，作业人员必须通过引绳来控制货物的摆动，禁止将引绳缠绕在身体的任何部位；任何人员不得在悬挂的货物下工作、站立、行走，不得随同货物或起重机械升降，禁止使用起重机械移送人员。 8. 下放吊物时，严禁自由下落（溜），不得利用极限位置限制器停车；停工或休息时，不得将吊物、吊笼、吊具和吊索悬在空中；任何情况下，严禁起重机带载行走。 9. 操作手柄未复位、手刹未处于制动、起重机未熄火关闭时，操作人员不得离开操作室。 10. 在大雪、暴雨、大雾等恶劣天气及风力达到六级时，应停止吊装作业，并卸下货物，收回吊臂

第四节 高处作业

一、作业风险

高处作业的主要风险有高处坠落、物体打击等。

二、使用范围

距坠落基准面 2m 及以上有可能坠落的高处进行的作业，包括上下攀援等空中移动过程。坠落基准面是指坠落处最低点的水平面。

三、分级管理

（1）Ⅰ级高处作业：作业高度在 2～5m（含 2m 和 5m），可能坠落范围半径为 3m。

（2）Ⅱ级高处作业：作业高度在 5～15m（含 15m），可能坠落范围半径为 4m。

（3）Ⅲ级高处作业：作业高度在 15～30m（含 30m），可能坠落范围半径为 5m。

（4）Ⅳ级高处作业：作业高度在 30m 以上，可能坠落范围半径为 6m。

四、特殊情况下的高处作业

特殊情况下的高处作业，应按照以下要求分级：

（1）在坡度大于 45°的斜坡上面实施的作业，为Ⅰ级高处作业。

（2）以下情形为Ⅱ级、Ⅲ级高处作业：

① 在升降（吊装）口、坑、井、池、沟、洞等上面或附近进行的高处作业；

② 在易燃、易爆、易中毒、易灼伤的区域或转动设备附近进行的高处作业；

③ 在无平台、无护栏的塔、釜、炉、罐等容器、设备及架空管道上进行的高处作业；

④ 在塔、釜、炉、罐等受限空间内进行的高处作业；

⑤ 在邻近排放有毒有害气体、粉尘的放空管线或烟囱及设备的高处作业。

（3）以下情形为Ⅳ级高处作业：

① 在高温或低温环境下进行的异温高处作业；

② 在降雪时进行的雪天高处作业；

③ 在大雨及以上时的雨天高处作业；

④ 在室外完全采用人工照明进行的夜间高处作业；

⑤ 在接近或接触带电体条件下进行的带电高处作业；

⑥ 在无立足点或无牢靠立足点的条件下进行的悬空高处作业。

五、监督检查要点

高处作业监督检查要点见表2-3。

表2-3 高处作业监督检查要点

监督项目	监督检查要点
作业许可审批	1. Ⅰ级高处作业： （1）审批： 生产单位：基层单位班组长方案批准，属地主管现场确认批准。 建设单位：施工队伍副队长方案批准，施工队伍班组长现场确认批准。 （2）监护：属地监督可以巡回监督。 2. Ⅱ级高处作业： （1）审批： 生产单位：基层单位分管领导方案批准，基层单位班组长现场确认批准。 建设单位：施工队伍负责人方案批准，施工队伍班组长现场确认批准。 （2）监护：属地监督全过程监督。 3. Ⅲ级高处作业： （1）审批： 生产单位：基层单位分管领导审核，生产单位业务部门负责人方案批准，基层单位分管领导现场确认批准。 建设单位：施工队伍负责人方案批准，施工队伍副队长现场确认批准。 （2）监护：属地监督全过程监督。

续表

监督项目	监督检查要点
作业过程安全措施落实情况	（5）在坑、槽、井、沟的边缘安放机械、铺设轨道及通行车辆时，应当保持适当距离，采取有效的固壁措施。 （6）在拆除固壁支撑时，应当从下往上进行；更换支撑时，应当先装新的，后拆旧的。 （7）不应在坑、槽、井、沟内休息。 （8）确认1.2m以内的任何地下设施的正确位置和深度，只可人工使用手工工具挖掘。在防爆区域挖掘时，应当采取防火防爆措施。 2.机械开挖时，应当避开构筑物、管线，在距管道边1m范围内应当采用人工开挖；在距直埋管线2m范围内宜采用人工开挖，避免对管线或电缆等地下设施造成影响。 3.危及邻近的建（构）筑物、道路、管道等安全时，必须对建（构）筑物、道路、管道等采取支撑或者其他保护措施，加强观测，防止位移和沉降。 4.动土作业人员在沟（槽、坑）下作业应当按规定坡度顺序进行，使用机械挖掘时，人员不应进入机械旋转半径内；深度大于2m时，应当设置人员上下的梯子等能够保证人员快速进出的设施；作业人员之间应当保持2.5m以上的安全距离。 5.在生产装置区、罐区等场所动土时，监护人员应当与所在区域的生产人员建立联系。当生产装置区、罐区等场所发生突然排放有害物质的情况时，监护人员应当立即通知作业人员停止作业，迅速撤离现场。 6.动土作业区域周围发现异常时，作业人员应当立即撤离作业现场。 7.动土时遇有埋设的易燃易爆、有毒有害介质管线、窨井等可能引起燃烧、爆炸、中毒、窒息危险，且挖掘深度超过1.2m时，应当执行受限空间作业相关规定。 8.暴雨天气应当停止露天动土作业。雨后复工，应当确认土壁稳定或者支撑等措施符合要求后方可作业。 9.动土作业结束后，按照相应标准规范要求回填，恢复地面设施。若地下隐蔽设施有变化，作业单位应当将变化情况向作业区域所在单位通报，以完善地下设施布置图

第六节　临时用电作业

一、作业风险

临时用电作业的作业风险包括触电、电灼伤等。

二、适用范围

在生产或者施工区域内临时性使用非标准配置 380V 及以下的低电压电力系统的作业。

非标准配置的临时用电线路是指除按标准成套配置的，有插头、连线、插座的专用接线排和接线盘以外的，所有其他用于临时性用电的电气线路，包括电缆、电线、电气开关、设备等。

三、监督检查要点

临时用电作业监督检查要点见表 2-5。

表 2-5　临时用电作业监督检查要点

监督项目	监督检查要点
作业许可审批	1. 审批监护： （1）审批： 生产单位：基层单位电气负责人方案批准，电工实施现场确认批准。 建设单位：施工队伍副队长方案批准，施工队伍电工现场确认批准。 （2）监护：属地监督可以巡回监督。 2. 在运行的具有火灾爆炸危险性的生产装置、罐区和场所内不应接临时电源，确需时应当对周围环境进行可燃气体检测分析，分析结果应当符合动火分析合格判定标准。在办理临时用电作业许可证的同时，办理动火作业许可证。 3. 许可证的期限不超过 15d，特殊情况不应超过 30d
作业前安全条件确认	1. 安装、维修、拆除临时用电线路应由电气专业人员进行。电气专业人员必须经过专业技术培训，并持证上岗。作业时按规定正确佩戴个人防护用品，正确使用工器具。

续表

监督项目	监督检查要点
作业前安全条件确认	2. 临时用电设备和线路应当按供电电压等级和容量正确配置，所用电气元件应当符合相关标准及作业现场环境要求；临时用电电源和线路的施工、安装应当符合《建设工程施工现场供用电安全规范》（GB 50194）、《施工现场临时用电安全技术规范》（JGJ 46）的有关要求，并接地良好。 3. 各类移动电源及外部自备电源不得接入电网。动力和照明线路应分路设置。 4. 临时用电线路应当安装漏电保护器，选型和安装应符合《剩余电流动作保护电器（RCD）的一般要求》（GB/T 6829）、《剩余电流动作保护装置安装和运行》（GB/T 13955）的规定。临时用电设施应当做到"一机一闸一保护"，开关箱和移动式、手持式电动工具应当安装符合规范要求的漏电保护器。每次使用前应检查电气装置和保护设施的可靠性。 5. 临时用电设备在 5 台（含 5 台）以上或设备总容量在 50kW 及以上的，用电单位应编制临时用电组织设计（作业方案），内容包括： （1）现场勘测； （2）确定电源进线、变电所或配电室、配电装置、用电设备位置及线路走向； （3）用电负荷计算； （4）选择变压器容量、导线截面、电气的类型和规格； （5）设计配电系统，绘制临时用电工程图纸； （6）确定防护措施和个人防护装备； （7）制订临时用电线路设备接线、拆除措施； （8）制订安全用电技术措施和电气防火、防爆措施。 6. 临时用电线路采用架空方式安装时，架空线应当采用绝缘铜芯线，架设在专用电杆或者支架上；架空线路上不得进行接头连接，其最大弧垂与地面距离，在施工现场不低于 2.5m，穿越机动车道不低于 5m；在起重机等大型设备进出的区域内，不允许使用架空线路。 7. 沿墙面或者地面敷设电缆线路，应当有醒目的警告标志；沿地面明敷的电缆线路应当沿建筑物墙体根部敷设，穿越道路或者其他易受机械损伤的区域，应当采取防机械损伤的措施，周围环境应当保持干燥。在电缆敷设路径附近，当有产生明火作业时，应当采取防止火花损伤电缆的措施。对需埋地敷设的电缆线路应当设有走向标志和安全标志，电缆埋地深度不应小于 0.7m，穿越道路时应当加设防护套管。 8. 临时用电线路及设备应当有良好的绝缘，线路应当采用耐压等级不低于 500V 的绝缘导线。在经过火灾爆炸危险场所，以及存在高温、振动、腐蚀、积水及产生机械损伤等区域，不应有接头，并采取有效的保护措施。 9. 临时用电配电箱（盘）应当有电压标识、危险标识、编号和防雨措施，在其前方 1m 处用黄色油漆或者警戒带做警示。总（分）配电箱使用时应当上锁。 10. 在距配电箱（盘）、开关及电焊机等电气设备 15m 范围内，不应存放易燃、易爆、腐蚀性等危险物品。

续表

监督项目	监督检查要点
作业前安全条件确认	11. 配电箱（盘）、开关箱应当设置端正、牢固。固定式配电箱、开关箱的中心点与地面的垂直距离应为1.4～1.6m；移动式配电箱（盘）、开关箱应当装设在坚固、稳定的支架上，其中心点与地面的垂直距离宜为0.8～1.6m。箱（盘）内整洁、接地良好，定期进行检查、维护。 12. 使用的电气设备或者电动工具绝缘电阻应当经测试合格。Ⅰ类工具绝缘电阻不得小于2MΩ，Ⅱ类工具绝缘电阻不得小于7MΩ。 13. 使用手持电动工具应当满足以下安全要求： （1）有合格标牌，外观完好，各种保护罩（板）齐全； （2）在一般作业场所，应当使用Ⅱ类工具；若使用Ⅰ类工具时，应当装设额定漏电动作电流不大于15mA、动作时间不大于0.1s的漏电保护器； （3）在潮湿作业场所或者金属构架上作业时，应当使用Ⅱ类或者由安全隔离变压器供电的Ⅲ类工具； （4）在狭窄场所，如锅炉、金属管道内，应当使用由安全隔离变压器供电的Ⅲ类工具； （5）Ⅲ类工具的安全隔离变压器、Ⅱ类工具的漏电保护器及Ⅱ类、Ⅲ类工具的控制箱和电源联结器等应当放在容器外或者作业点处，同时应当有人监护； （6）电动工具导线必须为护套软线，导线两端连接牢固，中间不许有接头； （7）临时施工、作业场所必须使用工业安全插座、插头； （8）应当严格按照操作规程使用移动式电气设备和手持电动工具，使用过程中需要移动或者停止工作、人员离去或者突然停电时，应当断开电源开关或者拔掉电源插头。 14. 使用潜水泵时应当确保电动机及接头绝缘良好，潜水泵引出电缆到开关之间不得有接头，并设置非金属材质的提泵拉绳
作业过程安全措施落实情况	1. 在开关上接引、拆除临时用电线路时，其上级开关应当断电、加锁并加挂安全警示标牌，接、拆线路作业时，应当有监护人在场。 2. 所有临时用电开关应当贴有标签，注明供电回路和临时用电设备。所有临时插座都应当贴上标签，并注明供电回路和额定电压、电流。 3. 供配电单位应当将临时用电设施纳入正常电气运行巡回检查范围，每天不少于两次巡回检查，建立检查记录和隐患问题处理通知单，确保临时供电设施完好。遇紧急情况，供配电单位有权紧急停电处理。用电单位应当对临时用电设备和线路进行检查，每天不少于两次，并建立检查记录。 4. 火灾爆炸危险场所应使用相应防爆等级的电气元件，并采取相应的防爆安全措施。 5. 各类移动电源及外部自备电源，不得接入电网。 6. 作业区域所在单位的供配电单位负责其管辖范围内临时用电作业方案的审批，负责配送电设施的运行管理，对临时用电设施进行监督检查。 7. 未经批准，临时用电单位不应擅自向其他单位转供或者增加用电负荷，以及变更临时用电地点和用途

第七节　管线打开（盲板抽堵）作业

一、作业风险

管线打开（盲板抽堵）作业的作业风险包括火灾爆炸、中毒、物体打击等。

二、适用范围

采用下列方式改变封闭管线或者设备及其附件完整性，在设备、管道上安装或者拆卸盲板的作业。

（1）解开法兰，包括从法兰上去掉一个或者多个螺栓。

（2）打开管线连接件、阀盖或者拆除阀门。

（3）安装或者拆卸盲板（包括8字盲板）、盲法兰。

（4）去掉堵头和管帽。

（5）断开仪表、润滑、控制系统管线，如引压管、润滑油管等。

（6）断开加料和卸料临时管线，包括任何连接方式的软管。

（7）用机械方法或者其他方法穿透管线。

（8）开启检查孔。

（9）更换阀门填料等微小调整。

三、监督检查要点

管线打开（盲板抽堵）作业监督检查要点见表2-6。

表2-6　管线打开（盲板抽堵）作业监督检查要点

监督项目	监督检查要点
作业许可审批	1.管线打开作业： （1）审批： 生产单位：基层单位班组长方案批准，属地主管现场确认批准。 建设单位：施工队伍副队长方案批准，施工队伍班组长现场确认批准。 （2）监护：属地监督全过程监督。

续表

监督项目	监督检查要点
作业许可审批	2. 许可证的期限一般不超过24h。 3. 管线打开主要包括两种情况：在运管线打开；装置停车大检修，工艺处理合格后独立单元首次管线打开
作业前安全条件确认	1. 作业前，针对装置停工大检修、局部停工检修及装置开工的盲板抽堵作业，应当组织专项风险评估，制订和落实风险控制措施；针对系统复杂、危险性大的管线打开（盲板抽堵）作业，还应编制专项作业方案，内容包括清理计划、安全措施、影响区域、应急处置措施等。 2. 作业区域所在单位应当在盲板抽堵作业前，预先绘制盲板位置图，对盲板进行统一编号，设专人统一指挥。 3. 根据管道内介质的性质、温度、压力和管道法兰密封面的口径等选择相应材料、强度、口径和符合设计、制造要求的盲板及垫片，高压盲板使用前应经超声波探伤。 4. 盲板选用应当符合《管道用钢制插板、垫环、8字盲板系列》（HG/T 21547）或者《阀门零部件　高压盲板》（JB/T 2772）的要求，选材应当平整、光滑，无裂纹和孔洞。 5. 管线打开前，应当保持作业现场通风良好，管线或者设备中的介质应当采用排尽、冲洗、置换、吹扫等方法除尽，并符合以下要求： （1）系统温度处于正常工作环境温度，特殊情况下，不超过60℃； （2）系统已达到大气压力； （3）与气体、蒸气、雾沫、粉尘的毒性、腐蚀性、易燃性有关的风险已降低到可接受的程度。 6. 盲板抽堵作业前，应当降低系统管道压力至常压，保持作业现场通风良好，并设专人监护。 7. 管线打开作业前，系统隔离应遵守以下要求： （1）隔离的方法优先考虑加装盲板或者盲法兰及双阀—导淋（双截止阀关闭、双阀之间的导淋常开）的双重隔离； （2）提供显示阀门开关状态、盲板、盲法兰位置的图表，如上锁点清单、盲板图、现场示意图、工艺流程图和仪表控制图等，所有盲板、盲法兰应挂牌； （3）对于存在第二能源的管线，在隔离时应当考虑隔离的次序和步骤。对于采用凝固（固化）工艺介质的方法进行隔离时，应充分考虑温度变化等因素可能导致介质重新流动或者介质可能蒸发的风险； （4）控制阀不能单独作为物料隔离装置，如果必须使用控制阀门进行隔离，应制订专门的操作规程确保安全隔离。 8. 在不同生产单位共用的管道上进行盲板抽堵作业，作业前应当告知上下游相关单位

续表

监督项目	监督检查要点
作业过程安全措施落实情况	1.管线打开（盲板抽堵）作业时，应当遵守以下要求： （1）明确管线打开的具体位置。盲板抽堵作业时，应当按位置图作业，并对每个盲板进行标识，标牌编号应当与盲板位置图上的盲板编号一致，逐一确认并做好记录。 （2）不应在同一管道上同时进行两处或者两处以上的管线打开（盲板抽堵）作业。同一盲板的抽、堵作业，应分别办理盲板抽堵作业许可证。一张作业许可证只能进行一块盲板的一项作业（装置停工大检修期间的盲板抽堵作业，经充分风险评估，确认安全后，可除外）。 （3）作业人员应当在上风向作业，不应正对被打开管线的介质或者能量释放部位。通风不良作业场所应当采取强制通风措施，防止可燃气体、有毒气体积聚。必要时在受管线打开影响的区域设置路障或者警戒线，控制无关人员进入。 （4）核验盲板抽堵作业点流程的上下游阀门已进行有效隔断并上锁挂签；盲板应当加在有物料来源阀门的另一侧，盲板两侧均需安装合格垫片，所有螺栓必须紧固到位。拆盲板前，应当确认设备、系统符合投用条件。 （5）在火灾爆炸危险场所进行盲板抽堵作业时，应当使用防爆工具，距管线打开作业地点30m内不应有动火作业。 （6）管线内部状况不明时不应进行作业，发现现场条件与作业方案不一致时（如导淋阀堵塞或者管线清理不合格），应当停止作业，并进行再评估，重新制订作业方案，办理相关作业许可证。 （7）涉及到热分解的管线打开，其作业步骤和方法应当符合《石油工业带压开孔作业安全规程》（SY/T 6554）的要求。 2.管线打开（盲板抽堵）作业时，应当选择和使用符合《个体防护装备配备规范 第1部分：总则》（GB 39800.1）要求的个人防护装备，且应遵守以下要求： （1）根据作业现场及被打开管线介质的危险特性等，穿戴防静电工作服、工作鞋，采取防酸碱化学灼伤、防烫及防冻伤等个人防护措施。 （2）在涉及硫化氢、一氧化碳等毒性气体的管线、设备上作业时，除满足上述要求外，还应佩戴移动式或者便携式气体检测仪，必要时佩戴正压式空气呼吸器。所有进入受管线打开影响区域内的人员，包括预备人员应当同样穿戴所要求的个人防护装备。 3.管线清理后，仍存在残存压力或者介质在死角截留、未隔离所有压力或者介质的来源、未在低点排凝和高点排空等特殊情况，应当停止作业，重新制订作业方案，明确控制措施，消除或者控制风险

第八节　受限空间作业

一、作业风险

受限空间作业有中毒、窒息、掩埋等风险。

二、使用范围

进出受限，通风不良，可能存在易燃易爆、有毒有害物质或者缺氧，对进入人员的身体健康和生命安全构成威胁的封闭、半封闭设施及场所（包括反应器、塔、釜、槽、罐、炉膛、锅筒、管道，以及地下室、窨井、坑、池、管沟或者其他封闭、半封闭场所）。进入或者探入受限空间进行的作业称为受限空间作业。

作业区域所在单位应当对受限空间进行辨识，按照属地政府要求建立受限空间清单，并及时更新，有条件场所对受限空间进行标识。

三、监督检查要点

受限空间作业监督检查要点见表 2-7。

表 2-7　受限空间作业监督检查要点

监督项目	监督检查要点
作业许可审批	1. 审批监护： （1）审批： 生产单位：基层单位分管领导审核，生产单位业务部门负责人方案批准，基层单位分管领导现场确认批准。 建设单位：施工队伍负责人方案批准，施工队伍副队长现场确认批准。 （2）监护：属地监督全过程监督，作业单位配备专职监护人。 2. 许可证的期限不超过 24h
作业前安全条件确认	1. 作业前，应当对受限空间进行安全隔离。与受限空间连通的可能危及安全作业的管道应当采用加盲板或者拆除一段管道的方式进行隔离；不应采用水封或者关闭阀门代替盲板作为隔断措施，盲板处应当挂标识牌；与受限空间连通的可能危及作业安全的孔、洞应当进行严密封堵。

续表

监督项目	监督检查要点
作业前安全条件确认	2. 对作业设备上的电器电源，应当采取可靠的断电措施，电源开关处应当上锁并加挂警示牌。 3. 进入受限空间前，应当采取清理、清洗、中和或者置换等方式对其进行处理。对盛装过产生自聚物的设备容器，作业前还应进行聚合物加热等试验。 4. 受限空间作业应当采取以下通风措施： （1）作业前，打开人孔、手孔、料孔、风门、烟门等与大气相通的设施进行自然通风。 （2）作业前，可采用强制通风或者管道送风。管道送风前应当对管道内介质和风源进行分析确认。 （3）在忌氧环境中作业，通风前应当对作业环境中与氧性质相抵的物料采取卸放、置换或者清洗合格的措施，达到可以通风的安全条件要求。 （4）作业过程中，受限空间应当持续进行通风，保持受限空间空气流通良好。当受限空间内进行涂装作业、防水作业、防腐作业及焊接等动火作业时，应当持续进行机械通风。 （5）不应向受限空间充纯氧气或者富氧空气。 5. 受限空间气体检测结果应当满足氧气含量为 19.5%～21%（体积分数），在富氧环境下不应大于 23.5%（体积分数）；有毒有害气体允许浓度应当符合《工作场所有害因素职业接触限值　第 1 部分：化学有害因素》（GBZ 2.1）的规定；被测的可燃气体或者可燃液体蒸气浓度满足动火作业合格判定指标。 气体检测人员进入或者探入受限空间进行检测时，应当制订特殊控制措施，佩戴隔绝式呼吸防护装备等符合规定的个体防护装备。 6. 进入下列受限空间作业人员应当正确穿戴相应的个体防护装备，并采取以下防护措施： （1）存在酸碱等腐蚀性介质的受限空间，应当穿戴防酸碱防护服、防护鞋、防护手套等防腐蚀装备； （2）在受限空间内从事电焊作业时，应当穿绝缘鞋； （3）有噪声产生的受限空间，应当佩戴耳塞或者耳罩等防噪声护具； （4）有粉尘产生的受限空间，应当在满足《粉尘防爆安全规程》（GB 15577）要求的条件下，佩戴防尘口罩等防尘护具； （5）高温的受限空间，应当穿戴高温防护用品，必要时采取通风、降温、隔热等防护措施； （6）低温的受限空间，应当穿戴低温防护用品，必要时采取供暖措施； （7）在受限空间内从事清污作业，应当佩戴隔绝式呼吸防护装备，并正确拴带救生绳； （8）在受限空间内作业时，作业人员和监护人应当配备相应的通信工具，明确联络方式并保持有效沟通

续表

监督项目	监督检查要点
作业过程安全措施落实情况	1. 受限空间作业时，作业现场应当配置移动式气体检测报警仪，连续检测受限空间内氧气、可燃气体及有毒有害气体浓度，并 1h 记录 1 次检测数值；气体浓度超限报警时，应当立即停止作业、撤离人员。在对现场进行处理，并重新检测合格后方可恢复作业。 2. 对受限空间内阻碍人员移动、对作业人员造成危害、影响救援的设备（如搅拌器），应当采取固定措施，必要时应当移出受限空间；受限空间作业应当采取防坠落或滑跌的安全措施；必要时，应当提供符合安全要求的工作面。 3. 作业人员不应携带与作业无关的物品进入受限空间；作业中不应抛掷材料、工器具等物品；在有毒、缺氧环境下不应摘下防护面具；对于难度大、劳动强度大、时间长、高温的受限空间作业应当采取轮换作业方式。 4. 接入受限空间的电线、电缆、通气管应当在进口处进行保护或者加强绝缘，应当避免与人员出入使用同一出入口。气体分析合格前、作业中断或者停止期间，应当在受限空间入口处增设警示标志，并采取防止人员误入的措施。 5. 受限空间作业应当使用安全电压和安全行灯。照明电压不应超过 36V，并满足安全用电要求；在潮湿容器、狭小容器内作业电压不应超过 12V；潮湿环境作业时，作业人员应当站在绝缘板上，同时保证金属容器接地可靠。需使用电动工具或照明电压大于 12V 时，应当按规定安装漏电保护器，其接线箱（板）严禁带入容器内使用；在盛装过易燃易爆气体、液体等介质的容器内作业，应当使用防爆电筒或电压不大于 12V 的防爆安全行灯，行灯变压器不得放在容器内或容器上；应当使用防爆工具，严禁携带手机等非防爆通信工具和其他非防爆器材。 6. 缺氧、富氧、有毒、易燃易爆、经清洗或者置换仍不能满足相关要求的特殊情况受限空间作业，应当编制专项作业方案，实行升级管理。作业人员至少应当佩戴隔绝式呼吸防护装备，并正确拴带救生绳，穿防静电工作服及工作鞋，使用防爆工器具等。 7. 受限空间作业过程中，不应同时进行对受限空间产生影响的其他生产作业活动；当受限空间存在动火作业时，该处受限空间内不应安排涂刷油漆、涂料等其他可能产生有毒有害、可燃物质的作业活动。 8. 用氮气等气体吹扫空间，可能在空间开口处附近产生气体危害。在进入准备和进入期间，应当进行气体检测，确定开口周围危害区域的大小，设置路障和警示标志，防止误入。 9. 受限空间作业时，监护人应当在受限空间外进行全程监护，不应在无任何防护措施的情况下探入或者进入受限空间；监护人应当对进入受限空间的人员及其携带的工器具种类、数量进行登记，作业完毕后再次进行清点，防止遗漏在受限空间内。 10. 在风险较大的受限空间作业时，应当增设监护人员，并随时与受限空间内作业人员保持联络。

续表

监督项目	监督检查要点
作业过程安全措施落实情况	11. 受限空间作业时，出入口应当保持畅通，并设置明显的安全警示标志；空气呼吸器、防毒面具、急救箱等应急物资和救援设备应当配备到位，盛有腐蚀性介质的容器作业现场应当配备应急用冲洗水等。必要时，作业前应当进行应急演练。 12. 发生紧急情况时，严禁盲目施救。救援人员应当经过培训，具备与作业风险相适应的救援能力，并在正确穿戴个人防护装备和使用救援装备的前提下实施救援。 13. 受限空间作业应当推行全过程视频监控，对难以实施视频监控的作业场所，可在受限空间出入口设置视频监控设施。有条件的受限空间作业宜使用智能监控系统，至少具备视频监控、气体检测及报警等功能

第九节　断路作业

一、作业风险

断路作业的作业风险包括车辆伤害、吊物坠落等。

二、适用范围

断路作业是指生产区域内，在交通主、支路与装置引道上进行工程施工、吊装、吊运等各种影响正常交通的作业。

三、作业分类

断路作业分临时占道（临时封路吊装、运输等）作业和施工占道（含破坏道路、占道施工等）作业两种情况。

四、作业单位

断路申请单位是指在生产区域内交通主干道、次干道、支道，以及消防通道、装置引道上进行各种影响正常交通作业和消防应急处置的生产、维修、电力、通信等的单位。

断路作业单位是指在生产区域内交通主干道、次干道、支道，以及消防通道、装置引道上进行各种影响正常交通和消防应急处置的工程施工和检维修作业等单位。

断路申请单位负责管理作业现场，断路作业实施应当满足以下要求：

（1）断路作业单位接到并确认作业许可证后，即可在规定的时间内，按规定的作业内容进行断路作业。

（2）断路作业单位应当制订交通组织方案，并能保证消防车和其他重要车辆的通行，满足应急救援要求。

（3）用于断路作业的工件、材料应当放置在作业区域内或者其他不影响正常交通的场所。

五、监督检查要点

断路作业监督检查要点见表 2-8。

表 2-8 断路作业监督检查要点

监督项目	监督检查要点
作业许可审批	审批监护： （1）审批： 生产单位：基层单位分管领导审核，生产单位业务部门负责人方案批准，基层单位分管领导现场确认批准。 建设单位：施工队伍负责人方案批准，施工队伍副队长现场确认批准。 （2）监护：属地监督全过程监督，作业单位配备专职监护人
作业前安全条件确认	1. 在消防通道上的断路作业，必须分步施工，确保消防车顺利通行。如影响消防通道，必须向各单位业务主管部门与消防主管部门报告。 2. 断路作业交通警示标志和设施应当满足以下要求： （1）作业单位应当根据需要在断路的路口和相关道路上设置作业标志、限速标志、距离辅助标志、导向标等交通警示标志，在作业区域附近设置路栏、锥形交通路标、道路作业警示灯等交通警示设施； （2）在道路上进行定点作业，白天不超过 2h、夜间不超过 1h 即可完工的，有现场交通指挥人员指挥交通，作业区域设置了锥形交通路标或者路栏或者道路作业警示灯等交通警示设施，可不设标志牌。 3. 在夜间或者雨、雪、雾天进行断路作业时设置的道路作业警示灯，应当满足以下要求： （1）设置高度离地面 1.5m，不低于 1.0m； （2）应当设置在作业区域周围的锥形交通路标处，且能反映作业区域轮廓； （3）应当开启，并能发出至少自 150m 以外清晰可见的连续、闪烁或者旋转的红光； （4）在爆炸危险区域内警示灯应当符合防爆要求
作业过程安全措施落实情况	1. 在施工过程中出现下列情形，应及时报告作业区域所在单位，采取有效措施后方可继续进行作业： （1）需要占用规划批准范围以外场地； （2）可能损坏道路、管线、电力、邮电通信等公共设施； （3）需要临时停水、停电、中断道路交通； （4）需要进行爆破的。 2. 作业结束后，作业单位须清理现场，撤除作业区域、路口设置的路栏、道路作业警示灯、导向标等交通警示设施，报告相关部门恢复交通

第十节 射线作业

一、作业风险

射线作业的作业风险包括辐射伤害、高处坠落、触电和其他伤害等。

二、适用范围

使用放射性同位素（源机）或者射线装置用于工业射线探伤作业。

在经环评审批合格的固定透照室内进行射线作业时，一般不需要办理作业许可证。

三、射线作业人员

射线作业人员应当按照源机或者射线装置的管理规定、操作规程等进行源机或者射线装置的运输、领取、操作和维护保养。

四、监督检查要点

射线作业监督检查要点见表2-9。

表2-9 射线作业监督检查要点

监督项目	监督检查要点
作业许可审批	审批监护： （1）审批： 生产单位：基层单位分管领导审核，生产单位业务部门负责人方案批准，基层单位分管领导现场确认批准。 建设单位：施工队伍负责人方案批准，施工队伍副队长现场确认批准。 （2）监护：属地监督全过程监督，作业单位配备专职监护人
作业前安全条件确认	1.射线作业前，应当对下列内容进行检查，包括但不限于： （1）辐射防护负责人及工作人员上岗前应当取得辐射安全培训合格证书或者核技术利用辐射安全与防护考核成绩合格； （2）人员职业照射有效剂量应当符合连续5年年平均有效剂量不超过20mSv，且任何一年中的有效剂量不超过50mSv；

续表

监督项目	监督检查要点
作业前安全条件确认	（3）射线作业人员应当在左胸前或者锁骨对应领口处佩戴个人剂量片和个人剂量报警仪； （4）射线装置应当保证完好； （5）至少配备一台便携式辐射剂量仪； （6）作业现场应当在醒目位置设置职业危害警示和警示说明；监督区边界设置警戒线、警示灯、辐射标识等警示设施，悬挂警告牌，设专人监督巡视；控制区设置明显的辐射标志，应当在入口处设置安全和防护设施，以及必要的防护安全联锁、报警装置或者工作信号； （7）使用源机作业时，应当配置至少2套专用防护服、铅罐和长柄钳等应急处置工具。 2.应当使用计算法确定控制区和监督区范围。控制区剂量当量率应当小于15μSv/h，监督区应当小于2.5μSv/h，最终以实测进行调整。 3.射线作业前，应当确保告知所有受影响的相关方。告知信息包括作业时间、作业地点及监督区范围等
作业过程安全措施落实情况	1.射线作业过程中，个人剂量报警仪和辐射剂量仪应当一直处于开机状态，监测周围剂量当量率。 2.任何无关人员进入控制区时，源机或者射线装置操作人员应当立即停止作业，将源快速摇回源机或者关闭电源，上报属地负责人或者现场作业批准人。 3.射线作业过程中，任何作业人员、监护人员不得擅自离岗。若须离岗或者作业完毕，应当检查确认源处于源机中或者关闭射线装置电源，并使用辐射剂量仪检测无辐射。 4.应当对放射源出库、放射源作业、退库等关键过程进行摄像监测，确保操作正确和放射源安全。 5.作业单位应当针对源机操作中突发卡源、源（辫）脱落、人员遭受外照射急性放射病等风险，编制应急处置方案

第十一节　屏蔽安全设施作业

一、作业风险

屏蔽安全设施作业的作业风险包括物体打击、人员伤害等。

二、适用范围

对设备安全防护、安全设施、安全仪表、安全系统、消防系统和应急系统进行屏蔽作业或解除联锁的作业。已停产检修装置的屏蔽作业不纳入审批管理。

三、作业分类

屏蔽安全设施作业主要包括因安全设施屏蔽、保护失去作用、导致事故发生的作业。

四、监督检查要点

屏蔽安全设施作业监督检查要点见表 2-10。

表 2-10　屏蔽安全设施作业监督检查要点

监督项目	监督检查要点
作业许可审批	1. 审批监护： （1）审批： 生产单位：基层单位分管领导审核，生产单位业务部门负责人方案批准，基层单位分管领导现场确认批准。 建设单位：施工队伍负责人方案批准，施工队伍副队长现场确认批准。 （2）监护：属地监督全过程监督，作业单位配备专职监护人。 2. 许可证的期限不超过 24h
作业前安全条件确认	1. 禁止没有任何措施进行长时间的安全屏蔽。 2. 安全屏蔽前应明确安全保护替代措施。临时的安全保护应能满足原保护系统的必要安全条件。 3. 安全保护替代措施优先顺序为保护替代、人员值守、监控

第三章

场站管理

第一节　页岩气平台

一、检查路线

进站区域→井口及工艺流程→分离器区域→外输区域→辅助区域→增压区域→污水处理区域→变配电区域。

二、检查内容

日常管理、操作规程、应急处置、人员证件及操作技能、工艺流程、设备设施完整性、防雷设施、防静电设施、防爆电气设备、仪器仪表、消防安全等。

三、监督检查要点

页岩气平台监督检查要点见表3-1。

表3-1　页岩气平台监督检查要点

序号	监督项目	监督检查要点
1	日常管理	1. 建立健全员工岗位 HSE 职责。 2. 员工应熟悉掌握自己的岗位职责、操作程序、危险源、安全隐患及应急处置程序和应知应会相关要求。 3. 员工应熟练掌握工艺设计和运行参数、设备原理及故障排除。 4. 岗位员工执行巡回检查制度并做好记录，班组定期开展安全检查，发现问题及时整改。 5. 建立健全应急处置程序，定期开展演练，并对演练结果及时进行总结和评价。 6. 建立隐患台账，对于不能立即整改的安全隐患应制订预防措施。 7. 生产区应设有明显的入场安全须知、应急逃生图，以及风险提示
2	压力容器	1. 铭牌、漆色、标识齐全，保温层无破损、脱落。 2. 压力容器的本体、接口（阀门、管路）部位、焊接接头等无裂纹、过热、变形、泄漏、损伤等。 3. 人孔、手孔、封头（端盖）、法兰及阀门等处无泄漏。

续表

序号	监督项目	监督检查要点
2	压力容器	4. 橇装设备对角做防雷接地，接地螺栓紧固、无锈蚀。 5. 支撑或支座牢固、齐全，基础完整、无严重裂纹、无不均匀下沉，紧固螺栓完好，螺母不得有松动现象。 （1）压力容器的作业人员应当持证上岗，定期进行安全教育并且作好记录。 （2）应当建立特种设备安全技术档案，安全技术档案应当包括以下内容： （a）特种设备的设计文件、产品质量合格证明、安装及使用维护保养说明、监督检验证明等相关技术资料和文件； （b）特种设备的定期检验和定期自行检查记录； （c）特种设备的日常使用状况记录； （d）特种设备及其附属仪器仪表的维护保养记录； （e）特种设备的运行故障和事故记录； （f）高耗能特种设备的能效测试报告、能耗状况记录及节能改造技术资料。 （3）使用单位应当分级建立特种设备管理台账，做到账物一致
3	收发球筒	1. 收发球筒无承压、泄漏情况。 2. 收发球筒有明显的部位装设产品铭牌和注册铭牌。 3. 支撑或支座牢固、齐全，基础完整、无严重裂纹、无不均匀下沉，紧固螺栓完好，螺母不得有松动现象。 4. 快开盲板装设铭牌包括：产品名称、设计压力、设计温度、筒体内径、工作介质、制造厂名、制造单位许可证号、出厂编号。 5. 快开盲板必须设置安全联锁机构，操作过程中人员站在阀门侧面、缓慢操作，操作人员必须站立在快开盲板非门轴侧面，严禁正对快开盲板操作，打开快开盲板前必须注满水，防止硫化亚铁粉末自燃
4	卧式分离器	1. 分离器须按《固定式压力容器安全技术监察规程》（TSG R0004）要求进行定期检验（分为内部、外部检查）。 2. 分离器仪器仪表、液位计、安全阀、防雷接地等按要求进行定期检验及检测。 3. 检查分离器的排污阀、放空阀处于正常关闭状态。 4. 分离器使用过程中定期检查。 5. 分离器应两年清洗、吹扫一次，特别是捕集器定期清洗或更换
5	页岩气集输系统	1. 天然气集输处理系统的工艺管道、容器、储罐、处理装置塔类应设有可靠的防静电接地装置。 2. 连接管道的四孔及以下法兰连接处，应设金属跨接线。

续表

序号	监督项目	监督检查要点
5	页岩气集输系统	3. 安全阀泄放管口应高出设备的最高平台，处于常开状态。当安全阀可能排放有含油天然气（湿气）或含硫化氢等有毒气体时，应接入密闭系统或火炬系统。 4. 安全阀的泄放系统应采取防止冰冻、堵塞的措施。 5. 膨胀节：表面无划痕、腐蚀穿孔、开裂、变形失稳等现象。 6. 管道标识完好。 7. 放空和火炬至少应符合以下安全要求： （1）放空气体应经放空立管排入大气或引入火炬系统； （2）天然气放空管道在接入火炬之前，应设置阻火设备； （3）火炬应设有可靠的点火装置，并有防雨雪措施； （4）含有硫化氢等有毒气体的天然气放空时，应将其引入火炬系统，并做到先点火后放空； （5）站内工艺管道及设备中的空气置换应直接采用氮气等惰性气体进行置换，置换时管道内的气体流速不应大于5m/s，排放口的气体含氧量低于2%时即为置换合格； （6）管道及其他组成件应无泄漏； （7）管道绝热层无破损、脱落、跑冷等情况，防腐层完好； （8）管道应无异常振动。 8. 位置与变形： （1）管道与管道、管道与相邻设备之间无相互碰撞及摩擦情况； （2）管道无挠曲、下沉及异常变形等。 9. 支吊架： （1）支吊架无脱落、严重变形、腐蚀或损坏； （2）支架与管道接触处无积水现象。 10. 法兰： （1）法兰无偏口，紧固件齐全并符合要求，无松动和腐蚀现象； （2）法兰面无异常翘曲、变形
6	天然气压缩机组	1. 机组运转过程中有无异响、异常震动。 2. 检查仪表控制箱LCD及报警指示灯确认机组无带病运行，查看机组所有工艺、设备参数是否正常，是否有警报现象或报警失效现象。 3. 检查设备是否存在跑、冒、滴、漏现象。 4. 压缩机区应有醒目的安全标识。 5. 连接紧固可靠，旋转部件防护罩安全可靠。 6. 机组的维护保养符合以下要求： （1）机组润滑油位、冷却水位正常； （2）备用机组按规定定期运行并有记录

续表

序号	监督项目	监督检查要点
7	发电机	1. 机组运转过程中有无异响、异常振动。 2. 连接紧固可靠，旋转部件防护罩安全可靠。 3. 机组润滑油位、冷却水位、电解液位正常。 4. 查看机体LCD无带病运行，输出参数正常
8	压力表	1. 设计压力小于1.6MPa时，压力表精确度不低于2.5级；设计压力大于或等于1.6MPa时，压力表精确度不低于1.5级。压力表盘刻度极限值应为最高工作压力的1.5~3.0倍，最好选用2倍。 2. 压力表安装前应进行检验，注明下次检验日期。 3. 压力表的一次阀必须保持常开。 4. 压力表应每半年进行校验，超过检验周期的不得使用。 5. 压力表出现下列情况之一时，应停止使用并更换： （1）表盘封面玻璃破裂或表盘刻度模糊不清； （2）指针断裂或外壳腐蚀严重； （3）其他影响压力表准确指示的缺陷。 6. 压力表与压力容器之间，应装设三通旋塞或针型阀上应有开启标记和锁紧装置；压力表与压力容器之间，不得连接其他用途的任何配件或接管。 7. 压力表检验记录台账及检验标签
9	液位计	1. 安装位置便于观察。 2. 实行定期检修制度，可根据实际运行情况，规定检修周期，但不应超过压力容器内外部检验周期。有检验记录和台账。 3. 液位计引压管一次阀必须保持常开。 4. 液位显示清晰、无假液位。 5. 损坏后可能伤人的应有防护装置。 6. 液面计有下列情况之一的，应停止使用： （1）超过检验周期； （2）玻璃板（管）有裂纹、破碎，阀件固死，经常出现假液位
10	安全阀	1. 铅封、铭牌完整。 2. 安全阀每年至少检验一次，并提供检定证书；定压和校验应由有资质的单位进行。校验、定压后的安全阀应加锁或铅封，悬挂标有检验单位、下次检验日期等内容的检验标牌。 3. 安全阀的定压符合规范或设计要求，且最高定压值不得超过设计压力。 4. 安全阀应垂直安装，并应装设在压力容器液面以上的气相空间，或装设在与压力容器气相空间相连的管道上。

续表

序号	监督项目	监督检查要点
10	安全阀	5.安全阀应装设泄放管，泄放管上不许装阀门。泄放管应直通安全地点，低温系统放空的安全出口管线应有防止冻堵的措施。 6.有检验记录台账
11	呼吸阀	1.呼吸阀的阀芯定期进行检查，防止漏气、卡死、粘结、堵塞、生锈，必要时清洗一次，保证阀芯通畅。 2.呼吸阀铭牌齐全，附型号规格、厂名或厂标、制造日期和编号
12	温度计	1.需要控制壁温的压力容器上，必须装设测试壁温的测温仪表或温度计，严防超温。测温仪表应定期校验。 2.运行中双金属温度计分度盘上的分度线、数字和计量单位清晰完整，表玻璃应无色透明，各部件无锈蚀、无松动，其尾长应与保护套管内孔长相当
13	仪器仪表	1.防爆场所安装的接线盒、导管和仪表设备应符合防爆要求，其电线引出导管和Y型隔爆器内应填满填料。 2.电源接线防爆挠性保护软管无松动、破损。 3.运行中的仪器仪表系统应置于自动状态
14	阀门及连接	1.阀门表面无腐蚀，操作灵活，连接螺栓无松动现象。 2.在用阀门有制造厂铭牌，其铭牌内容应包括公称压力、公称途径、工作温度及工作介质。 3.阀门外表不得有裂纹、砂眼、机械损伤、锈蚀等缺陷和缺件，阀门上的标志应正确、齐全、清晰。 4.阀门安装应按照阀门指示标志及介质流向，确定其方向正确。 5.与阀门连接的法兰应保持平行，其偏差不大于2mm。 6.法兰连接，应使用同一规格的螺栓，紧固后螺旋外漏螺纹应为2～3扣
15	配电室	1.配电室内清洁，无厚积尘土、垃圾杂物、易燃物等。 2.配电室出口畅通，检修通道畅通，无杂物堆积。 3.配电室内绝缘手套、绝缘靴、开关扳手齐全，绝缘手套、绝缘靴检验有效。 4.配备与建筑面积相适应的二氧化碳灭火器。 5.配电室和配电设施按有关要求铺设绝缘胶皮。 6.配电室采取隔热、通风、降温措施。配电室门窗闭合严密，房顶没有漏雨现象，直接与室外相通的孔洞应采取防雨雪措施。 7.电缆沟完整清洁，盖板齐全，电缆沟内无积水。 8.配电室门口设置挡鼠板。

续表

序号	监督项目	监督检查要点
15	配电室	9. 配电设施悬挂"运行""停止""检修""禁止合闸"等标牌，并与设备状态一致，标有"有电危险"的电标识。 10. 照明灯、应急灯运行正常，护罩完好
16	灭火器	1. 至少每月进行一次检查，填写四定卡。 2. 灭火器应设置在明显、便于取用的地点，且不得影响安全疏散。 3. 灭火器不能挪作他用，摆放稳固，没有埋压，灭火器箱不得上锁。 4. 灭火器配置数量合理，且每个设置点不低于两具配置。 5. 筒体无锈蚀、变形现象；铭牌完整清晰；存放在阴凉、干燥、通风处，不得接近火源。 6. 喷嘴无堵塞、变形、开裂、损伤，喷射软管畅通、无变形、无老化，压力表无变形、损伤，保险销和铅封完好。 7. 推车式灭火器固定架无损坏或掉落之处。 8. 干粉灭火器压力表指针应指在绿色区域。 9. 建立灭火器台账
17	安全标识	1. 现场悬挂安全标识，对作业现场危险区域和部位进行警示标识。 2. 悬挂位置正确，悬挂数量、内容、高度符合规定
18	应急管理	1. 成立事故应急抢险小组，有三级事故应急措施〔专项应急预案〕。 2. 每月进行一次应急演练。 3. 按照实际制订相应的应急预案并配备应急物资、建立物资清单，根据现场实际建立应急预案。 4. 应急物资严禁挪用
19	防雷、防静电	1. 天然气集输生产装置中的立式和卧式金属容器（三相分离器、电脱水器、原油稳定塔、缓冲罐等）至少应该设置两处防静电接地装置，接地端头分别设置在卧式容器两侧封头支座底部及立式容器支座底部两侧地脚螺栓位置，接地电阻值应小于 10Ω。 2. 固定容器、设备、管道的防雷接地装置的刚性导体引下线，宜采用镀锌扁钢制成，扁钢厚度不小于4mm，宽度不小于40mm；当采用镀锌圆钢时，其直径不小于10mm。 3. 雷雨季节来临之前应对防雷装置接地电阻检测一次，并建立防雷防静电台账，对接地桩进行编号。 4. 外观检查主要内容： （1）接地装置锈蚀或机械损伤情况，导体损坏、锈蚀深度大于30%或发现折断应立即更换； （2）引下线周围不应有对其使用效果产生干扰的电气线路； （3）断接卡子螺母接触均匀牢靠； （4）接地装置周围土壤无下沉现象。

续表

序号	监督项目	监督检查要点
19	防雷、防静电	5. 可燃性气体放空管必须有可靠接地。 6. 装置区入口处、装卸作业区内操作平台的扶梯入口及悬梯口处、装置区采样口处应设置本安型人体静电消除器
20	平台爬梯护栏	1. 固定式平台及钢梯应平直平整，不能有歪曲、变形、腐蚀等缺陷。 2. 平台防护栏立柱间距不大于 1000mm，横杆间距不大于 500mm。 3. 操作平台底部应设置挡脚板，其宽度不小于 100mm。 4. 护笼内侧深度由踏棍中心线起应不小于 650mm 且不大于 800mm。圆形护笼的直径应为 650~800mm，其他形式的护笼内侧宽度应不小于 650mm 且不大于 800mm。护笼内侧应无任何突出物。 5. 护笼各构件形成的最大空隙应不大于 $0.4m^2$。 6. 护笼底部距梯段下端基准面应不小于 2100mm 且不大于 3000mm。护笼的底部宜呈喇叭形，此时其底部水平笼箍和上一级笼箍间在圆周上的距离不小于 100mm
21	防爆电气设备	1. 防爆电气设备应有"EX"标志和标明防爆电气设备的类型、级别、组别的标志的铭牌，并在铭牌上标明国家指定的检验单位发给的防爆合格证号。 2. 防爆电气设备的进线口与电缆、导线应能可靠地接线和密封，多余的进线口其弹性密封垫和金属垫片应齐全，并应将压紧螺母拧紧使进线口密封。金属垫片的厚度不得小于 2mm。 3. 设备的外壳应无裂纹、损伤。接合面的紧固螺栓应齐全，弹簧垫圈等防松设施应齐全完好，弹簧垫圈应压平。 4. 电缆线不能有接头。 5. 保护管两端的管口处，应将电缆周围用非燃性纤维堵塞严密，再填塞密封胶泥，密封胶泥填塞深度不得小于管子内径，且不得小于 40mm。 6. 防爆电气设备、接线盒的进线口，引入电缆后的密封应符合下列要求： （1）当电缆外护套必须穿过弹性密封圈或密封填料时，必须被弹性密封圈挤紧或被密封填料封固。 （2）外径等于或大于 20mm 的电缆，在隔离密封处组装防止电缆拔脱的组件时，应在电缆被拧紧或封固后，再拧紧固定电缆的螺栓。 7. 电缆引入装置或设备进线口的密封，应符合下列要求： （1）装置内的弹性密封圈的一个孔，应密封一根电缆； （2）被密封的电缆断面，应近似圆形； （3）弹性密封圈及金属垫，应与电缆的外径匹配；其密封圈内径与电缆外径允许差值为 ±1mm； （4）弹性密封圈压紧后，应能将电缆均匀挤紧。 8. 接地要求：仪表控制系统的工作接地、保护接地、防雷接地、防静电接地宜共用接地系统

续表

序号	监督项目	监督检查要点
22	目视化标识	1.地面巡检路线、逃生路线标识明确，有工艺流程图。 2.高处明显位置设置风向标，无损坏。 3.安全警示标志明显、标识清楚。 4.设置紧急集合点。 5.流程、设备、阀门有名称、走向，开关状态及紧急切断标阀有标识，着色正确。 6.配备的应急物资合理并及时维护保养、检测

第二节　煤层气井场

一、检查路线

消防器材→监控→发电机→配电柜→排液池→井口流程→抽油机→阀池→火炬。

二、检查内容

日常管理、设备设施完整性、防雷防静电接地、消防器材等。

三、监督检查要点

煤层气井场监督检查要点见表3-2。

表3-2　煤层气井场监督检查要点

序号	监督项目		监督检查要点
1	日常管理		1.建立健全员工岗位HSE职责。 2.员工应熟悉掌握自己的岗位职责、操作程序、危险源、安全隐患及应急处置程序和应知应会相关要求。 3.按照规定按时检查，及时填写日检、周检、月检记录。 4.交接班记录本、设备运转记录、消防管理档案、应急处置手册、无人值守现场巡检频次按规定执行，并填写巡检记录及签到表。 5.生产区与办公区应有明显的分界标志，并设有"严禁烟火"等醒目的防火标志；应在站场内设置风向标，并悬挂在易于观察的位置； 6.建立隐患台账，对于不能立即整改的安全隐患应制订预防措施
2	抽油机	整机	1.抽油机外露2m以下的运动部位应安装护栏。 2.各连接部位可靠，所有焊缝均匀、平整、成形美观。 3.支架轴承座、毛辫子、横梁轴承座、曲柄销轴承座、连杆销轴、电动机轴承润滑脂应在使用4500h以内进行更换。 4.底座螺栓、中央轴承座、游梁轴承座、支架、减速箱固定螺栓、横梁轴承座、曲柄销冕形螺母、连杆螺栓、电动机固定座等处的紧固螺母无松动及缺失。

续表

序号	监督项目		监督检查要点
2	抽油机	整机	5. 检查并清除距抽油机 3m 以内妨碍运转工作安全的一切物件。 6. 各处密封无漏油现象。 7. 抽油机整机运转平稳，不得有异常冲击、振动和响声，悬绳不应有打扭现象
		游梁	1. 检查游梁本体有无永久变形、开裂现象和焊缝有无疲劳裂纹。 2. 检查毛辫子有无断股等情况。 3. 检查悬绳器光杆限位卡有无松动、缺失。 4. 运转过程中游梁中轴、尾轴、曲柄等部位无异响
		支架	支架护栏及爬梯无损坏变形
		刹车	1. 刹车箍张合均匀，刹车片表面清洁、无松动。 2. 刹车完全松开后刹车片与刹车轮有 2~3mm 间隙，刹紧后刹车片接触面积 80% 以上。 3. 刹车连杆连接部位灵活、可靠。 4. 切断动力源后，曲柄在任何位置时，刹车制动应快速、可靠。 5. 刹车行程在 1/2~2/3，刹车把锁死装置灵活好用
		减速箱	1. 本体无永久变形、开裂现象和焊缝无疲劳裂纹，铭牌清晰可见。 2. 减速箱油池剂量、内部各表面无沉积物、无乳化。 3. 减速器轴承、油池温度不得超过 70℃。 4. 齿轮接触斑点，无擦伤、点蚀或裂纹等损坏情况。 5. 轮辐、轮缘无裂纹。 6. 曲柄平衡块与曲柄的装配面及曲柄燕尾槽内严禁夹入杂物并紧固。 7. 减速箱润滑油应在油窗或润滑油检测孔的中间位置。 8. 曲柄销子冕形螺母、配重块螺栓、减速箱螺栓应画防松线，便于巡检观察是否松动。 9. 减速箱呼吸阀应畅通无堵塞，并确保呼吸阀周围的清洁
		底座	1. 铭牌要标注名称、型号、商标、主要技术特性、结构不平衡重、制造厂名称、出厂编号、出厂日期。 2. 检查本体无永久变形、开裂现象和焊缝无疲劳裂纹。 3. 抽油机接地有效牢固，接地电阻不大于 10Ω。 4. 抽油机曲柄护栏无损坏，并有明显安全提示
		电动机	1. 检查皮带的张紧是否适当。在皮带中点用一只手压 0.15~0.20kN 的力，胶带下垂 30~50mm 为合适。 2. 电动机皮带应保证电动机皮带轮与减速箱输入轴皮带轮端面在同一平面，尺寸不大于 1mm（四点一线）。

续表

序号	监督项目		监督检查要点
2	抽油机	电动机	3. 检查电器部位绝缘性电阻不小于2kΩ。 4. 电动机轴承及风扇无异常响声。 5. 电动机风扇旋转方向应正确。 6. 电动机的外壳应有良好的保护接地，接地电阻不大于4Ω。 7. 电动机进口电缆有防磨处理，护管上端有密封。 8. 电动机皮带调节器灵活可靠，并有良好的锁紧定位。 9. 抽油机运转最大电流应小于电动机额定电流的85%。 10. 电动机铭牌清晰可见。 11. 抽油机的平衡应使上、下冲程的最大电流差值小于最大电流的15%，最大电流值不应超过电动机的额定电流值
		基础	检查基础无老化、吊环、固定钢板牢固可靠，无下沉移位
3	发电机	一般要求	1. 发电机应每周一次进行试运，并做好记录。 2. 各紧固件、地脚螺栓牢固无松动。 3. 发电机紧急停止按钮灵活好用
		整机	1. 铭牌、编号齐全。 2. 机油清洁（定期更换）、储量充足。 3. 供电线路无老化、开裂、漏线芯。 4. 每月使用万用表检查电瓶储电量，确保电量充足。 5. 发电机机身清洁卫生。 6. 各种电压表、电流表、油位计、温度表齐全并有校验标签，用红色线标明额定数值。 7. 燃油箱油量应确保充足，各油管及接头处无漏油现象。 8. 内燃机与发电机传动部分应连接可靠，输出线路的导线绝缘良好。 9. 发电机接地，并严格控制加油时的流速，防止产生静电。 10. 风机运转正常，无异响
		柴油机	1. 柴油储量充足，无结蜡现象。 2. 防冻液储量充足，无渗漏现象。 3. 柴油机应采取机体保温措施。 4. 油箱油量储备充足，满足应急情况下45min运转需要
4	灭火器		1. 灭火器应设置在明显、便于取用的地点，且不得影响安全疏散，至少每月进行一次检查，填写四定卡，干粉灭火器压力表指针应指在绿色区域。 2. 灭火器不能挪作他用，摆放稳固，没有埋压，灭火器箱不得上锁，且每个设置点不多于5具配置，每个配置单元不少于2具。

续表

序号	监督项目	监督检查要点
4	灭火器	3. 筒体无锈蚀、变形现象；铭牌完整清晰；存放在阴凉、干燥、通风处，不得接近火源。 4. 喷嘴无堵塞、变形、开裂、损伤，喷射软管畅通、无变形、无老化，压力表无变形、损伤，保险销和铅封完好。 5. 推车式灭火器固定架无损坏或掉落之处。 6. 建立灭火器台账
5	防雷、防静电	1. 现场生产装置中的立式和卧式金属容器（三相分离器、电脱水器、缓冲罐等）至少应该设置两处防静电接地装置，接地端头分别设置在卧式容器两侧封头支座底部及立式容器支座底部两侧地脚螺栓位置，接地电阻值应小于10Ω。 2. 固定容器、设备、管道的防雷接地装置的刚性导体引下线，宜采用镀锌扁钢制成，扁钢厚度不小于4mm，宽度不小于40mm；当采用镀锌圆钢时，其直径不小于10mm。 3. 雷雨季节来临之前应对防雷装置接地电阻检测一次，并建立防雷防静电台账，对接地桩进行编号。 4. 外观检查主要内容： （1）接地装置锈蚀或机械损伤情况，导体损坏、锈蚀深度大于30%或发现折断应立即更换； （2）引下线周围不应有对其使用效果产生干扰的电气线路； （3）断接卡子螺母接触是否均匀牢靠； （4）接地装置周围土壤有无下沉现象。 5. 可燃性气体放空管必须要有可靠接地
6	管线	1. 管线介质走向标识清晰并采取防腐保护措施，并根据气温对管线采取防冻措施。 2. 施工单位应在竣工验收之前提交地下埋设的采集气管道相关图纸等资料，由生产经营单位档案室永久性保存，并应对管道资料进行更新、维护。 3. 应对采气管线疏水阀/凝水器定期排水。 4. 建立并严格执行管道巡检制度，定期对管道进行巡线检查，雨季和发生地质灾害时要加强巡线检查。发现管道存在泄漏、打孔盗气、违章占压、管道线路设施遭破坏或丢失等异常情况，应及时采取相关措施。 5. 巡线检查内容应至少包括： （1）埋地管线无裸露，防腐层无损坏； （2）跨越管段结构稳定，构配件无缺损，明管无锈蚀； （3）标志桩、测试桩、里程桩无缺损； （4）护堤、护坡、护岸、堡坎无垮塌

续表

序号	监督项目	监督检查要点
7	用电安全	1. 配电柜应有"当心触电"安全标牌。 2. 配电室应有应急照明，配电室门应外开，保持通风良好，并安装挡鼠板。 3. 配电闸刀挂"运行"或"检修"等标牌，并与运行状态相符。 4. 配电室内应按规定配齐符合要求的消防器材，并定期维护。 5. 防火防爆区域应设置防爆应急照明系统，电气线路及开关应符合防爆要求。 6. 电缆沟应无积水，地沟应封堵。 7. 不应擅自拉接临时电气线路、拆换各种装置仪表及安全设施、外接气源
8	安全标识	1. 现场悬挂安全标识，对作业现场危险区域和部位进行警示标识。 2. 悬挂位置正确，悬挂数量、内容、高度符合规定

第三节　采油井场

一、检查路线

井口流程→抽油机→井下加热柜→进罐流程→储油罐→消防器材→配电系统→配水间。

二、检查内容

日常管理、设备设施完整性、防雷防静电接地、消防器材、防洪防汛、环境污染、井场及周边安全防火等。

三、监督检查要点

采油井场监督检查要点见表3-3。

表3-3　采油井场监督检查要点

序号	监督项目	监督检查要点
1	井口流程	1. 井口采油树及其附属设备设施应清洁、无油污、无锈蚀，法兰、卡瓦固定螺栓齐全、无明显松动，螺栓规格应一致，螺纹外露至少2~3扣，不渗不漏。 2. 各阀门（套管阀门、生产阀门、放空阀门等）齐全完好，开关状态正确，用手可以转动，阀体无渗漏；阀杆无弯曲、锈蚀，螺纹无缺陷；黄油嘴完好、露出本色。 3. 管线应不渗、不漏，不锈，防腐完好，取样口有防油污落地措施。 4. 采油、注水井口防喷池完好、无坍塌。 5. 压力表及表补心齐全完好，连接紧固，不渗不漏；压力表在有效检验期之内，校验标签清晰可见；手轮无缺失、损坏。 6. 保温棉、电伴热线路、接线盒无破损，各紧固件连接紧密、无松动，密封有效，开启时用手背能感觉到热度
2	抽油机	1. 目视化标识要整洁、清晰、完整，如有变色、褪色、脱落、残缺等情况时，必须及时重涂或更换。 2. 基础应牢固，地脚螺栓齐全、无松动，各运转部位无异响。 3. 防冲距适中无碰泵现象，光杆对中无偏磨。

续表

序号	监督项目	监督检查要点
2	抽油机	4.皮带式抽油机各部件连接紧固、润滑良好,尤其是主动轮、导向轮、减速器、止推座螺栓、丝杠、联轴器(轮胎和柱销)等重要传动和紧固部件。 5.游梁机抽油机各部位(减速箱、曲柄平衡块、连杆、游梁、驴头、各连接轴承等)运转应平稳、不得有冲击、无异常响声、整机无明显震动。 6.各部件连接件、紧固件应齐全无松动;爬梯、扶梯、护栏等无断脱、开焊、裂缝。 7.刹车各部位应牢固、灵活,刹车行程在1/2~2/3;停机状态下手刹、死刹到位,且有防脱装置。 8.减速箱轴承盖及轴承密封、减速箱和箱面、排油孔丝堵等各密封、结合处不得有漏油、渗油现象。减速箱内油位位于指示器的两刻度线或两孔之间。减速箱内部各表面不应有沉淀物,润滑油不得被乳化,油中不得有油泥和水分。 9.检查基础无老化、吊环、固定钢板牢固可靠,无下沉移位
3	储油罐	1.梯子、平台、护栏无锈蚀、开焊、安装不牢固等现象。 2.至少应该设置两处防静电接地装置,防雷接地引下线采用镀锌扁钢的厚度不小于4mm,宽度不小于40mm;当采用镀锌圆钢时,其直径不小于10mm;断接卡连接处使用2个M12不锈钢螺栓加防松垫片连接,无松动现象。 3.必须安装本安型静电释放器,并贴有名称标识。 4.管线上标有介质名称和流程走向箭头,油管线涂灰色。 5.所有目视化标识要整洁、清晰、完整,如有变色、褪色、脱落、残缺等情况时,必须及时重涂或更换。 6.罐体表面无油污,本体及附属管线不渗不漏。 7.管线阀门应不渗、不漏、不锈、防腐完好。四孔法兰跨接齐全、紧固,测量其电阻值不大于0.03Ω,严禁上下法兰及中间阀门一起跨接。 8.储油罐呼吸阀、阻火器、液压安全阀齐全、连接牢固且在一年有效期内,呼吸阀、液压安全阀冬季每月至少检查两次,每年进行一次校验。阻火器每季度至少检查一次。呼吸阀通畅、灵活好用。液压安全阀的油位符合要求,油质合格,保护网完好。阻火器阻火层完好,无油泥堵塞现象。 9.转油流程阀门开关状态正确,具有防盗措施。 10.泵房、罐底、灌顶干净整洁,无油污、无杂物。 11.配电箱每一处开关均应标明控制对象名称的位号标识,并与实际相符。 12.储罐加热罐自动加热装置、温度显示装置、门锁等完好无故障

续表

序号	监督项目	监督检查要点
4	灭火器	1. 至少每月进行一次检查，填写四定卡。 2. 灭火器应设置在明显、便于取用的地点，且不得影响安全疏散。 3. 灭火器不能挪作他用，摆放稳固，没有埋压，灭火器箱不得上锁。 4. 灭火器配置数量合理，且每个设置点不多于5具，每个计算单元不少于2具。 5. 筒体无锈蚀、变形现象；铭牌完整清晰；存放在阴凉、干燥、通风处，不得接近火源。 6. 喷嘴无堵塞、变形、开裂、损伤，喷射软管畅通、无变形、无老化，压力表无变形、损伤，保险销和铅封完好。 7. 干粉灭火器压力表指针应指在绿色区域。 8. 建立灭火器台账
5	配水间	1. 配水间无"跑冒滴漏"现象。 2. 配注卡在有效期内，流量计显示正常（在配注范围内）。 3. 压力表显示正常（在额定压力范围内）。 4. 工艺管线介质走向标示清晰。 5. 泵房地板无锈蚀、坑洞，泵房内无杂物。 6. 安全标示标牌齐全（例：高压危险）
6	配电室	1. 配电室内清洁，无厚积尘土、垃圾杂物、易燃物等。 2. 配电室出口畅通，检修通道畅通，无杂物堆积。 3. 配电室内绝缘手套、绝缘靴、开关扳手齐全，绝缘手套、绝缘靴检验有效。 4. 配备至少2具同规格消防器材。 5. 配电室和配电设施按有关要求铺设绝缘胶皮。 6. 配电室门窗闭合严密，房顶没有漏雨现象，直接与室外相通的孔洞应采取防雨雪措施。 7. 电缆沟完整清洁，盖板齐全，电缆沟内无积水。 8. 配电室门口设置挡鼠板。 9. 配电设施悬挂"运行""停止""检修""禁止合闸"等标牌，并与设备状态一致，标有"有电危险"的电标识。 10. 照明灯、应急灯运行正常，护罩完好
7	井场	1. 安全警示标示齐全、有围栏，大门井场围栏、门锁完好。 2. 井场平整、干净，无杂草、油污、垃圾、积水，井场周边无工业垃圾等。 3. 排水渠道畅通，无堵塞。 4. 地埋电缆、管线、接地网无裸露。 5. 闲置、停用设备断电，流程关闭，能量隔离，挂牌管理

第四节 集 气 站

一、检查路线

进站区域→汇管区域→分离器区域→外输区域→脱水及辅助区域→污水处理区域→压缩机区域→配电区域→值班室→应急库房。

二、检查内容

日常管理、操作规程、应急处置、人员证件及操作技能、工艺流程、设备设施完整性、防雷设施、防静电设施、防爆电气设备、仪器仪表、工艺流程、消防安全等。

三、监督检查要点

集气站监督检查要点见表3-4。

表3-4 集气站监督检查要点

序号	监督项目	监督检查要点
1	日常管理	1. 建立健全员工岗位HSE职责。 2. 员工应熟悉掌握自己的岗位职责、操作程序、危险源、安全隐患及应急处置程序和应知应会相关要求。 3. 员工应熟练掌握工艺设计和运行参数、设备原理及故障排除。 4. 执行巡回检查制度并做好巡回检查记录,班组每月开展安全检查,发现问题及时整改。 5. 建立健全应急处置程序,定期开展演练,并对演练结果及时进行总结和评价。 6. 建立隐患台账,对于不能立即整改的安全隐患应制订预防措施。 7. 生产区与办公区应有明显的分界标志,并设有"严禁烟火"等醒目的防火标志
2	压力容器	1. 铭牌、漆色、标识齐全,保温层无破损、脱落。 2. 压力容器的本体、接口(阀门、管路)部位、焊接接头等无裂纹、过热、变形、泄漏、损伤等。 3. 人孔、手孔、封头(端盖)、法兰及阀门等处无泄漏。

续表

序号	监督项目	监督检查要点
2	压力容器	4. 橇装设备对接做防雷接地，接地螺栓紧固、无锈蚀。 5. 支撑或支座牢固、齐全，基础完整、无严重裂纹、无不均匀下沉，紧固螺栓完好，螺母不得有松动现象。 6. 资料： （1）压力容器的作业人员应当持证上岗。定期进行安全教育并且作好记录。 （2）应当建立特种设备安全技术档案。安全技术档案应当包括以下内容： （a）特种设备的设计文件、制造单位、产品质量合格证明、使用维护说明等文件及安装技术文件和资料； （b）特种设备的定期检验和定期自行检查的记录； （c）特种设备的日常使用状况记录； （d）特种设备及其安全附件、安全保护装置、测量调控装置及有关附属仪器仪表的日常维护保养记录； （e）特种设备运行故障和事故记录。 （3）使用单位应当分级建立特种设备管理台账，做到账物一致
3	收发球筒	1. 收发球筒无承压、泄漏情况。 2. 收发球筒有明显的部位装设产品铭牌和注册铭牌。 3. 支撑或支座牢固、齐全，基础完整、无严重裂纹、无不均匀下沉，紧固螺栓完好，螺母不得有松动现象。 4. 快开盲板装设铭牌包括：产品名称、设计压力、设计温度、筒体内径、工作介质、制造厂名、制造单位许可证号、出厂编号。 5. 快开盲板必须设置安全联锁机构，操作过程中人员站在阀门侧面、缓慢操作，操作人员必须站立在快开盲板非门轴侧面，严禁正对快开盲板操作，打开快开盲板前必须注满水，防止硫化亚铁粉末自燃
4	卧式分离器	1. 分离器须按《固定式压力容器安全技术监察规程》（TSG R0004）要求进行定期检验（分为内部检查和外部检查）。 2. 分离器仪器仪表、液位计、安全阀、防雷接地等按要求进行定期检验及检测。 3. 检查分离器的排污阀、放空阀处于正常关闭状态。 4. 分离器使用过程中定期检查。 5. 分离器应两年清洗、吹扫一次，特别是除砂器应定期清洗
5	三甘醇脱水再生橇	1. 检查各连接断面密封处是否渗（泄）漏。 2. 检查外表面有无腐蚀及跑、冒、滴、漏现象。 3. 仪表是否处于检定期内，检查铅封是否完好。 4. 检查所有导线老化状况，必要时更换导线。 5. 检查安全阀是否处于正常开启状态，是否处于检定期内，铅封是否完好

续表

序号	监督项目	监督检查要点
6	灼烧炉	1. 检查燃气供气系统有无异常。 2. 检查各连接断面密封处是否渗（泄）漏。 3. 仪表是否处于检定期内，检查铅封是否完好
7	页岩气集输系统	1. 天然气集输处理系统的工艺管道、容器、储罐、处理装置塔类应设有可靠的防静电接地装置。 2. 连接管道的四孔及以下法兰连接处，应设金属跨接线。 3. 安全阀泄放管口应高出设备的最高平台，处于常开状态。当安全阀可能排放有含油天然气（湿气）或含硫化氢等有毒气体时，应接入密闭系统或火炬系统。 4. 安全阀的泄放系统应采取防止冰冻、堵塞的措施。 5. 膨胀节：表面无划痕、腐蚀穿孔、开裂、变形失稳等现象。 6. 阴极保护装置完好。 7. 管道标识完好。 8. 放空和火炬至少应符合以下安全要求： （1）放空气体应经放空立管排入大气或引入火炬系统。 （2）天然气放空管道在接入火炬之前，应设置阻火设备。 （3）火炬应设有可靠的点火装置，并有防雨雪措施。 （4）含有硫化氢等有毒气体的天然气放空时，应将其引入火炬系统，并做到先点火后放空。 （5）集气站应在管道进站截断阀上游和出站截断阀下游设置限压泄放设施。 （6）站内工艺管道及设备中的空气置换应直接采用氮气等惰性气体进行置换，置换时管道内的气体流速不应大于5m/s，排放口的气体含氧量低于2%时，即为置换合格。 （7）管道及其他组成件应无泄漏。 （8）管道绝热层无破损、脱落、跑冷等情况；防腐层完好。 （9）管道应无异常振动。 9. 位置与变形： （1）管道与管道、管道与相邻设备之间无相互碰撞及摩擦情况。 （2）管道无挠曲、下沉及异常变形等。 10. 支吊架： （1）支吊架无脱落、严重变形、腐蚀或损坏。 （2）支架与管道接触处无积水现象。 11. 法兰： （1）法兰无偏口，紧固件齐全并符合要求，无松动和腐蚀现象。 （2）法兰面无异常翘曲、变形

续表

序号	监督项目	监督检查要点
8	天然气压缩机组	1. 机组运转过程中无异响、异常震动。 2. 检查仪表控制箱 LCD 及报警指示灯确认机组无带病运行，查看机组所有工艺、设备参数是否正常，是否有警报现象或报警失效现象。 3. 检查设备油、水、气是否存在跑、冒、滴、漏现象。 4. 压缩机区应有醒目的安全标识。 5. 连接紧固可靠，旋转部件防护罩安全可靠。 6. 机组的维护保养符合要求： （1）机组润滑油位、冷却水位正常。 （2）备用机组按规定定期运行并有记录
9	发电机	1. 机组运转过程中有无异响、异常振动，每周进行一次试运，并做好记录。 2. 连接紧固可靠，旋转部件防护罩安全可靠。 3. 机组润滑油位、冷却水位、电解液位正常。 4. 查看机体 LCD 无带病运行，输出参数正常
10	压力表	1. 设计压力小于 1.6MPa 时，压力表精确度不低于 2.5 级；设计压力大于或等于 1.6MPa 时，压力表精确度不低于 1.5 级。压力表盘刻度极限值应为最高工作压力的 1.5～3.0 倍，最好选用 2 倍。 2. 压力表安装前应进行检验，注明下次检验日期。 3. 压力表的一次阀必须保持常开。 4. 压力表应每半年进行校验，超过检验周期的不得使用。 5. 压力表出现下列情况之一时，应停止使用并更换： （1）表盘封面玻璃破裂或表盘刻度模糊不清； （2）指针断裂或外壳腐蚀严重； （3）其他影响压力表准确指示的缺陷。 6. 压力表与压力容器之间，应装设三通旋塞或针型阀上应有开启标记和锁紧装置；压力表与压力容器之间，不得连接其他用途的任何配件或接管。 7. 压力表检验记录台账及检验标签
11	液位计	1. 安装位置便于观察。 2. 实行定期检修制度，可根据实际运行情况，规定检修周期，但不应超过压力容器内外部检验周期。有检验记录和台账。 3. 液位计引压管一次阀必须保持常开。 4. 液位显示清晰、无假液位。 5. 损坏后可能伤人的应有防护装置

续表

序号	监督项目	监督检查要点
12	安全阀	1. 铅封、铭牌完整。 2. 安全阀每年至少检验一次，并提供检定证书；定压和校验应由有资质的单位进行。校验、定压后的安全阀应加锁或铅封，悬挂标有检验单位、下次检验日期等内容的检验标牌。 3. 安全阀的定压符合规范或设计要求，且最高定压值不得超过设计压力。 4. 安全阀应垂直安装，并应装设在压力容器液面以上的气相空间，或装设在与压力容器气相空间相连的管道上。 5. 安全阀应装设泄放管，泄放管上不许装阀门。泄放管应直通安全地点，低温系统放空的安全出口管线应有防止冻堵的措施。 6. 有检验记录台账
13	呼吸阀	1. 呼吸阀的阀芯定期进行检查，防止漏气、卡死、粘结、堵塞、生锈，必要时清洗一次，保证阀芯通畅。 2. 呼吸阀铭牌齐全，附型号规格、厂名或厂标、制造日期和编号
14	温度计	1. 需要控制壁温的压力容器上，必须装设测试壁温的测温仪表或温度计，严防超温。测温仪表应定期校验。 2. 运行中双金属温度计分度盘上的分度线、数字和计量单位清晰完整，表玻璃应无色透明，各部件无锈蚀、无松动，其尾长应与保护套管内孔长相当
15	仪器仪表	1. 防爆场所安装的接线盒、导管和仪表设备应符合防爆要求，其电线引出导管和Y型隔爆器内应填充满填料。 2. 电源接线防爆挠性保护软管无松动、破损。 3. 运行中的仪器仪表系统应置于自动状态
16	阀门及连接	1. 阀门表面无腐蚀，操作灵活，连接螺栓无松动现象。 2. 在用阀门有制造厂铭牌，其铭牌内容应包括公称压力、公称途径、工作温度及工作介质。 3. 阀门外表不得有裂纹、砂眼、机械损伤、锈蚀等缺陷和缺件，阀门上的标志应正确、齐全、清晰。 4. 阀门安装应按照阀门指示标志及介质流向，确定其方向正确。 5. 与阀门连接的法兰应保持平行，其偏差不大于2mm。 6. 法兰连接，应使用同一规格的螺栓，紧固后螺旋外漏螺纹应为2~3扣
17	配电室	1. 配电室内清洁，无厚积尘土、垃圾杂物、易燃物等。 2. 配电室出口畅通，检修通道畅通，无杂物堆积。 3. 配电室内绝缘手套、绝缘靴、开关扳手齐全，绝缘手套、绝缘靴检验有效。 4. 配备与建筑面积相适应的二氧化碳灭火器。 5. 配电室和配电设施按有关要求铺设绝缘胶皮。

续表

序号	监督项目	监督检查要点
17	配电室	6. 配电室采取隔热、通风、降温措施。配电室门窗闭合严密，房顶没有漏雨现象，直接与室外相通的孔洞应采取防雨雪措施。 7. 电缆沟完整清洁，盖板齐全，电缆沟内无积水。 8. 配电室门口设置挡鼠板。 9. 配电设施悬挂"运行""停止""检修""禁止合闸"等标牌，并与设备状态一致，标有"有电危险"的电标识。 10. 照明灯、应急灯运行正常，护罩完好
18	安全标识	1. 现场悬挂安全标识，对作业现场危险区域和部位进行警示标识。 2. 悬挂位置正确，悬挂数量、内容、高度符合规定
19	消防管理	1. 建立健全消防档案，内容包括单位介绍、单位平面图（表明消防设施）、组织机构、安全承包网络图、消防制度、灭火器及消防设施的操作步骤、消防应急预案、应急组织机构、应急人员名单、建立应急小组、志愿消防队人员名单、电话、消防设施、设备、灭火器台账、消防记事、消防设备设施检查、隐患整改记录、消防演练记录、重点岗位人员、新入职员工及转岗人员消防教育培训等内容。 2. 集输厂（站）及消防泵房应有消防系统图。 3. 消防泵房应设固定岗位，持证上岗，24h值班，设专用电话并保持畅通。 4. 消防泵房及其配电室应设应急电源，其连续供电时间不应少于90min。消防泵定期保养，每周应试运转一次并有记录，每次试运不少于10min。阀门每月活动一次，丝杠涂润滑油。 5. 消火栓： （1）应沿道路布置，距路边宜为1～5m，并应有明显标志。 （2）消防栓接口保护盖应旋转灵活，密封垫良好；应达到不渗、不漏。 （3）给水枪供水时，消火栓旁应设水带箱，箱内应配备2～6盘直径为65mm、每盘长度为20m的带快速接口的水带和2支入口直径为65mm、喷嘴直径为19mm的水枪及一把消火栓钥匙。水带箱距消火栓不宜大于5m。 6. 定期开展灭火和应急疏散预案演练，每年至少与消防队配合演练1次。 7. 组织开展消防活动，对员工进行经常性的消防知识普及培训教育。 8. 岗位人员要熟悉消防流程，会使用、保养、检查消防设施及器材。 9. 建立消防安全疏散、消防设施管理制度。 10. 禁止占用堵塞疏散通道、安全出口，人员密集场所在使用期间疏散出口、安全出口的门不应锁闭。 11. 确保消防设施和消防电源始终处于正常运行状态。 12. 蓄水量确保系统持续用水时间内的用水量。

续表

序号	监督项目	监督检查要点
19	消防管理	13. 消防水池设有就地水位显示装置，每周至少检查一次。 14. 灭火器： （1）至少每月进行一次检查，填写四定卡。 （2）灭火器应设置在明显、便于取用的地点，且不得影响安全疏散。 （3）灭火器不能挪作他用，摆放稳固，没有埋压，灭火器箱不得上锁。 （4）灭火器配置数量合理，且每个设置点不低于两具配置。 （5）筒体无锈蚀、变形现象；铭牌完整清晰；存放在阴凉、干燥、通风处，不得接近火源。 （6）喷嘴无堵塞、变形、开裂、损伤，喷射软管畅通、无变形、无老化，压力表无变形、损伤，保险销和铅封完好。 （7）推车式灭火器固定架无损坏或掉落之处。 （8）干粉灭火器压力表指针应指在绿色区域。 （9）建立灭火器台账
20	应急管理	1. 成立事故应急抢险小组，有三级事故应急措施（专项应急预案）。 2. 每月进行一次应急演练，每次演练人数不低于集气站人数1/2。 3. 按照实际制订相应的应急预案并配备应急物资，建立物资清单。最少具备消防、管线事故、地震、防冻堵、火灾爆炸等应急预案。 4. 应急物资严禁挪用
21	防雷、防静电	1. 油、气集输生产装置中的立式和卧式金属容器至少应设置两处防雷接地装置，接地端头分别设置在卧式容器两侧封头支座底部及立式容器支座底部两侧地脚螺栓位置，接地电阻值应小于10Ω。 2. 固定容器、设备、管道的防雷接地装置的刚性导体引下线，宜采用镀锌扁钢制成，扁钢厚度不小于4mm，宽度不小于40mm；当采用镀锌圆钢时，其直径不小于10mm。 3. 雷雨季节来临之前应对防雷装置接地电阻检测一次，并建立防雷防静电台账，对接地桩进行编号。 4. 外观检查主要内容： （1）接地装置锈蚀或机械损伤情况，导体损坏、锈蚀深度大于30%或发现折断应立即更换； （2）引下线周围不应有对其使用效果产生干扰的电气线路； （3）断接卡子螺母接触均匀牢靠； （4）接地装置周围土壤无下沉现象。 5. 可燃性气体放空管必须要有可靠接地
22	平台爬梯护栏	1. 固定式平台及钢梯应平直平整，不能有歪曲、变形、腐蚀等缺陷。 2. 平台防护栏立柱间距不大于1000mm，横杆间距不大于500mm。 3. 操作平台底部应设踢脚板，其宽度不小于100mm。

续表

序号	监督项目	监督检查要点
22	平台爬梯护栏	4. 护笼内侧深度由踏棍中心线起应不小于650mm且不大于800mm，圆形护笼的直径应为650~800mm，其他形式的护笼内侧宽度应不小于650mm且不大于800mm。护笼内侧应无任何突出物。 5. 护笼各构件形成的最大空隙应不大于0.4m²。 6. 护笼底部距梯段下端基准面应不小于2100mm且不大于3000mm。护笼的底部宜呈喇叭形，此时其底部水平笼箍和上一级笼箍间在圆周上的距离不小于100mm
23	防爆电气设备	1. 防爆电气设备应有"EX"标志和标明防爆电气设备的类型、级别、组别的标志的铭牌，并在铭牌上标明国家指定的检验单位发给的防爆合格证号。 2. 防爆电气设备的进线口与电缆、导线应能可靠地接线和密封，多余的进线口其弹性密封垫和金属垫片应齐全，并应将压紧螺母拧紧使进线口密封。金属垫片的厚度不得小于2mm。 3. 设备的外壳应无裂纹、损伤。接合面的紧固螺栓应齐全，弹簧垫圈等防松设施应齐全完好，弹簧垫圈应压平。 4. 电缆线不能有接头。 5. 保护管两端的管口处，应将电缆周围用非燃性纤维堵塞严密，再填塞密封胶泥，密封胶泥填塞深度不得小于管子内径，且不得小于40mm。 6. 防爆电气设备、接线盒的进线口，引入电缆后的密封应符合下列要求： （1）当电缆外护套必须穿过弹性密封圈或密封填料时，必须被弹性密封圈挤紧或被密封填料封固。 （2）外径等于或大于20mm的电缆，在隔离密封处组装防止电缆拔脱的组件时，应在电缆被拧紧或封固后，再拧紧固定电缆的螺栓。 7. 电缆引入装置或设备进线口的密封，应符合下列要求： （1）装置内的弹性密封圈的一个孔，应密封一根电缆。 （2）被密封的电缆断面，应近似圆形。 （3）弹性密封圈及金属垫，应与电缆的外径匹配；其密封圈内径与电缆外径允许差值为±1mm。 （4）弹性密封圈压紧后，应能将电缆均匀挤紧。 8. 接地要求：仪表控制系统的工作接地、保护接地、防雷接地、防静电接地宜共用接地系统
24	目视化标识	1. 场站内地面巡检路线、逃生路线标识明确，场站内有工艺流程图。 2. 场站内高处明显位置设置风向标，无损坏。 3. 场站安全警示标志明显，标识清楚。 4. 场站应设置紧急集合点。 5. 流程、设备、阀门有名称、走向，开关状态及紧急切断阀门有标识，着色正确

第六节 水处理站

一、检查路线

进站区域→调节罐区域→过滤区域→清水罐区域→回注区域→加药区域→污水污泥区域→配电区域→值班室→应急库房。

二、检查内容

日常管理、应急处置、工艺流程、设备设施、转运车辆进出、危险化学品管理、用电及消防、环境保护等。

三、监督检查要点

水处理站监督检查要点见表3-6。

表3-6 水处理站监督检查要点

序号	监督项目	监督检查要点
1	HSE基础	1. 场站建设符合公司HSE建设要求。 2. 人员HSE培训计划、培训记录齐全。 3. 新员工、转岗员工签订师徒合同，接受入厂三级安全教育。 4. HSE活动记录、检查表齐全。 5. 操作规程齐全，内容具有可操作性，与现场实际相符，并开展操作规程培训。 6. 个人劳动防护用品发放记录真实、种类齐全。 7. 应急处置程序、应急处置卡、应急演练计划和演练记录真实齐全。 8. 操作人员应接受上岗前、在岗期间及离岗职业健康体检，知晓现场存在的职业病危害因素，操作时佩戴劳动防护用品
2	药品药剂	1. 化学药品标签、安全使用说明书（MSDS）、警示标志齐全。 2. 化学药品在有效期内。 3. 危险化学品设专柜双人双锁。出入库记录准确，账物相符，使用时准确称量、记录。

续表

序号	监督项目	监督检查要点
2	药品药剂	4.化学药品的包装容器完好、无破损、不漏不渗。存放于阴凉、通风场所，有防火、防潮及防晒措施（易腐蚀性化学药品用耐腐蚀容器储存，易燃性化学药品用金属密闭容器储存，存放阴凉处，避免与氧化剂或容易自燃的药品混放）。 5.化学药品按性质分类存放，相抵触的化学品分开存放。加药现场无泄漏、外溢。 6.加药装置运行可靠，备用系统有效
3	设备设施	1.护栏完好、牢固，无锈蚀；步梯完好，无松动；警示标志齐全，悬挂在醒目处。 2.管线无油污、杂物，法兰连接紧固完好，无跑冒滴漏现象；各闸阀开关灵活，状态符合工艺流程，标识清楚；压力表、安全阀等完好，并经过检验，且在有效期内。橇装无积水积液。 3.运转可靠，无异响、异动、异常高温等情况，对其运行状况监控到位，记录齐全，无造假；护罩齐全，安装牢固，地脚螺拴无锈腐、松动等情况；电气设备符合防爆要求，电缆无破损、老化、裸露等情况，无私拉乱接现象，控制柜符合要求，标识清楚。 4.接地装置符合要求，连接紧固，无锈蚀；接地电阻按期监测
4	运行管理	1.压裂返排液、钻井废液、固井废液和气田水的水质情况分池存放，根据化验结果，采取不同工艺进行处理；水处理承包商应根据不同的水质，采取不同的工艺处理，使水质处理达标。 2.现场污水拉运台账及拉运三联单、水处理综合台账等填写及时准确无误。 3.水池储存水量不能超过池子容积的85%。 4.各处理池内无污油和杂物；最后回注水池水质清亮，无杂物。 5.应定期巡查，确保罐体、池体完整性。 6.拉运前应进行罐车完整性检查，拉运过程中应做好交通风险管控，防止污水泄漏和违规乱倒。 7.保留清理污泥后的统计台账（包括去向、数量等）、污泥处理协议等。 8.做到厂级总量与各作业区或处理站平衡，作业区总量和各平台、处理站平衡；压裂返排液的产生与回用、处理量平衡。公司整体废水（返排液、压滤液等）的产生与回注及委外处理整体平衡。 9.回注水质情况应定期开展监测： （1）悬浮物含量和pH值现场每日至少用便携式测定仪和试纸自行监测一次；悬浮物含量和pH值至少每周取样送化验室自行监测一次；悬浮物、悬浮物粒径中值、含油和pH值至少每月送有资质的第三方检测机构监测一次。

续表

序号	监督项目	监督检查要点
4	运行管理	（2）所用计量器具应保证其量程和溯源周期，在有效的周期范围内。 （3）当回注水来源发生变化时，应在12h内重新进行水质分析和配伍性试验等工作，在48h内保证水质处理合格，未合格前严禁回注。 （4）检测机构取得中国计量认证（CMA）和中国合格评定国家认可委员会（CNAS）资质认可。 （5）取样操作按作业规程进行
5	安全防护及环保	1. 现场防渗措施（水泥地面、防渗布、围堰等）必须时刻保持完好，如破损或者缺陷等同无效。 2. 现场围堰、防渗区内污水、污油应及时清理，不得长时间存放。 3. 各类警示标识、职业病危害因素告知卡及有毒有害气体检测设施齐全，标识标牌必须清晰、填写准确，防止发生人员伤害。 4. 现场设备设施杜绝跑冒滴漏，如由于设备设施老化或者施工原因无法及时更换维修的，岗位人员及时巡检、及时清理，不得滴漏到无防渗区域或者长时间不清理。 5. 人员劳动防护用品穿戴齐全、规范。生产作业区域周边及时巡检和清理，确保无杂物和垃圾。 6. 各类台账、记录、资料字迹清晰，不得有涂改。 7. 污泥暂存处控制存储总量，及时联系拉运；同时做好防雨淋措施，防止长时间下雨，雨水浸泡引起泄漏

第七节 联 合 站

一、检查路线

进站区→集输区→油区加药间→装车泵房→配电区→注水泵房→消防区→油区加药间→污水处理区域及料场→锅炉区→新能源区→值班室。

二、检查内容

日常管理、操作规程、应急处置、人员证件及操作技能、工艺流程、设备设施完整性、防雷设施、防静电设施、防爆电气设备、仪器仪表、工艺流程、消防安全等。

三、监督检查要点

联合站监督检查要点见表3-7。

表3-7 联合站监督检查要点

序号	监督项目	监督检查要点
1	集油区	1. 梯子、平台、护栏无锈蚀、开焊、安装不牢固等现象。 2. 按规定设置防静电接地装置，防雷接地引下线采用镀锌扁钢，其厚度不小于4mm，宽度不小于40mm；当采用镀锌圆钢时，其直径不小于10mm；断接卡连接处使用两个M12不锈钢螺栓加防松垫片连接，无松动现象。 3. 必须安装本安型静电释放器，并贴有名称标识。 4. 管线上标有介质名称和流程走向箭头，油管线涂灰色。 5. 所有目视化标识要整洁、清晰、完整，如有变色、褪色、脱落、残缺等情况时，必须及时重涂或更换。 6. 罐体表面无油污，本体及附属管线不渗不漏。 7. 管线阀门应不渗、不漏、不锈、防腐完好。四孔法兰跨接齐全、紧固，测量其电阻值不大于0.03Ω，严禁上下法兰及中间阀门一起跨接。 8. 配电柜每一处开关均应标明控制对象名称的位号标识，并与实际相符。

续表

序号	监督项目	监督检查要点
4	注水泵房	8. 泵房内通风措施良好，泵防腐良好，无油污、无锈蚀，壳体无裂纹、无变形。 9. 泵各密封点严密；润滑系统畅通不漏；机油液位在上下刻度之间，润滑油无变质。 10. 泵各仪表（电流表、电压表、压力表、真空表等）齐全、完好，工作正常、稳定。 11. 运行中泵无不正常的异常响声和振动。 12. 电动机安装应牢固，螺栓及防松零件齐全，不松动；接线入口及接线盒盖等应做密封处理，电动机风扇护罩完好，固定螺栓齐全，安装牢固可靠。 13. 泵或电动机应设置与所处状态一致的标志（如"运行""停运""备用""维修"等）。 14. 配电箱（柜）、变频柜前方应铺设合格的绝缘胶片。 15. 机泵、开关箱、配电箱（柜）、变频柜均应可靠接地（接零），接地电阻不大于4Ω。 16. 室内照明应始终保持完好，门口配备耳塞。 17. 压力表安装齐全、完好，量程合适，且在有效期内，安装位置应便于观察录取压力，压力显示正常，针型阀与压力表之间应设压力表接头。 18. 安全阀的开启压力不大于设计压力，在有效期内，截止阀用铅封锁死，泄放管涂红色
5	污水处理装置	1. 各污水池有醒目标识。 2. 管线标有流程走向、介质名称、水管线刷绿色。 3. 管网、阀门和管件应不渗、不漏，阀门应启闭灵活、开启指示正确。 4. 阀杆无弯曲、锈蚀，阀杆与填料压盖配合良好，螺纹无缺陷。 5. 压力表安装齐全、完好，量程合适，且在有效期内，安装位置应便于观察录取压力，压力显示正常，针型阀与压力表之间应设压力表接头。 6. 泵防腐良好，无油污、无锈蚀，壳体无裂纹、无变形。 7. 联轴器护罩应罩住联轴器和轴。 8. 泵各密封点严密；润滑、冷却系统畅通不漏；机油看窗完好，液位合适，润滑油无变质。 9. 泵各仪表（电流表、电压表、压力表、真空表等）齐全、完好，工作正常、稳定。 10. 运行中泵无不正常的异常响声和振动，电动机安装应牢固，螺栓及防松零件齐全，不松动；接线入口及接线盒盖等应做密封处理。

续表

序号	监督项目	监督检查要点
5	污水处理装置	11. 电动机外壳应可靠接地（接零），接地电阻不大于4Ω。 12. 防爆接线箱和穿线盒螺栓紧固、无缺失，冗余孔密封完好，保护接地完好紧固
6	消防泵房及消防水罐	1. 管线标有流程走向、介质名称，消防管线、消防设施刷红色，生活水管线刷绿色。 2. 消防系统主要组件涂色应符合下列规定：泡沫混合液管道、泡沫管道、泡沫产生器涂红色；消防水泵、给水管道涂绿色。 3. 所有目视化标识要整洁、清晰、完整，如有变色、褪色、脱落、残缺等情况时，必须及时重涂或更换。 4. 门窗干净整洁，墙面无灰尘，墙皮无脱落，铁质材料墙体无锈蚀。 5. 应急灯开关、灯罩完好无破损，断电能亮，持续照明时间不低于30min（断电能亮即可）。 6. 配电柜内各操作按钮的标识齐全、清晰、准确，按钮灵活好用。 7. 照明灯、开关、护罩完好，能够开关、亮起和熄灭。 8. 各压力表、安全阀均处在有效期内。 9. 各阀门开闭灵活、无卡阻，关闭严密，无渗漏。 10. 各压力表的工作压力为量程的1/3～2/3，表盘清晰、位置便于观察、坚固良好，表阀及接头无渗漏。 11. 各连接电缆无老化破损、无漏电。 12. 电动机、泵体、管线及各附属不渗不漏，连接紧固，无松动现象。 13. 泵与电动机联轴器同心，无异位或异常振动，防护罩完好，各螺栓齐全、紧固；机油液位在看窗的1/3～2/3。 14. 电动机外壳接地紧固、无松动，电阻不超过4Ω。 15. 消防炮压力表外观完好且处于有效检验周期内，启炮时压力达到0.6MPa以上，水平和俯仰回转范围内无影响消防水射程的障碍物，旋转部位灵活，可以转动
7	压力容器	1. 铭牌、漆色、标识齐全，保温层无破损、脱落。 2. 压力容器的本体、接口（阀门、管路）部位、焊接接头等无裂纹、过热、变形、泄漏、损伤等。 3. 人孔、手孔、封头（端盖）、法兰及阀门等处无泄漏。 4. 塔体有接地装置，接地螺栓紧固、无锈蚀。 5. 支撑或支座牢固、齐全，基础完整、无严重裂纹、无不均匀下沉，紧固螺栓完好，螺母不得有松动现象。 6. 资料： （1）压力容器的作业人员应当持证上岗。定期进行安全教育并且作好记录。

续表

序号	监督项目	监督检查要点
7	压力容器	（2）应当建立特种设备安全技术档案。安全技术档案应当包括以下内容： （a）特种设备的设计文件、制造单位、产品质量合格证明、使用维护说明等文件，以及安装技术文件和资料； （b）特种设备的定期检验和定期自行检查的记录； （c）特种设备的日常使用状况记录； （d）特种设备及其安全附件、安全保护装置、测量调控装置及有关附属仪器仪表的日常维护保养记录； （e）特种设备运行故障和事故记录
8	发电机	1. 机组运转过程中无异响、异常振动。 2. 连接紧固可靠，旋转部件防护罩安全可靠。 3. 机组润滑油位、冷却水位、电解液位正常。 4. 查看机体 LCD 无带病运行，输出参数正常
9	灭火器	1. 按规定定期检查，填写四定卡。 2. 灭火器应设置在明显、便于取用的地点，且不得影响安全疏散。 3. 灭火器不能挪作他用，摆放稳固，没有埋压，灭火器箱不得上锁。 4. 灭火器配置数量合理，且每个设置点不低于两具配置。 5. 筒体无锈蚀、变形现象；铭牌完整清晰；存放在阴凉、干燥、通风处，不得接近火源。 6. 喷嘴无堵塞、变形、开裂、损伤，喷射软管畅通、无变形、无老化，压力表无变形、损伤，保险销和铅封完好。 7. 干粉灭火器压力表指针应指在绿色区域。 8. 建立灭火器台账
10	配电室	1. 配电室内清洁，无厚积尘土、垃圾杂物、易燃物等。 2. 配电室出口畅通，检修通道畅通，无杂物堆积。 3. 配电室内绝缘手套、绝缘靴、开关扳手齐全，绝缘手套、绝缘靴检验有效。 4. 配备与建筑面积相适应的二氧化碳灭火器。 5. 配电室和配电设施按有关要求铺设绝缘胶皮。 6. 配电室门窗闭合严密，房顶没有漏雨现象，直接与室外相通的孔洞应采取防雨雪措施。 7. 电缆沟完整清洁，盖板齐全，电缆沟内无积水。 8. 配电室门口设置挡鼠板。 9. 配电设施悬挂"运行""停止""检修""禁止合闸"等标牌，并与设备状态一致，标有"有电危险"的电标识。 10. 照明灯、应急灯运行正常，护罩完好

续表

序号	监督项目	监督检查要点
11	安全标识	1. 现场悬挂安全标识，对作业现场危险区域和部位进行警示标识。 2. 悬挂位置正确，悬挂数量、内容、高度符合规定
12	基础管理工作	1. 每月开展应急演练一次，严格按照应急处置程序进行，应急演练应有记录。 2. 按计划开展培训，严格按照培训计划开展，并保留学习记录。 3. 每月学习事故案例一次，上级传达的所有案例必须学习，并保存学习记录。 4. 员工应清楚本岗位主要风险及防范措施，风险识别清单应覆盖全面，无缺项。 5. 各种资料台账的填写及时、无漏项、无涂改，字迹工整

第八节 长 停 井

一、检查路线

进站区域→井口及井场设备→辅助区域。

二、检查内容

日常管理、操作规程、应急处置、工艺流程、设备设施完整性、防雷设施、防静电设施、防爆电气设备、仪器仪表、消防安全等。

三、监督检查要点

长停井监督检查要点见表3-8。

表3-8 长停井监督检查要点

序号	监督项目	监督检查要点
1	井场及道路状况	1. 井场路、井场等正常，无侵占现象。 2. 井组号清晰，安全提示牌规范、清晰、无损坏且固定完好。 3. 井场平整，无污染物、易燃物，门锁、围栏完好无损坏
2	井口及井场设备	1. 井口齐全。 2. 气井、采油井、注水井井号标注规范。 3. 井口流程、阀门、压力表等附属设施正常，无渗漏。 4. 井口流程、阀门开关正确。 5. 井口房无破损，门锁完好。 6. 设备安全警示标识悬挂正确，无缺失
3	抽油机	1. 抽油机设备齐全，运行良好。 2. 各装置正常，无损坏，无缺失，状态准确。 3. 设备基础无下沉、倾斜情况。 4. 自编号、铭牌清晰，有警示标识
4	储油罐	1. 进罐管线完好。 2. 灭火器定点摆放，检查完好有效。 3. 罐内液位不高于40cm，罐体外观完好，无渗漏。 4. 储油罐附件齐全，有效

续表

序号	监督项目	监督检查要点
5	气田水池	1. 安全提示牌醒目、无脱落。 2. 护栏完整无损坏、无严重锈蚀，护栏门常闭。 3. 水池液面不超过警戒黄线
6	管线	管线密封良好，无渗漏，螺栓、垫片、法兰跨接线齐全、无断脱，盲板封堵
7	电力系统	用电线路、抽油机、电加热、储油罐配电箱完好
8	视频设备	生产井场监控摄像头及附属配件目测完好

第九节 提 XAI 项目

一、检查路线

进站区域→消防区域→XAI 气充装区→原料气装卸区域→原料气储存区域→危险废弃物储存区域→压缩机区域→膜分离单元→一级变压吸附单元→脱氢单元→脱水单元→二级变压吸附单元→精制净化单元→制氮区域→液氧区域→三合一厂房→中控室。

二、检查内容

日常管理、操作规程、应急处置、工艺流程、设备设施完整性、防雷设施、防静电设施、防爆电气设备、仪器仪表、消防安全等。

三、监督检查要点

提 XAI 项目监督检查要点见表 3-9。

表 3-9 提 XAI 项目监督检查要点

序号	监督项目	监督检查要点
1	合同资质人员证件	1. 合同签订。 2. 油田公司市场准入。 3. 项目立项手续（政府发改委项目投资备案，取得备案证号）。 4. 负责人、安全管理人员取得安全管理资格证；特种设备管理人员须持有特种设备安全管理人员 A 证；充装人员须持有移动式压力容器充装 R2 证；检查人员须持有移动式压力容器充装 R2 证，且不得兼任充装员。 5. 从事高压电器设备操作或检维修作业人员需持有高压电工证，操作防爆电气设备的员工需持有防爆电工证。

续表

序号	监督项目	监督检查要点
2	管理制度、基础台账、工作记录	1. 生产运行管理制度、启动前安全检查管理制度、安全管理制度（安全生产、安全检查、安全教育等）、进厂进站管理制度、应急管理制度、消防安全管理制度、隐患排查管理制度、作业许可安全管理制度、承包商管理制、交接班制度、巡回检查制度、工艺与设备变更管理制度、卸车、生产和充装过程关键点控制制度（包括安全监控和巡视）、岗位培训考核制度、计量管理制度等。 2. 安全检查记录，安全活动记录，隐患管理台账，危害辨识清单，事故应急预案演练和讲评记录，持证人员培训考核记录，防雷防静电设施检验记录，安全阀、阻火器台账及检验报告，可燃气体探头、可燃气体控制器、手持式可燃气体检测仪台账及检验报告，仪器仪表台账，计量器具台账。 3. 建立特种设备安全技术档案，安全技术档案包括： （1）特种设备的设计文件、制造单位、产品质量合格证明、使用维护说明等文件，以及设备安装技术文件和资料； （2）特种设备的定期检验和定期自行检查（月度、年度）记录； （3）特种设备的日常使用记录； （4）特种设备及安全附件、安全保护装置、测量调控装置及有关附属仪器仪表的日常维护保养、定期校验、检修记录； （5）特种设备运行故障和事故记录。 4. 特种设备管理档案：安全管理机构、安全管理制度、设备操作规程、岗位职责、应急预案（特种设备事故应急预案、救援预案）及演练资料、隐患管理台账。 5. 检验检测档案：设备台账、安全附件台账、设备定期检验报告、安全附件（仪表）检验鉴定报告。 6. 人员管理档案：主要负责人、安全管理人员、特殊作业人员、特种设备作业人员（作业人员、管理人员）资质证书台账、安全教育培训记录。 7. 设备统计台账，防爆电气设备台账，配电设备设施检查记录，绝缘手套、绝缘鞋（靴）、验电器等检验记录，主要控制工艺参数表，设备和仪器仪表的维护、检修、保养、定期检查记录，设备（泵、压缩机、分离缓冲罐等）运行记录，巡检记录，交接班记录，CNG卸车记录，CNG充装记录，氦气充装记录，CNG和氦气槽车进站安全检查表，充装前、中、后安全检查表，防雷防静电接地检查表，生产运行日报、周报、月报、年报，消防设备设施台账，检查记录卡（表），应急物资台账，检查记录，使用记录，职业健康管理档案

续表

序号	监督项目	监督检查要点
3	操作规程、应急预案	1. 原料气压缩机操作规程，PSA1 解吸气压缩机操作规程，脱氢循环压缩机操作规程，中间气压缩机操作规程，非渗透气压缩机操作规程。 2. PSA2 解吸气压缩机操作规程，CNG 压缩机操作规程，氦气压缩机操作规程，CNG 卸气（机）柱操作规程，CNG 加气（机）柱操作规程，CNG 槽车充装操作规程，氦气加气（机）柱操作规程，氦气槽车充装操作规程，特种设备操作规程，装卸用管耐压试验操作规程，可燃气体、有毒有害气体报警仪操作规程，过滤器、分离器、排污及放空操作规程，生产事故应急预案，突发环境事故应急处置预案
4	压力容器附件	1. 设计压力小于 1.6MPa 压力容器使用的压力表的精度不得低于 2.5 级，设计压力大于或者等于 1.6MPa 压力容器使用的压力表的精度不得低于 1.6 级。 2. 压力表表盘刻度极限值应当为工作压力的 1.5～3.0 倍。 3. 液位计应当安装在便于观察的位置，否则应当增加其他辅助设施。大型压力容器还应当有集中控制的设施和警报装置。 4. 液位计上最高和最低安全液位，应当作出明显的标志
5	储罐类	1. 储罐铭牌、漆色、标志清晰明确，符合规定。 2. 储罐的罐体、接口（阀门、管路）部位、焊接接头等无裂纹、变形、泄漏、损伤等。 3. 壁板无腐蚀、泄漏、异常变形，防腐涂层无破损、脱落等。 4. 常压储罐与相邻管道或者构件无异常振动、响声或者相互摩擦。 5. 储罐罐壁的垂直度、圆度（同一断面最大直径与最小直径差）无异常。 6. 罐壁根部无腐蚀。 7. 罐体接地装置、液位测量装置无异常，在有效检定周期内。 8. 所有金属元件的接地良好。 9. 地脚螺栓应垂直无歪斜。螺母紧固后，螺纹露出螺母不应少于 2 个螺距。 10. 地脚螺栓光杆部分应无油污和氧化皮，螺纹部分应涂少量油脂。 11. 地脚螺栓上的任意部位离孔壁距离不小于 20mm，与孔底的距离大于 20mm。 12. 地脚螺栓螺母与垫圈、垫圈与底座间的接触均应良好。 13. 容器与超压泄放装置之间的连接管和管件的通孔，其截面积不得小于超压泄放装置的进口截面积，其接管应当尽量短而直。 14. 安全阀必须垂直安装，当发现倾斜时，应予校正；安装前检查铅封、铭牌是否完好。

续表

序号	监督项目	监督检查要点
5	储罐类	15. 液位计上最高和最低安全液位，应当作出明显的标志。 16. 液位计各四孔法兰连接处安装跨接线，且液位变送器应接地。 17. 液位计压力等级不小于分离器设计压力。 18. 防爆电气设备的铭牌中，必须标有国家检验单位发给的防爆合格证号。 19. 防爆电气设备应有"EX"标志和标明防爆电气设备的类型、级别、组别的标志的铭牌，并在铭牌上标明国家指定的检验单位发给的防爆合格证号。 20. 灯具外罩应齐全，螺栓应紧固。 21. 电气线路使用的接线盒、分线盒、活接头、隔离密封件等连接件的选型，应符合《爆炸危险环境电力装置设计规范》（GB 50058）的规定
6	泵类	1. 检查泵体外壳是否有破损。 2. 检查填料密封情况，是否泄漏。 3. 检查所有外部的紧固螺母和紧固件（地脚螺栓、泵体链接螺栓）。 4. 检查仪表完好灵敏，在校验范围内。 5. 检查泵体配件齐全（柱塞、密封盒、蓄能器、安全阀、放空阀）。 6. 检查曲轴箱内润滑油及液位是否在 1/2～2/3 处。 7. 检查电动机接地情况。 8. 检查电动机风扇叶片、紧固螺栓是否齐全。 9. 检查电动机润滑脂是否合格。 10. 检查电动机有无异响、振动及噪声
7	信息自动化	1. 选型与设计一致。 2. 铭牌字迹清楚完整，参数符合设计与生产要求。 3. 备品配件齐全，完整无缺。 4. 安装方向满足介质流向要求，无渗漏现象发生。 5. 仪表盘（柜、台、箱）安装及温度仪表、压力仪表、流量仪表等其他仪表安装符合设计和规范要求。 6. 电子版资料：设备安装明细记录；PLC、RTU、DCS 等系统程序；软件开发环境配置信息、数据库的资料（数据表结构、接口提供情况）；各类用户名和密码（PLC 加密密码，工程站、操作员站的系统用户和密码，系统软件的用户和密码，数据库的用户和密码）；网络结构图及 IP 地址表；通信协议与数据表；智能仪表的说明书、通信协议、配置软件、联锁因果图；站控系统操作手册；纸质资料：系统结构图、电缆走向图、点位表资料齐全。 7. 直流系统、不间断电源（UPS）、蓄电池安装测试及充放电完好。

续表

序号	监督项目	监督检查要点
7	信息自动化	8.自控系统外观无破损、无变形，内外表面无油漆脱落、无受潮、锈蚀等缺陷，仪表、DCS内部组件的型号、规格、数量、安装位置符合设计要求，无破损、松动、脱落。机柜、盘、台的安装布置、铭牌、型号、位号、数量、外形尺寸、仪表开孔尺寸符合设计要求，DCS机柜、仪表盘、操作台的垂直度、水平度、盘间接缝间隙、顶部高差、正面平面度符合规范要求，与基础型钢之间采用防锈螺栓牢固连接，盘间电缆（含专用电缆）的型号、规格、数量，电缆头、标志牌制作及接线（含内部接线）正确、牢靠、整齐、美观、齐全，符合设计、规范要求，机柜、仪表盘、操作台及室内地板下、电缆沟内无尘埃、异物，电缆出、入口应封闭
8	视频监控	1.采用公共接地时，接地电阻值不大于1Ω；采用单独接地时，接地电阻值不应大于4Ω；设置在空旷地域的系统，接地电阻值不应大于10Ω。接地线应采用截面积大于或等于16mm²的铜芯导线。 2.工业电视设备及控制台、机柜的金属外壳、线缆的金属屏蔽层接地。 3.视频监控系统运行正常。 4.视频监控平台应通过连续运行测试。视频运行正常
9	计量系统	1.计量设备外观无损坏、变形。 2.显示屏幕无划伤、破损，设备仪表数据显示清晰。 3.计量设备压力传感器、温度传感器等重要零配件部位加装设备厂家合格产品的铅封。 4.计量设备显示屏上加装设备校验/检定铅封。 5.备用计量设施设备（旁通）上、下游控制阀门加装铅封。 6.有遮阳、遮雨的保护措施。 7.计量设备按照设计工艺进行建设安装。 8.计量设备的测量范围、工作压力、介质温度符合现场工作环境要求。 9.计量设备水平安装，出入口不得反装
10	防雷、接地	1.抽查与接地网、接地干线连接是否符合设计和规范要求，与接地干线连接的点数是否符合要求，是否存在串联连接现象；防雷接地、静电接地、工作接地、重复接地等每种类型接地至少抽查1处。 2.抽查是否为爆炸危险环境的接地施工，应接地的电气设备外壳、金属构架等是否接地，应采用专用接地线的部位是否采用。接地线的连接是否符合爆炸危险环境下的特殊要求。 3.接地装置安装隐蔽检查记录核查，接地装置记录是否规范，内容是否真实准确，接地附图是否符合设计要求，签认是否齐全。 4.抽查接地电阻测试阻值是否符合设计文件要求。

续表

序号	监督项目	监督检查要点
10	防雷、接地	5. 防雷、防静电设施接地点应设标识牌，标识牌都有自编号。 6. 立式或卧式金属容器（三相分离器、电脱水器、缓冲罐等）至少应设有两处接地，接地端头分别设在卧式容器两侧封头支座底部及立式容器支座底部两侧地脚螺栓位置，接地电阻值应小于 10Ω。 7. 采用扁钢搭接，搭接面长度是其宽度的两倍以上；采用圆钢搭接，搭接面长度是其直径的 6 倍以上。 8. 采用锁紧螺母或弹簧垫圈螺栓紧固（2 孔均布），连接金属面应除锈、除油污，螺栓连接应紧密、牢固，有防松措施并涂电力复合脂。 9. 断接卡宜设在距地面 0.3～1.0m 处。 10. 单独设置接地装置时，防雷接地装置的接地电阻不应大于 10Ω，保护接地电阻不应大于 4Ω。 11. 防静电接地装置的接地电阻不应大于 100Ω。 12. 应采用避雷带。 13. 避雷带引下线不应少于两根，并沿建筑物四周均匀或对称布置。 14. 防腐质量应满足漆色标志清晰、正确，防腐完整、无遗漏。 15. 避雷带（网）安装应平直、牢固，支件间距均匀一致
11	防爆	1. 防爆电气设备的铭牌、防爆标志、警告牌应正确、清晰。 2. 防爆电气设备的外壳和透光部分应无裂纹、损伤。 3. 防爆电气设备的紧固螺栓应有防松措施，无松动和锈蚀。 4. 防爆电气设备宜安装在金属制作的支架上，支架应牢固，有振动的电气设备的固定螺栓应有防松装置。 5. 电气设备多余的电缆引入口应用适合于相关防爆型式的堵塞元件进行堵封。除本质安全设备外，堵塞元件应使用专用工具才能拆卸。 6. 密封圈和压紧元件之间应有一个金属垫圈，并应保证密封圈压紧电缆或导线，且密封圈不应有老化现象。 7. 场站设备设施安装符合防爆区域电气设备安装标准。 8. 场站消防设施配备符合要求，并完好。 9. 可燃、有毒气体检测器是否进行报验；是否验收签认。 10. 可燃、有毒气体检测器规格、型号、材质是否符合设计要求，质量证明文件、3C 认证书是否提供齐全
12	消防设备设施	1. 在同一灭火器配置场所，宜选用相同类型和操作方法的灭火器。当同一灭火器配置场所存在不同火灾种类时，应选用通用型灭火器。 2. 在同一灭火器配置场所，当选用两种或两种以上灭火器时，应采用灭火剂相容的灭火器。 3. 一个计算单元内配置的灭火器不得少于两具，每个设置点的灭火器数量不宜多于五具。

续表

序号	监督项目	监督检查要点
12	消防设备设施	4. 灭火器应设置在明显和便于取用的地点，且不得影响安全疏散。 5. 灭火器应设置稳固，其铭牌应朝外，底部离地面高度不宜小于0.15m。 6. 灭火器不应设置在潮湿或强腐蚀性的地点，当必须设置时，应有相应的保护措施。 7. 灭火器箱不应被遮挡、上锁或栓系。 8. 检查灭火器压力指示器指针指示在绿色范围区域内。 9. 手提式灭火器喷射软管不老化、不破损，连接紧固。 10. 推车式灭火器宜设置在平坦场地，行驶机构性能良好，不得设置在台阶上。 11. 室外消火栓地上外露部分涂红色漆，外表无损伤。 12. 室外消火栓栓体上有清晰地铸出型号、规格等永久性标志。 13. 室内消火栓箱的外观无缺陷，箱门上设有耐久性名牌标识，其内容清晰、牢固。 14. 室内消火栓箱门开启角度不应大于160°，消火栓出水方向向下或与墙面成90°角。 15. 室内消火栓的栓体或栓盖上有铸出的型号、规格，并设有商标。 16. 室内消火栓手轮轮缘上铸出标识开关方向的箭头和字样，阀杆升降平稳、灵活。 17. 检查水带是否完整无破损，接口是否牢固，卡簧是否脱落，是否干燥清洁，接口是否和消火栓、水枪匹配，摆放位置是否合理；检查水枪、泡沫枪是否完整无破损，型号与水带接口是否匹配，摆放位置是否合理。 18. 消防水带有裂口及水带边缘磨损严重、漏水，消防水枪接口变形、无法与水带连接或连接后漏水严重的应及时更换。 19. 消防泵房应设专岗，持证上岗；定期对消防泵试运行和保养。 20. 一组水泵的吸水管和出水管不应少于两条，当其中一条发生故障时，其余的应能通过全部水量。 21. 消防泵应设双电源或双回路供电，如有困难，可采用内燃机作备用动力。 22. 消防泵房值班室应设置对外联络的通信设施。 23. 消防泵房及其配电室应设应急照明，其连续供电时间不应少于20min。 24. 消防泵出口的压力表齐全、完好，并按时校验。 25. 消防泵完好无泄漏，各连接部位牢固、可靠。 26. 消防泵出水管上的泄压阀齐全、完好，回流管畅通。 27. 消防水池（罐）液位正常。

续表

序号	监督项目	监督检查要点
12	消防设备设施	28. 消防水池（罐）自动补水设施完好。 29. 消防用水与其他用水共用的水箱，应采取确保消防用水量不作他用的技术措施。 30. 消防水箱的出水、排水和水位应符合：出水管应保证消防水池的有效容积能被全部利用。 31. 消防水箱应设计就地水位显示装置，并应在消防控制中心或值班室等地点设置显示消防水箱水位的装置，同时应有最高和最低报警水位。 32. 消防水箱应设置溢流水管和排水设施，并应采用间接排水。 33. 消防用电设备采用专用的供电回路，其配电线路和控制回路按防火分区划分。 34. 消防设备配电箱有区别于其他配电箱的明显标志，不同消防设备配电箱有明显区分标识，配电箱上的仪表、指示灯的显示正常，开关及控制按钮灵活可靠。 35. 仪表、指示灯及开关按钮等完好，显示正常。 36. 应设手动、自动启动方式，当采用自动启动方式时，达到额定转速并发电的时间不应大于30s，发电机运行及输出功率、电压、频率、相位显示均应正常，并送电至低压配电柜。 37. 控制器的自检、消音、复位、显示、记忆、打印功能正常。 38. 火灾报警功能：能接收来自火灾探测器及手动报警按钮火灾报警信号，10s内发出火灾声、光报警信号，指示火灾发生部位，记录火灾报警时间，并予以保持至复位。 39. 消防应急照明、安全疏散标志完好、有效、不被遮挡。 40. 手动火灾报警按钮设置在疏散通道或出入口处。 41. 手动火灾报警按钮设置在明显和便于操作的部位。 42. 火灾报警按钮被触发时，能向报警控制器输出火警信号
13	应急物资	1. 现场应急物资配备满足预案要求。 2. 应急物资台账与实物保持一致，使用后及时补充。 3. 应急物资定期检测、维护和保养，确保状态完好
14	应急培训	1. 所有员工接受了岗位应急培训并考核合格。 2. 制订应急培训计划，按期开展应急培训，有培训记录，每季度不少于一次。 3. 员工熟悉应急处置和汇报流程，熟知本岗位应急职责。 4. 员工能正确使用防护用品、检测设备和逃生装置。 5. 员工掌握自救互救和逃生避险知识，熟知逃生路线

第十节 光伏发电项目

一、检查路线

进站区域→发电区域→配电设备→辅助设备设施→监控系统→消防设施。

二、检查内容

设备设施安全、工艺安全、环境安全、应急管理、事故事件管理。

三、监督检查要点

光伏发电项目监督检查要点见表3-10。

表3-10 光伏发电项目监督检查要点

序号	监督项目			监督检查要点
1	设备设施安全		设备管理台账记录	1. 设备基础台账完整无缺漏。 2. 设备检维修记录全面。 3. 设备设施检测按计划执行并记录
		发电部分	光伏板	1. 表面清洁，无遮挡。 2. 连接线无松动、烧坏、老化，引线绑扎良好。 3. 接线盒牢固。 4. 无变形、破损。 5. 方阵间连线牢固，电缆和支架的接地可靠。 6. 组件紧固件无松动
			跟踪系统	1. 跟踪角度正常，控制器完好。 2. 跟踪系统通信正常
			支架系统	1. 基础无沉降。 2. 螺栓、焊缝和连接牢固可靠。 3. 无防腐层脱落、无腐蚀

续表

序号	监督项目			监督检查要点
1	设备设施安全	发电部分	汇流箱	1. 标识名称、编号齐全，外观完好，门锁正常，无漏水。 2. 监控屏运行参数正常，开关位置正确。 3. 外壳完整清洁。 4. 内部无杂物，无异响，元器件无损坏。 5. 端子连接牢固，无松脱、锈蚀。 6. 汇流箱内支路电流平衡，无不稳定、激增。 7. 防雷模块、通信模块指示正常。 8. 接入线缆捆扎牢固，无老化开裂
			逆变器	1. 标识名称、编号齐全，外观完好，门锁正常，清洁无杂物。 2. 监控屏运行参数正常，开关位置正确。 3. 通风口无异物堵塞，有风。 4. 无异常振动、气味、声音。 5. 引线接头接触良好，触点无发热，无烧灼痕迹，引线无断股、折断、破损、变色。 6. 接地良好，通信指示正常
			直流柜	1. 标识名称、编号齐全，外观完好，门锁正常，无漏水。 2. 外壳完整清洁。 3. 内部无杂物，无异响，元器件无损坏。 4. 端子连接牢固，无松脱、锈蚀。 5. 直流柜内支路电流平衡，无不稳定、激增
			电缆和接线	1. 电缆是否完好，无裸露或损坏。 2. 连接点、线路没有异常高温发热。 3. 引线接头接触良好，触点无发热，无烧灼痕迹，引线无断股、折断、破损、变色。 4. 电缆沟、槽内电缆是否涂防火漆，是否用防火泥封堵
		配电设备	高压开关柜	1. 开关柜外观良好，无异味、异响。 2. 断路器、手车、接地刀闸、储能机构状态指示灯及机械指示正确，与后台核对正确。 3. 带电显示器指示正确。 4. 保护测控装置工作正常。 5. 电缆正常，无放电痕迹。 6. 设备状态牌悬挂是否正确

续表

序号	监督项目			监督检查要点
1	设备设施安全	配电设备	配电箱	1. 部件完整无缺损。 2. 绝缘瓷瓶无严重脏污，各连接导线无断股散股，无放电痕迹。 3. 电源线接头及各连接部位无过热痕迹。 4. 闭锁、联锁装置完好有效。 5. 接地无开焊、无严重锈蚀
			变压器	1. 变压器无异响、异味，外观良好，无渗漏。 2. 油枕、有载调压油位、油色正常。 3. 高压瓷套管、绝缘子无破损、裂纹、烧伤、放电现象。 4. 变压器端子箱、机构箱外观完好，密封完好，二次接线整齐良好，二次接线护套完好。 5. 冷却系统手动、自动工作正常。 6. 呼吸器硅胶变色未超 1/3，油杯油位正常。 7. 温度指示正常，与远方核对正常。 8. 接地良好，接地色完好，无严重腐蚀。 9. 有载调压装置档位与远方核对一致。 10. 放气盒无气体。 11. 瓦斯继电器外观干净，无气体，无渗漏油
			GIS 组合电器	1. 外观套管是否清洁，有无裂纹、放电痕迹。 2. 分合闸位置指示是否正确，与远方信号是否一致。 3. 六氟化硫气室压力在正常范围之内。 4. 控制系统指示灯、仪表显示正常，二次端子箱、机构箱有无受潮，二次接线牢固；标识是否清晰完整。 5. 接地点连接是否紧固牢靠，标识是否清晰完整。 6. 使用六氟化硫测漏仪检测是否有漏气
			SVG 设备	1. 室外开关位置是否正常。 2. 绝缘子有无裂纹、放电现象。 3. 电阻及电抗器各接线头有无松动、放电。 4. 刀闸接线有无发热现象。 5. 控制柜有无报警。 6. 水冷系统运行是否正常。 7. 冷却液液位是否正常。 8. 各单元模块是否运行正常。 9. 风机运行是否正常。 10. 控制柜无异常声响和异味

续表

序号	监督项目	监督检查要点		
1	设备设施安全	辅助设备设施	储能设备	1. 储能箱体外观是否有裂痕。 2. 储能箱体运行声音是否正常。 3. 储能箱体密封是否完好。 4. 储能接地连接是否完好，有无发热。 5. 无异常烟气及气味。 6. 储能系统控制面板是否有告警。 7. 空调运行是否正常。 8. 储能消防系统是否正常
			防雷接地	1. 光伏组建与支架、支架与支架、支架与地网，接地良好。 2. 电缆金属铠装接地良好。 3. 设备防雷保护器正常。 4. 动率调节设备接地良好
			气象站	1. 与地面固定牢固。 2. 传感器、采集器运行正常。 3. 电源稳定、连续。 4. 辐照仪无灰尘遮挡
		监控系统	直流系统监控装置	1. 交流电压表、浮充电流表、电池组电压表、合闸电压表、母线电压表等，没有异常响动，工作正常、指示是否正常，是否在有效期内。 2. 直流接地检测装置正常，接地台账齐全，检测记录齐全有效。 3. 蓄电池外观无鼓胀变形，无气体、液体溢出。 4. 蓄电池在线监测装置工作正常
			交流屏柜	1. 外观是否完好，柜门密封是否完好，有无异味及异响，柜体是否过热。 2. 交流仪表是否在有效期内，是否有 SOC、SOL 指示，显示是否正常，外观是否良好，电流表是否有过负荷。 3. 检查现场空开铭牌是否正确，实际位置是否正确。 4. 各接线有无放电痕迹。 5. 现场是否配备 PID 图，图纸是否正确
			微机后台	1. 通信是否正常，信号传送是否及时、准确，状态显示与设备状态一致，图像是否清晰。 2. 现场数据与后台数据对比是否有偏差。 3. 后台有无报警信息，报警是否及时复归
			UPS后台	1. 外观是否良好，有无破损。 2. 指示灯指示正确，显示无异常、无缺失损坏

续表

序号	监督项目			监督检查要点
1	设备设施安全	监控系统	视频监控	1. 视频监控画面是否清晰。 2. 按季度开展视频监控系统的时间是否同步。 3. 系统是否存在异常，异常情况是否及时处理。 4. 系统网络连接是否正常，网络信号是否稳定，视频传输是否畅通。 5. 检查电源和UPS工作是否正常
2	工艺操作安全	规程、手册	操作规程及JCC工作	1. 所有生产设备均编制有操作规程。 2. 操作规程应有发布编号，并是最新的有效版本，无新旧版本共存现象。 3. 操作规程应含有风险提示和安全措施。 4. 操作规程应由领导审批，并编制受控号，有准确的发放记录。 5. 每年对操作规程进行可操作性检查，并根据检查结果修订操作规程。 6. 特种设备操作人员应持证上岗，证件在有效期内。 7. 操作人员熟知其负责设备的操作规程，按计划培训，培训记录完善。 8. 操作人员了解超出安全参数的后果及防范措施、应急处理措施
			检维修规程	1. 内容覆盖全面，无缺失。 2. 工作标准应符合相关法律法规、标准规范或设备说明书的要求。 3. 设备、工艺发生变更时，是否及时更新。 4. 作业人员熟知并执行检维修规程
			操作手册	1. 内容覆盖全面，无缺失，属地划分清晰，属地主管管辖区域、管辖内容清晰，职能明确。 2. 各岗位作业标准明确，无缺失，岗位有明确的工作职责及职责权限。 3. 职责描述覆盖全面，无缺失。属地区域、设备划分与现场属地管理状况相一致，当作业环境、岗位发生变化时，及时调整属地，并及时修订完善。 4. 属地危害识别是否与工区风险评估一致，内容覆盖全面无缺失。 5. 组织机构、业务、管辖范围等发生变化，对岗位职责进行评审与完善，并及时修订完善。 6. 各岗位人员清楚本岗位操作手册中的内容，并能熟悉掌握应用

续表

序号	监督项目			监督检查要点
2	工艺操作安全	工艺安全管理	工艺安全分析	1. 根据运行情况、工艺信息的变更、操作参数的变化、设备设施的变更及时开展基准和周期性工艺安全分析。 2. 工艺安全分析内容覆盖全部工艺流程。 3. 工艺安全分析方法适用于全部工艺流程。 4. 工艺安全分析提出建议被采纳，全部整改完成，并做好确认。 5. 关键设备操作JCC完成后，将JCC完成时间及问题填入关键设备清单表中
			投运前安全检查	1. 检修后、投运前，安全检查已全部完成，记录填写规范完整。 2. 各岗位已全部签字，无漏签，各不符合项是否已全部整改完成。 3. 未整改完成问题已跟踪，并确认工作负责人
			变更	1. 更换了非原厂家零部件时按变更程序进行了管理。 2. 设备技术改造时按变更程序进行了管理。 3. 控制参数改变时按变更程序进行了管理。 4. 物料改变时按变更程序进行了管理。 5. 在工艺技术改变、设施功能变化、重要工艺参数改变时按重大变更进行了管理。 6. 连带变更识别充分、无缺漏，并在规定时间内完成。 7. 操作维修人员清楚变更原因、变更后的影响。 8. 工艺安全分析方法适当，信息齐全，变更资料完善。 9. 变更后的关联工作已完成（培训及操作规程等）
		其他	操作记录	1. 确认操作记录完整，包括维护、检查和故障处理。 2. "两票"（工作票、操作票）发放、执行记录的完整性。 3. "三制"（交接班制、巡回检查制和设备定期试验轮换制）的执行情况记录
			培训与资质	1. 操作人员具备相应的培训和资质。 2. 电站人员岗前培训记录的完整性。 3. 电站安全教育培训记录的完整性
			个人防护装备	1. 个人防护装备配置符合电力操作劳保要求。 2. 操作人员是否正确使用个人防护装备

第十一节 LNG 场站

一、检查路线

进站区域→输气管道→MR 压缩单元→冷冰单元→脱酸及脱水单元→装车区→放散系统→消防系统→导热油系统。

二、检查内容

日常管理、操作规程、应急处置、人员证件及操作技能、工艺流程、设备设施完整性、防雷设施、防静电设施、防爆电气设备、仪器仪表、消防安全等。

三、监督检查要点

LNG 场站监督检查要点见表 3-11。

表 3-11　LNG 场站监督检查要点

序号	监督项目	监督检查要点
1	合同资质	1. 油田公司 HSE 准入、市场准入。 2. 合同的签订。 3. 承销商应当在建设项目试运行前，按规定将试运行方案报负责建设项目安全许可的安全生产监督管理部门备案，并取得备案证明；或按照属地政府的要求报备
2	人员证件	1. 应配置经理、技术负责人、安全管理人员、设备管理人员等岗位，负责对其下属各零散气销售试验装置进行管理。 2. 每班次应至少配备 2 名合格的充装人员和 1 名检查人员。 3. 负责人、安全管理人员取得安全管理资格证；特种设备管理人员须持有特种设备安全管理人员 A 证；充装人员须持有移动式压力容器充装 R2 证；检查人员须持有移动式压力容器充装 R2 证，且不得兼任充装员。 4. 加气站人员应持内部上岗证上岗

续表

序号	监督项目	监督检查要点
3	制度管理	1. 巡回检查制度明确巡回检查路线、责任岗位、检查点位、检查内容及频次等。 2. 交接班制度明确各班次交接内容等。 3. 进站登记管理制度明确入场安全告知、人员及车辆检查等。 4. LNG充装安全管理制度明确充装前、中、后检查内容等。 5. 设备检维修管理制度明确报备程序、检维修内容等。 6. 安全生产会议管理制度明确安全生产会议频次、内容等。 7. 建立了油田公司制度清单,并收集相关制度
4	台账管理	1. 职业健康档案:应包括接触职业危害岗位清单、人员职业健康体检报告等。 2. 应急管理台账:应包括年度应急演练培训计划、演练计划、培训及演练实施记录、现场处置方案、岗位应急处置卡、应急物资台账、应急物资检查记录等。 3. 仪器仪表台账:应包括压力表、温度表、液位计、流量等。 4. 特种设备台账:应包括压力容器、压力管道、导热炉等。 5. 设备设施台账:应包括各类压缩机、机泵、电加热器、发电机、安全阀、气体检测仪、空气呼吸器等台账及设备运转、维护保养检查记录。 6. 计量器具台账:应包括地磅等。 7. 消防设备设施台账:应包括灭火器、灭火毯、消防栓、消防泵、消防水枪、消防水带等物资台账及维护保养检查记录。 8. HSE基础资料台账:人员持证台账、安全会议记录、安全培训记录、安全检查记录、隐患排查记录、应急物资检查记录、防雷防静电检测记录等。 9. 危险废弃物管理:应包括与处置单位的合同、处置单位资质、转运联单、转运台账等记录。 10. 工艺管理台账:工艺参数表应包括温度、压力、液位、流量等关键参数运行范围及报警值等。 11. 其他资料台账:盲板抽堵记录、上锁挂签台账、LNG充装前、中、后检查记录表等
5	操作规程	开停车方案;燃气发电机操作规程;压力表拆装操作规程;胺液循环泵操作规程;消防泵操作规程;稳压泵操作规程;导热油炉操作规程;脱盐水装置操作规程;冷剂压缩机操作规程;制氮装置操作规程;空气压缩机操作规程;正压式呼吸器操作规程;LNG充装操作规程;冷剂补充操作规程;阀门拆装操作规程;循环水泵操作规程;冷却水塔操作规程;灭火器(干粉、二氧化碳)操作规程

续表

序号	监督项目	监督检查要点
6	场站安全	1. 场站管道系统吹扫、清洗、耐压试验合格。 2. 冷换设备气密试验合格。 3. 动设备润滑油、密封油、控制油系统已完工，油循环合格。 4. 场站管道阀门开关均达到试运行开关状态。 5. 抽查接地装置安装实体质量情况，检查接地体埋设深度、接地体与设备间距、垂直接地体间距、水平接地体间距等是否符合设计和规范要求。 6. 抽查接地体（线）的连接方式和连接质量是否符合设计标准、操作规程和质量验收规范要求。 7. 抽查接地连接焊接外观质量、防腐质量是否符合设计文件或质量验收规范要求。 8. 抽查接地线的保护措施是否符合防止发生机械损伤和电化学腐蚀的措施要求。 9. 抽查与接地网、接地干线连接是否符合设计和规范要求，与接地干线连接的点数是否符合要求，是否存在串联连接现象；按照防雷接地、静电接地、工作接地、重复接地等每种类型接地至少抽查1处。 10. 抽查是否为爆炸危险环境的接地施工，应接地的电气设备外壳、金属构架等是否接地，应采用专用接地线的部位是否采用。接地线的连接是否符合爆炸危险环境下的特殊要求。 11. 接地装置安装隐蔽检查记录核查，接地装置记录是否规范、内容是否真实准确、接地附图是否符合设计要求、签认是否齐全。 12. 抽查接地电阻测试阻值是否符合设计文件要求。 13. 接地测试仪器仪表规格型号选用是否正确、是否进行检定校验。 14. 记录中测试时间与接地装置隐蔽时间是否相符，各方签认是否规范。 15. 金属油罐的厚度小于4mm，应装设避雷针，大于4mm可不装设避雷针。 16. 可燃性气体放空管路必须装设避雷针，避雷针应高于管口2m，避雷针距管口的水平距离不小于3m。并应有独立的接地，接地电阻不大于10Ω。 17. 防雷防静电设施接地点应设标识牌，标识牌都有自编号。 18. 立式或卧式金属容器（三相分离器、电脱水器、缓冲罐等）至少应设有两处接地，接地端头分别设在卧式容器两侧封头支座底部及立式容器支座底部两侧地脚螺栓位置，接地电阻值应小于10Ω。 19. 储罐顶部附件（机械呼吸阀、液压安全阀、阻火器等）的对接法兰应采用直径不小于6mm（截面积小于29mm²）的铜质导体跨接。

续表

序号	监督项目	监督检查要点
6	场站安全	20. 栈桥的鹤管法兰处，应用两根直径不小于5mm的金属线连接。 21. 电气设备和储罐的接地装置与防止直接雷击的独立避雷针的接地装置应分开设置。 22. 泵房的门外、装卸作业区内操作平台的扶梯入口及悬梯口处、装置区入口处、装置区采样口处、加油站卸油口处（距卸油口不少于1.5m）等危险作业场所应设置本安型人体静电消除器。 23. 对加气站可能产生静电危险的设备和管道，应采取防静电措施。天然气管道的始、末端和分支处应设防静电和防感应雷的联合接地装置，其接地电阻不应大于30Ω。防雷接地、防静电接地、电气设备的工作接地、保护接地及信息系统的接地等宜共用接地装置，接地电阻应大于4Ω。 24. 采用扁钢搭接，搭接界面长度是其宽度的两倍以上；采用圆钢搭接，搭接面长度是其直径的6倍以上。 25. 采用锁紧螺母或弹簧垫圈螺栓紧固（2孔均布），连接金属面应除锈、除油污。 26. 断接卡宜设在距地面0.3～1.0m。 27. 断接卡采用配锁紧螺母或弹簧垫圈的M12不锈钢螺栓紧固。 28. 宜采用镀锌扁钢，厚度不小于4mm，宽度不小于40mm，当采用圆钢时，直径不应小于10mm。 29. 防雷接地、防静电接地、电气设备的工作接地、保护接地及信息系统的接地等，采用共用接地装置，其接地电阻不应大于4Ω。 30. 单独设置接地装置时，防雷接地装置的接地电阻不应大于10Ω，保护接地电阻不应大于4Ω。 31. 防静电接地装置的接地电阻不应大于100Ω。 32. 应采用避雷带。 33. 避雷带引下线不应少于两根，并沿建筑物四周均匀或对称布置。 34. 当利用建筑物四周的钢柱或柱子钢筋作为引下线，引下线的平均间距不应大于18m。 35. 必须做防雷接地
7	防爆电气设备	1. 防爆电气设备的铭牌、防爆标志、警告牌应正确、清晰。 2. 防爆电气设备的外壳和透光部分应无裂纹、损伤。 3. 防爆电气设备的紧固螺栓应有防松措施，无松动和锈蚀。 4. 防爆电气设备宜安装在金属制作的支架上，支架应牢固，有振动的电气设备的固定螺栓应有防松装置。 5. 电气设备多余的电缆引入口应用适合于相关防爆型式的堵塞元件进行堵封。除本质安全设备外，堵塞元件应使用专用工具才能拆卸。

续表

序号	监督项目	监督检查要点
7	防爆电气设备	6. 密封圈和压紧元件之间应有一个金属垫圈，并应保证使密封圈压紧电缆或导线，且密封圈不应有老化现象。 7. 灯具的安装，应符合下列要求： （1）灯具的种类、型号和功率，应符合设计和产品技术条件的要求。 （2）螺旋式灯泡应旋紧，接触良好，不得松动。 （3）灯具外罩应齐全，螺栓应紧固。 8. 防爆合格证书编号后缀有"U"符号的产品与其他电气设备或系统一起使用时，应先进行附加认证方可安装使用。 9. 场站设备设施安装符合防爆区域电气设备安装标准。 10. 场站消防设施配备符合要求，并完好。 11. 可燃、有毒气体检测器是否进行报验；是否验收签认。 12. 可燃、有毒气体检测器规格、型号、材质是否符合设计要求，质量证明文件、3C认证证书是否提供齐全
8	消防及消防设施	1. 建立专（兼）职消防队伍，或者根据需要与所在区域其他专职消防队签订消防服务协议。 2. 开展消防知识的培训和教育，岗位员工以熟知火灾危险性、初期火灾扑救、工艺应急处置、自救互救与紧急避险为主要内容，专（兼）职消防人员以基础理论、熟悉责任区程度、个人体能与技能、消防设施操作等为主要内容。岗位人员会报火警，会使用灭火器具。 3. 针对油气站场、管道及其他易燃易爆场所，办公楼、倒班点、职工公寓、活动中心、食堂、临时承租房等人员密集场所开展消防安全风险辨识，制订、落实消防安全风险管控措施。 4. 定期组织消防设施、器材的检查测试与维护保养。 5. 完善本单位火灾应急预案，定期组织培训、开展消防演练，记录齐全。 6. 消防安全重点单位应确定消防安全管理人员，消防档案齐全，设置防火标志，每日进行防火巡查，并建有巡查记录。 7. 严格执行动火作业安全管理制度，落实动火作业安全措施。普通建筑场所所配灭火器每月检查一次；甲乙类火灾场所、罐区、锅炉房、地下室等场所每半月检查一次。 8. 新配置和搬运后的消防器材应立即检查。 9. 水基型灭火器出厂满三年、首次维修以后每满一年应进行维修。 10. 干粉灭火器、洁净气体灭火器和二氧化碳灭火器出厂满五年、首次维修后每满两年应进行维修。 11. 酸碱型灭火器、化学泡沫型灭火器、倒置使用型灭火器、国家明令淘汰的其他类型灭火器应报废。

续表

序号	监督项目	监督检查要点
8	消防及消防设施	12. 筒体严重锈蚀，锈蚀面积大于或等于筒体总面积的1/3，表面有凹坑；筒体明显变形，机械损伤严重；器头存在裂纹、无泄压机构；筒体为平底等结构不合理；没有间歇喷射机构的手提式；没有生产厂名称和出厂年月，包括铭牌脱落，或虽有铭牌但已看不清生产厂名称或出厂年月钢印无法识别；筒体有锡焊或补缀等修补痕迹；被火烧过的灭火器应报废。 13. 水基型灭火器出厂时间超过6年，干粉灭火器、洁净气体灭火器出厂时间超过10年，二氧化碳灭火器出厂时间超过12年应报废。 14. 不得损伤、挪用或者擅自拆除、停用消防设施、器材，不得埋压、圈占、遮挡消火栓或者占用防火间距，不得占用、堵塞、封闭疏散通道、安全出口、消防车通道。 15. 在同一灭火器配置场所，宜选用相同类型和操作方法的灭火器。当同一灭火器配置场所在不同火灾种类时，应选用通用型灭火器。 16. 在同一灭火器配置场所，当选用两种或两种以上灭火器时，应采用灭火剂相容的灭火器。 17. 一个计算单元内配置的灭火器不得少于两具，每个设置点的灭火器数量不宜多于5具。 18. 灭火器应设置在明显和便于取用的地点，且不得影响安全疏散。 19. 灭火器应设置稳固，其铭牌应朝外，底部离地面高度不宜小于0.15m。 20. 灭火器不应设置在潮湿或强腐蚀性的地点，当必须设置时，应有相应的保护措施。 21. 灭火器箱不应被遮挡、上锁或拴系。 22. 表观检查灭火器压力指示器指针指示在绿色范围区域内。 23. 手提式灭火器喷射软管不老化、不破损，连接紧固。 24. 设置在室外的灭火器应有防雨、防晒等保护措施。 25. 室外消火栓地上外露部分是否涂红色漆，外表是否无损伤。 26. 室外消火栓栓体上是否有清晰地铸出型号、规格等永久性标志。 27. 室内消火栓箱的外观是否有缺陷，箱门上是否设有耐久性名牌标识，其内容清晰、牢固。 28. 室内消火栓箱门开启角度不应大于160°，消火栓出水方向是否向下或与墙面成90°角。 29. 室内消火栓的栓体或栓盖上是否有铸出的型号、规格，并设有商标。 30. 室内消火栓手轮轮缘上是否铸出标识开关方向的箭头和字样，阀杆升降是否平稳、灵活。

续表

序号	监督项目	监督检查要点
11	安全用电管理	1. 从事电力管理和电气作业、操作的人员必须持证上岗，现场操作。 2. 人员必须会正确使用安全用具和劳动防护用品。 3. 制订本单位电气设备操作规程，严格执行电气安全规章制度，未经许可，任何人严禁进入10kV配电间。 4. 要备足应急物资、备品备件，尤其是避雷器、熔断器等相关附属材料，发生停电或接地等故障时，应能在4h内完成故障处理。 5. 台账内容包括设备资产编号、投运时间、技术参数、检修、预防性试验记录、缺陷记录、变更情况；供电网络图，变电站、配电室主接线图。 6. 设备应安装牢固，柜内元器件无过热现象，配电盘布线整齐，无裸露线头，接点连接良好，无氧化。 7. 接地装置完好，接点无松动，接地电阻测试结果合格，并做好记录。 8. 试运设备供电条件已具备

第十二节　CNG 场站

一、检查路线

进站区域→脱硫区→分离器区域→脱水区→增压区→燃气调压区→燃气发电区域→机柜间→充装区→中控室。

二、检查内容

日常管理、操作规程、应急处置、人员证件及操作技能、工艺流程、设备设施完整性、防雷设施、防静电设施、防爆电气设备、仪器仪表、消防安全等。

三、监督检查要点

CNG 场站监督检查要点见表 3-12。

表 3-12　CNG 场站监督检查要点

序号	监督项目		监督检查要点
1	场站安全	防泄漏	1. 场站管道系统吹扫、清洗、耐压试验合格。 2. 冷换设备气密试验合格。 3. 动设备润滑油、密封油、控制油系统已完工，油循环合格。 4. 场站管道阀门开关均达到试运行开关状态
		防雷接地	1. 抽查接地装置安装实体质量情况，检查接地体埋设深度、接地体与设备间距、垂直接地体间距、水平接地体间距等是否符合设计和规范要求。 2. 抽查接地体（线）的连接方式和连接质量是否符合设计标准、操作规程和质量验收规范要求。 3. 抽查接地连接焊接外观质量、防腐质量是否符合设计文件或质量验收规范要求。 4. 抽查接地线的保护措施是否符合防止发生机械损伤和电化学腐蚀的措施要求。 5. 抽查与接地网、接地干线连接是否符合设计和规范要求，与接地干线连接的点数是符合要求，是否存在串联连接现象；按照防雷接地、静电接地、工作接地、重复接地等每种类型接地至少抽查 1 处。

续表

序号	监督项目		监督检查要点
1	场站安全	防雷接地	6. 抽查是否为爆炸危险环境的接地施工，应接地的电气设备外壳、金属构架等是否接地，应采用专用接地线的部位是否采用。接地线的连接是否符合爆炸危险环境下的特殊要求。 7. 接地装置安装隐蔽检查记录核查，接地装置记录是否规范、内容是否真实准确、接地附图是否符合设计要求、签认是否齐全。 8. 抽查接地电阻测试阻值是否符合设计文件要求。 9. 接地测试仪器仪表规格型号选用是否正确、是否进行检定校验。 10. 记录中测试时间与接地装置隐蔽时间是否相符，各方签认是否规范。 11. 金属油罐的厚度小于4mm，应装避雷针，大于4mm可不装设避雷针。 12. 可燃性气体放空管路必须装设避雷针，避雷针应高于管口2m，避雷针距管口的水平距离不小于3m，并应有独立的接地，接地电阻不大于10Ω。 13. 防雷防静电设施接地点应设标识牌，标识牌都有自编号。 14. 立式或卧式金属容器（三相分离器、电脱水器、缓冲罐等）至少应设有两处接地，接地端头分别设在卧式容器两侧封头支座底部及立式容器支座底部两侧地脚螺栓位置，接地电阻值应小于10Ω。 15. 储罐顶部附件（机械呼吸阀、液压安全阀、阻火器等）的对接法兰应采用直径不小于6mm（截面积小于29mm^2）的铜质导体跨接。 16. 栈桥的鹤管法兰处，应用两根直径不小于5mm的金属线连接。 17. 电器设备和储罐的接地装置与防止直接雷击的独立避雷针的接地装置应分开设置。 18. 泵房的门外、装卸作业区内操作平台的扶梯入口及悬梯口处、装置区入口处、装置区采样口处、加油站卸油口处（距卸油口不少于1.5m）等危险作业场所应设置本安型静电消除器。 19. 对加气站可能产生静电危险的设备和管道，应采取防静电措施。天然气管道的始、末端和分支处应设防静电和防感应雷的联合接地装置，其接地电阻不应大于30Ω。防雷接地、防静电接地、电气设备的工作接地、保护接地及信息系统的接地等宜共用接地装置，接地电阻应大于4Ω。 20. 采用扁钢搭接，搭接面长度是其宽度的两倍以上；采用圆钢搭接，搭接面长度是其直径的6倍以上。 21. 采用锁紧螺母或弹簧垫圈螺栓紧固（2孔均布），连接金属面应除锈、除油污。 22. 断接卡宜设在距地面0.3～1.0m。

续表

序号	监督项目		监督检查要点
1	场站安全	防雷接地	23. 断接卡采用配锁紧螺母或弹簧垫圈的 M12 不锈钢螺栓紧固。 24. 宜采用镀锌扁钢，厚度不小于 4mm，宽度不小于 40mm，当采用圆钢时，直径不应小于 10mm。 25. 防雷接地、防静电接地、电气设备的工作接地、保护接地及信息系统的接地等，采用共用接地装置，其接地电阻不应大于 4Ω。 26. 单独设置接地装置时，防雷接地装置的接地电阻不应大于 10Ω，保护接地电阻不应大于 4Ω。 27. 防静电接地装置的接地电阻不应大于 100Ω。 28. 应采用避雷带。 29. 避雷带引下线不应少于两根，并沿建筑物四周均匀或对称布置。 30. 当利用建筑物四周的钢柱或柱子钢筋作为引下线，引下线的平均间距不应大于 18m。 31. 必须做防雷接地
		防火防爆	1. 进出天然气站场的天然气管道应设截断阀，并应能在事故状态下易于接近且便于操作。三、四级站场的截断阀应有自动切断功能。当站场内有两套及两套以上天然气处理装置时，每套装置的天然气进出口管道均应设置截断阀。进站场天然气管道上截断阀前应设泄压放空阀。 2. 管道穿越防火堤处应采用非燃烧材料封实。严禁在防火堤上开孔留洞。 3. 油罐防火堤上的人行踏步应不少于两处，且应处于不同方位。隔堤均应设置人行踏步。 4. 生产区不应种植含油脂多的树木，宜选择含水分较多的树种；工艺装置区或甲、乙类油品储罐组与其周围的消防车道之间不应种植树木；液化石油气罐组防火堤或防护墙内严禁绿化。 5. 站内电缆沟应有防止可燃气体聚集及防止含有可燃液体的污水进入沟内的措施。电缆沟通入变（配）电室、控制室的墙洞处应填实、密封。 6. 变（配）电室间的室内地坪应比室外地坪高 0.6m，并设置挡鼠板。 7. 防爆电气设备的外壳和透光部分应无裂纹、损伤。 8. 防爆电气设备的紧固螺栓应有防松措施，无松动和锈蚀。 9. 防爆电气设备宜安装在金属制作的支架上，支架应牢固，有振动的电气设备的固定螺栓应有防松装置。 10. 电气设备多余的电缆引入口应用适合于相关防爆型式的堵塞元件进行堵封。除本质安全设备外，堵塞元件应使用专用工具才能拆卸。

续表

序号	监督项目		监督检查要点
1	场站安全	防火防爆	11.密封圈和压紧元件之间应有一个金属垫圈，并应保证使密封圈压紧电缆或导线，且密封圈不应有老化现象。 12.灯具的安装，应符合下列要求：a.灯具的种类、型号和功率，应符合设计和产品技术条件的要求。b.螺旋式灯泡应旋紧，接触良好，不得松动。c.灯具外罩应齐全，螺栓应紧固。 13.防爆合格证书编号后缀有"U"符号的产品与其他电气设备或系统一起使用时，应先进行附加认证方可安装使用。 14.场站设备设施安装符合防爆区域电气设备安装标准。 15.场站消防设施配备符合要求，并完好。 16.可燃、有毒气体检测器是否进行报验；是否验收签认； 17.可燃、有毒气体检测器规格、型号、材质是否符合设计要求，质量证明文件、3C认证书是否提供齐全。 18.安装位置应根据探测气体密度确定，若其密度小于空气密度，探测器应位于可能出现泄漏点的上方或探测气体的最高可能聚集点的上方，若其密度大于或等于空气密度，探测器应位于可能出现泄漏点的下方。 19.线型可燃、有毒气体探测器在安装时应使发射器和接收器的窗口避免日光直射，且在发射器与接收器之间不应有遮挡物，发射器和接收器的距离不宜大于60m，两组探测器之间的轴线距离不应大于14m
2	消防管理	消防管理	1.建立专（兼）职消防队伍，或者根据需要与所在区域其他专职消防队签订消防服务协议。 2.开展消防知识的培训和教育，岗位员工以熟知火灾危险性、初期火灾扑救、工艺应急处置、自救互救与紧急避险为主要内容，专（兼）职消防人员以基础理论、熟悉责任区程度、个人体能与技能、消防设施操作等为主要内容。岗位人员会报火警，会使用灭火器具。 3.针对油气站场、管道及其他易燃易爆场所、办公楼、倒班点、职工公寓、活动中心、食堂、临时承租房等人员密集场所开展消防安全风险辨识，制订、落实消防安全风险管控措施。 4.定期组织消防设施、器材的检查测试与维护保养。 5.完善本单位火灾应急预案，定期组织培训、开展消防演练，记录齐全。 6.消防安全重点单位应确定消防安全管理人员，消防档案齐全，设置防火标志，每日进行防火巡查，并建有巡查记录。 7.严格执行动火作业安全管理制度，落实动火作业安全措施

续表

序号	监督项目		监督检查要点
2	消防管理	消防器材	1. 普通建筑场所所配灭火器每月检查一次；甲乙类火灾场所、罐区、锅楼房、地下室等场所每半月检查一次。新配置和搬运后的消防器材应立即检查。 2. 水基型灭火器出厂满三年、首次维修以后每满一年应进行维修；干粉灭火器、洁净气体灭火器和二氧化碳灭火器出厂满五年、首次维修后每满两年应进行维修。 3. 酸碱型灭火器、化学泡沫型灭火器、倒置使用型灭火器、国家明令淘汰的其他类型灭火器应报废。 4. 筒体严重锈蚀，锈蚀面积大于或等于筒体总面积的1/3，表面有凹坑；筒体明显变形，机械损伤严重；器头存在裂纹、无泄压机构；筒体为平底等结构不合理；没有间歇喷射机构的手提式；没有生产厂名称和出厂年月，包括铭牌脱落，或虽有铭牌但已看不清生产厂名称或出厂年月钢印无法识别；筒体有锡焊或补缀等修补痕迹；被火烧过的灭火器应报废。 5. 水基型灭火器出厂时间超过6年，干粉灭火器、洁净气体灭火器出厂时间超过10年，二氧化碳灭火器出厂时间超过12年应报废。 6. 不得损伤、挪用或者擅自拆除、停用消防设施、器材，不得埋压、圈占、遮挡消火栓或者占用防火间距，不得占用、堵塞、封闭疏散通道、安全出口、消防车通道。 7. 在同一灭火器配置场所，宜选用相同类型和操作方法的灭火器。当同一灭火器配置场所在不同火灾种类时，应选用通用型灭火器。 8. 在同一灭火器配置场所，当选用两种或两种以上灭火器时，应采用灭火剂相容的灭火器。 9. 一个计算单元内配置的灭火器不得少于两具，每个设置点的灭火器数量不宜多于五具。 10. 灭火器应设置在明显和便于取用的地点，且不得影响安全疏散。 11. 灭火器应设置稳固，其铭牌应朝外，底部离地面高度不宜小于0.15m。 12. 灭火器不应设置在潮湿或强腐蚀性的地点，当必须设置时，应有相应的保护措施。 13. 灭火器箱不应被遮挡、上锁或拴系。 14. 表观检查灭火器压力指示器指针指示在绿色范围区域内。 15. 手提式灭火器喷射软管不老化、不破损，连接紧固。 16. 推车式灭火器宜设置在平坦场地，行驶机构性能良好，不得设置在台阶上。 17. 设置在室外的灭火器应有防雨、防晒等保护措施，灭火器不得设置在超出其温度范围的地点（-20～50℃）

续表

序号	监督项目		监督检查要点
5	应急管理	应急预案	1. 预案内容符合《生产经营单位生产安全事故应急预案编制导则》（GB/T 29639—2020）的要求。 2. 应急预案有应急资源调查报告、风险评估报告。 3. 应急预案在地方完成备案，并有备案登记表。 4. 根据事故风险分析结果编制现场处置方案，并审批通过。 5. 预案通过演练不断完善，相关信息变动后及时修订。 6. 针对重点岗位编制了应急处置卡，应急处置卡简明、实用，便于员工理解、记忆和使用
		应急物资	1. 现场应急物资配备满足《油田公司生产场所应急物资配备标准》和预案要求。 2. 应急物资台账与实物保持一致，使用后及时补充。 3. 应急物资定期检测、维护和保养，确保状态完好
		应急培训	1. 所有员工接受了岗位应急培训并考核合格。 2. 制订应急培训计划，按期开展应急培训，有培训记录，每季度不少于一次。 3. 员工熟悉应急处置和汇报流程，熟知本岗位应急职责。 4. 员工能正确使用防护用品、检测设备和逃生装置。 5. 员工掌握自救互救和逃生避险知识，熟知逃生路线
		应急演练	1. 制订演练计划，每月一次。 2. 交叉作业现场建立了应急联动机制，开展了联合演练
6	安全用电管理	持证上岗	从事电力管理和电气作业、操作的人员必须持证上岗，现场操作人员必须会正确使用安全用具和劳动防护用品
		电气设备操作规程	制订本单位电气设备操作规程，严格执行电气安全规章制度，未经许可，任何人严禁进入10kV配电间
		应急物资储备	要备足应急物资、备品备件，尤其是避雷器、熔断器等相关附属材料，发生停电或接地等故障时，应能在4h内完成故障处理
		电力设施统计台账	台账内容包括设备资产编号、投运时间、技术参数、检修、预防性试验记录、缺陷记录、变更情况；供电网络图，变电站、配电室主接线图
		配电柜	设备应安装牢固，柜内元器件无过热现象，配电盘布线整齐，无裸露线头，接点连接良好，无氧化
		配电间	接地装置完好，接点无松动，接地电阻测试结果合格，并做好记录
		供电系统	试运设备供电条件已具备

第四章

工程技术

第一节 钻井作业

一、检查路线

值班房→井口及井架底座→节流管汇→钻井液处理→循环罐→泵房→钻井液材料房→机房→柴油罐区→消防房及气瓶房→钻台→远控台→放喷管线→放喷池→井场→录井房→值班房。

二、检查内容

钻井及其辅助生产作业的人员队伍资质、三项设计、主体设备、井控系统、循环系统、机房、泵房设备、井场布置及安全间距、安全标识、生产辅助用房、安全逃生与救护设备、危险化学品管理、现场环保、培训应急管理等。

三、监督检查要点

1. 钻井安全管理

钻井安全管理监督检查要点见表4-1。

表4-1 钻井安全管理监督检查要点

序号	监督项目	监督检查要点
1	队伍资质人员持证	1. 钻井队（企业）应持有政府部门核发的安全生产许可证。 2. 钻井队应持有集团公司核发的"石油工程技术服务施工队伍资质证书"，取得油田公司HSE和市场准入证。 3. 钻井队人员配备应满足健康、安全与环保管理要求，并符合相应设备资质正常生产的最低配置标准，所配置人员必须满足岗位资质、技能要求。 4. 项目主要负责人须经安全管理资格培训，并取得安全管理资格证书。 5. 含硫油气井作业相关人员上岗前应接受硫化氢防护技术培训，经考核合格后持证上岗。 6. 特种作业和特种设备操作人员必须取得相应资格证书，副司钻及以上员工持司钻操作证，机械师持金属焊接切割作业证，电气师、司机、发电工持电工作业证

续表

序号	监督项目	监督检查要点
2	组织机构人员培训	1. 公司建立 HSE 或者职业健康安全管理体系，明确 HSE 管理组织机构，建立各项管理制度。 2. 钻井队应成立 HSE 管理小组，井队长（平台经理）任组长，为现场健康、安全和环保的第一责任人。 3. 承包商应设置安全监督机构，负责对钻井队的监督检查。 4. 钻井作业必须配备平台安全监督。 5. 外部承包商关键岗位人员专项安全（HSE）培训机制。所属单位、总包单位应当在与承包商签订合同后并在项目开工前，组织、督促承包商关键岗位人员参加专项安全（HSE）培训。 6. 一、二类工程建设项目的承包商、油气工程技术服务承包商的关键岗位人员专项安全（HSE）培训由股份公司总部指定的具有相关培训资质的培训机构承办。 7. 三类及以下工程建设项目、装置设备检维修项目，以及其他外包项目的承包商关键岗位人员专项安全（HSE）培训，由所属单位组织或者指定具有相关培训资质的培训机构承办
3	风险管理及职业健康防护	1. 岗位员工应参与风险辨识并熟知本岗位作业风险及消减措施，井队应建立风险辨识清单。 2. 对辨识出可能存在的重大风险应编写专项应急预案并组织演练。 3. 实施动土、动火、进入有限空间、临时用电等高风险作业时，需执行作业许可制度。 4. 钻井队应与同平台作业队伍（含属地）建立有效的联动应急预警机制，及时相互通报可能发生的重大险情。 5. 现场作业人员应正确穿戴和使用劳动保护用品。 6. 高空作业人员应系好安全带，上下井架等登高作业应有防坠落措施。 7. 机房作业人员应佩戴耳塞（护耳器）。电气焊作业人员应配备专用防护面罩、手套及其他防护用品。 8. 接触粉尘、有毒有害、有刺激性等化学品时，应正确佩戴防毒面具（防毒口罩）、防护手套、护目镜或其他防护用品
4	HSE 培训	1. 新入职员工应接受入场教育和岗前 HSE 培训、考核并有记录（或证书）。 2. 钻井队应建立 HSE 培训计划，定期组织 HSE 培训教育并记录。 3. 钻井队应建立文件传达、宣贯等各项学习记录。 4. 总包方需对各分包单位进行 HSE 培训并考核
5	环境卫生	1. 作业区域整洁，备有垃圾桶。 2. 生产及生活垃圾分类收集在指定位置，统一处理，与有资质单位签订处置协议，建立清运台账，垃圾存放处须有防雨、防渗措施。 3. 废水、废液、废渣等集中处理

续表

序号	监督项目	监督检查要点
6	资料及台账	1. 应建立岗位安全环保责任制，体现"一岗双责"要求，职责的制订应与岗位风险紧密联系。 2. 现场应保存最新版集团公司钻井井控管理规定、油田钻井井控实施细则，以及相应管理制度和文件。 3. 现场有钻井（地质）工程设计、施工方案、两书一表等资料。 4. 现场保存与相关方（钻井液服务、录井、测井、试油等）签订的《安全生产管理协议》。 5. 各项应急预案，应急培训与演练的各项记录。 6. 上级部门及甲方历次检查开具的隐患整改通知单和回执单，并建立隐患台账和员工违章档案。 7. 建立钻井设备台账，专项设备定期检验合格记录。 8. 井控设备回厂检验合格证、试压记录、防喷管线和放喷管线探伤报告、现场试压曲线和记录。 9. 井控证持证台账、安全阀、压力表、硫化氢监测仪检验台账及报告。 10. 井控坐岗记录、防喷演习记录、地层破裂压力试验和低泵冲、小排量试验记录、钻开油气层后起钻前短起下测油气上窜记录、井控设备维护保养记录、井控例会和井控培训记录。 11. 历次开钻和钻开油气层验收申报审批表和承包商单位的自检自查记录。 12. 现场资料、记录、台账、图表等整洁、清楚、详实、准确

2. 钻井作业设计

钻井作业设计监督检查要点见表4-2。

表4-2 钻井作业设计监督检查要点

序号	监督项目	监督检查要点
1	钻井设计	1. 钻井地质设计及钻井工程设计（包括补充设计和设计变更）齐全并经公司审批签字，现场需有纸质版。 2. 井位所在点的地形地貌、地下和地表水源沟渠分布及环保敏感级别明确，落实岩屑池、污水池设计要求和全过程防渗透、防外溢措施。 3. 井控装备各次开钻、完井后井口装置等试压要求，试压压力前后一致并和装置或套管的理论试压值匹配。 4. 落实井身结构及质量指标、井身结构和井眼轨迹设计、测斜要求、固井质量要求和分井段的地球物理测井系列要求。 5. 欠平衡等特殊工艺钻井要求、是否含硫化氢及防硫化氢要求、可能的井下复杂提示、分井段重点故障施工提示（防喷、防漏、防塌、防油层污染等）。 6. 健康、安全、环境管理措施与应急预案的特殊要求

续表

序号	监督项目	监督检查要点
2	井控设计	工程设计中井控设计内容齐全: 1. 标明井场周围的居民、住宅、学校、厂矿和浅气层地区钻井的浅气层预报。 2. 钻开油气层、欠平衡钻井作业有针对性的井控措施。 3. 设计钻井液储备和加重材料储备满足井控细则要求。 4. 含 H_2S 等有害气体和高压气井的套管设计材质满足技术要求。 5. 有满足井控安全的各次开钻的井控装备和完井井口装置
3	施工设计	钻井施工设计（包括工程、钻井液设计）、固井施工设计、特殊施工作业设计齐全、审批齐全

3. 钻井作业现场

钻井作业现场监督检查要点见表4-3。

表4-3 钻井作业现场监督检查要点

序号	监督项目		监督检查要点
1	井场条件	井场面积	应满足钻机主要设备、辅助设备、岩屑及废液处理、生产用房和井场道路所占用面积的最小标准要求
		场地状况	1. 井场平坦坚实，能承受大型车辆的行驶，无坑洼、积水、油污现象。 2. 井场安全通道、消防通道应畅通，满足应急抢险需要
		防洪防污染	1. 井场应尽量远离河道、水田并设置坚实围堰。 2. 井口、循环罐、泵房基础应设有围堰或防污染措施。建设双排水，做到清污分流
2	井场布置及安全间距	井口确定	油气井井口距高压线及其他永久性设施不小于75m，距民宅不小于100m，距铁路、高速公路不小于200m，距学校、医院和大型油库等人口密集型、高危型场所不小于500m
		井场布置	1. 井场应设置两个逃生出口，一个设置在大门方向，另一个为应急通道。 2. 分别在井场入口处和上风口（季风）方向不同位置设置两个"应急集合点"，以及"逃生路线"标志。 3. 大门方向一般应背向季节风，面向进入井场的道路

续表

序号	监督项目		监督检查要点
2	井场布置及安全间距	设备摆放	1. 若安全距离不能满足上述规定，由建设单位牵头，组织钻井工程技术服务企业及油田公司的技术、管理和安全环保等相关部门进行HSE风险评估，按其评估意见处置。 2. 值班房、发电房、材料房、化验室、油罐区距井口应不小于30m，发电房与油罐区距离不小于20m，锅炉房距井口上风侧不小于50m，距油罐区不小于30m；生活区距离井口不小于300m（煤层气井钻井现场的生活区与井口应不小于30m，值班房、库房等井场工作房距井口应不小于20m）。若因特殊情况不能满足上述要求时，由建设单位组织进行安全评估，经建设单位安全主管领导批准后，报公司安全生产主管部门备案方可实施
3	安全标识	井场入口	井场入口有入场安全须知牌，设置井场布局、逃生路线图，及相关目视化标识，配备手摇式报警器
		钻台	1. 钻台上设置"戴安全帽、必须穿戴防护用品、防掉、防滑、防坠落"等标志。 2. 井架梯子入口处、高空作业处，设置"必须系保险带"标志。大门坡道处设置"禁止吊管下过人"标志。 3. 绞车和辅助小绞车附近设置"当心缠绕"标志
		机房、泵房	1. 机械设备处设置"当心机械伤人"标志。 2. 发电房、配电房（FCR）配电柜（盒）等处设置"危险有电"标志。 3. 钻井泵、储气瓶处设置"当心超压"标志。 4. 压井管汇、节流管汇、高压阀门组等处设置"禁止乱动阀门"标志。 5. 油罐区设置"严禁烟火"标志。 6. 泵房高压管汇区设置"高压危险"提示牌
		配套设施	1. 消防器材房、消防器材箱等处设置"禁止乱动消防器材"标志。 2. 电、气焊房处设置"禁止混放"标志。 3. 钻井液材料房设置"注意通风"标志。 4. 井场前后设两个"紧急集合点"，各设提示牌1块（依季节风向而定），节流管汇处设关井压力提示牌1块。 5. 污水池处设"危险、勿靠近"警示牌

续表

序号	监督项目		监督检查要点
4	生产辅助用房	值班房	1. 值班房墙壁上应有"集团公司反违章禁令""钻井队各岗位巡回检查制度""四七动作""井控管理组织机构及制度"等。 2. 本井"施工运行大表""设计井身结构图"。 3. 干部值班表
		氧气、乙炔气瓶房	1. 氧气瓶、乙炔气瓶分库存放在专用支架上，阴凉通风，不应曝晒。气瓶上不应有油污，应安装安全帽和防震圈。 2. 氧气瓶和乙炔气瓶应在检验期内。空、满瓶应分开摆放，并分别挂空瓶、满瓶、使用中等标识。 3. 使用氧气瓶、乙炔气瓶时，应保持直立，应分别在减压阀出口端安装防回火装置，两瓶相距应大于5m，距明火处大于10m
		电焊房	1. 配电盘上无异物，控制开关有护盖，防弧隔板齐全，控制标识清晰、准确。地面铺绝缘胶皮无老化、破损。 2. 电缆线无破损、老化龟裂严重，与金属接触处有绝缘护套。 3. 焊把线、搭铁线绝缘良好，电焊面罩、绝缘手套完好。 4. 焊钳外壳完好、齐全，无裂纹，绝缘和隔热能力良好，焊钳开启灵活，夹持有力，焊钳与焊条接触良好。焊钳与焊把线连接牢固，连接处用绝缘防护良好。 5. 电焊机在电源输入端安装漏电保护器
		消防房	1. 消防器材应由专人挂牌管理，定期维护保养，不应挪为他用，消防器材摆放处，应保持通道畅通，取用方便，悬挂牢靠，失效或报废的消防器材应交专业人员进行处理。 2. 有消防器材配置清单，消防器材配备满足《钻井井场设备作业安全技术规程》（SY/T 5974）和《石油企业现场安全检查规范 第2部分：钻井作业》（Q/SY 08124.2）的要求及井控实施细则要求。 3. 灭火器安全销无锈蚀，喷嘴与胶管完好无龟裂，铅封完好，瓶体和瓶底无锈蚀，有灭火器检查记录卡。干粉灭火器压力在绿区以上，二氧化碳灭火器配防冻手套
5	井口	安全设施及卫生	1. 圆（方）井应有盖板、转水泵电动机及安装必须满足防爆要求，禁止使用金属材质提拉绳悬挂。 2. 井口应满铺、平整、干净、设备卫生，便于作业人员出入和正常操作

续表

序号	监督项目		监督检查要点
8	钻台设施与工具	风动（液动）绞车	1. 固定牢靠、平稳，备帽齐全。 2. 护罩齐全完好，安装牢固，刹车可靠，有排绳器。 3. 使用 ϕ15.9mm 专用钢丝绳，无打扭、断股、断丝、压扁、锈蚀等现象，与井架无挂卡、缠绕。 4. 使用索链与专用旋转吊钩连接，吊钩无裂纹、变形和严重磨损，安全锁销能自动闭合，开口不超过 8mm
		B 型吊钳	1. 吊绳使用 ϕ12.7mm 钢丝绳无打扭、断股、断丝、压扁等现象，加装鸡形环，绳头包裹。 2. 钳尾绳使用 ϕ22.2mm 钢丝绳，无断丝、弯褶、挤扁、麻芯外露，不得与井架直接连接。 3. 大钳连接销有符合要求的开口销，大钳钳尾销应齐全牢固，大销与小销穿好后必须加穿保险销
		吊环、吊卡	1. 本体无变形、裂纹。 2. 无变形，定期探伤、检测，并保留检测报告复印件。 3. 吊卡灵活好用、完好不缺件。 4. 保险绳用 ϕ13mm 钢丝绳分别缠绕大钩本体和吊环耳各三圈，卡 3 只同绳径的绳卡
		其他工具	1. 工具摆放在指定位置，集中存放，不应侵占钻台通道和堵塞逃生滑道口，有问题的钻井工具不能在钻台存放。 2. 卡瓦灵活好用，卡瓦牙无缺损，手柄齐全、完好，无变形，有阻挡销。安全卡瓦灵活好用，连接销与主体用铁链连接，卡瓦牙无缺损，有阻挡销，锁紧弹簧灵活有效。 3. 提升短节放置在专用提篮内，提篮应摆放在不影响其他作业和人员操作的位置
9	循环系统	循环罐	1. 罐体无锈蚀、破损。罐面平整、无严重锈蚀，罐面漏洞 $\leq$40mm。过道畅通，宽度不小于 800mm。 2. 上下梯子不少于 3 个，与台面采用耳板销子固定牢靠，无变形、损坏，坡度合适，踏板防滑、平整牢固。 3. 观察口盖板齐全、及时关闭，罐体各种阀件完好，各种管线使用专用管线夹连接紧固，管线布局走向不妨碍人员通行。 4. 应至少安装两套液面报警器，灵活好用，刻度尺清晰，气源管线完好无漏气，走向不阻碍人员通行。 5. 页岩气井使用油基钻井液，钻进循环罐上梯口需安装本安型人体静电释放器

续表

序号	监督项目		监督检查要点
9	循环系统	计量罐	灌注装置管线连接正确，使用时无刺漏。计量刻度标示清楚
		循环罐区电路、电器	1. 电缆线无接头、破皮、老化，与金属接触处有绝缘护套，严禁使用铁丝捆绑。 2. 照明灯必须使用防爆灯并设置有保护链，灯杆固定牢靠。 3. 电动机、配电柜满足防爆要求，控制开关有控制对象标识。配电柜下方铺设绝缘胶皮，无老化、破损。 4. 防爆接线口装有密封垫，备用防爆插头加防护盖。坐岗房进线处穿绝缘管保护
		配药罐	1. 罐体完整，无裂缝、开焊，有计量刻度。 2. 搅拌器护罩齐全、紧固，电缆线与罐体接触处有绝缘胶套。药液出口处设有防溅盖板
		固控设备	1. 安装牢固，工作正常，不外溢钻井液。 2. 电动机防爆，传动部分护罩齐全、稳固，电源线摩擦部位有防磨护套。 3. 振动筛安装牢固，润滑良好，工作正常，不外溢钻井液，出砂口处有防溅护板，卫生清洁。 4. 筛网无破损、无脱层。筛框无开裂、变形，支撑弹簧齐全、完好，调节装置灵活可靠。 5. 振动筛处安装防爆排风扇
		除砂器、除泥器、除气器	1. 除气器运转正常，排气管线采用 2in 管线接出循环罐 15m 远，出口接 0.5m 铁管线放置在排污池外侧并加支撑固定，含硫地区离井口 50m 以上，围警示带并设有提示牌。 2. 除砂器、除泥器、除气器各连接管线紧固，不渗漏，供液管线压力符合规定，旋流筒密封可靠，旋流筒、溢流管不刺不漏，筛网无破损、脱层。 3. 砂泵电动机润滑油量与油标尺标定油位相符，运转部位护罩齐全紧固
		搅拌器	1. 搅拌器护罩齐全、紧固，无漏油，卫生清洁，无杂物，油质、油量符合要求。 2. 搅拌器有转向标识、转向正确、固定牢固、联轴器柱销完整、无杂音、振动小
		液面报警器	1. 报警器灵活好用、及时调整报警间隙，报警喇叭完好。 2. 刻度尺清晰，备有坐岗钢尺

续表

序号	监督项目	监督检查要点	
9	循环系统	重钻井液储备罐及加重装置	1. 加重装置运转正常，加重漏斗无堵塞，冬季需有防冻保温措施。 2. 按设计储备加重材料、重钻井液，储备的重钻井液密度不得低于设计。储备的加重材料上盖下垫，冬季需有防冻保温措施。 3. 按设计要求储备重钻井液并挂牌标明密度、体积及负责人。 4. 储备的重钻井液能随时投入使用
		坐岗房	1. 摆放平稳，固定牢靠，电器及线路防爆。 2. 张贴井筒及钻具容积表。 3. 内有至少两套正压式呼吸器。 4. 坐岗记录按时准确填写
10	机房设备	机房	1. 机房护栏齐全，缺口部位加装防护链或搭扣连接。 2. 配电箱控制开关有统一规范控制对象标识，地面设有绝缘胶垫。 3. 配备8kg二氧化碳灭火器不少于2具
		柴油机	1. 柴油机与底座搭扣及连接螺栓齐全，固定螺栓齐全牢固，并备帽。 2. 风扇、护罩无缺损、变形、松动。飞轮、万向轴护罩无缺损、变形，固定牢固。 3. 气控箱开关有锁定装置，标识清楚、规范，设备停用或检修时应悬挂"正在修理、禁止合闸"的警告牌。 4. 排气管固定螺栓齐全、紧固，有消音冷却灭火星装置，直排气管有防雨帽
		传动装置	1. 机房气控箱开关有锁定装置，标识清楚、规范，修理或停机时按要求锁定。 2. 护罩无缺损、变形、松动，连接、固定螺栓齐全、牢固，压板、搭扣螺栓牢固、备帽齐全、防腐。 3. 过桥梯子固定牢固，梯子角度合适，双面扶手，扶手牢固，踏板防滑，无破损，无变形
		压风机	1. 各部螺栓紧固，靠背轮连接完好。安全阀在12个月有效期内，安全阀排气口严禁正对人员经常通行的方向。 2. 风扇、传动皮带护罩齐全、固定牢固，防护有效。压力表齐全、完好，表盘清晰

续表

序号	监督项目		监督检查要点
10	机房设备	储气瓶	1. 各阀门、管线连接紧固，无泄漏。 2. 安全阀有效期一年，排气口严禁正对人员经常通行方向。 3. 提供压力容器注册登记及检测资料
		发电机	1. 固定螺栓齐全、牢固，护罩齐全、紧固。接地保护齐全、有效，接地桩埋深至少 60cm 以上。 2. 配电箱控制开关有统一规范控制对象标识，地面设有绝缘胶垫。电瓶保养良好，接线柱无腐蚀。 3. 配备应急灯，安装位置应满足照明条件，便于人员操作，应急灯正常完好。 4. 配有 8kg 二氧化碳灭火器不少于 2 具
		配电房	1. 电缆线走向及布局合理，无接头、破皮、老化，与金属接触处有绝缘护套，两根以上电源线应绑扎整齐，严禁使用铁丝绑扎敷设。 2. 配电柜金属构架应接地，接地电阻不大于 10Ω。控制开关有统一规范控制对象标识，地面设有绝缘胶垫，有护盖或防弧隔板，接保护线，漏电开关在检测期内。 3. 配备应急灯，安装位置应满足照明条件，便于人员操作检修。配有"正在检修，禁止合闸"标识牌，检维修作业上锁挂签。 4. 配有 8kg 二氧化碳灭火器不少于 2 具
		机房电路	1. 电缆线走向及布局合理，无接头、破皮、老化，与金属接触处有绝缘护套，两根以上电源线应绑扎整齐，严禁使用铁丝绑扎敷设。 2. 配电箱（柜、盘）处必须设置"当心触电"标志，控制开关有统一规范控制对象标识，地面设有绝缘胶垫。控制开关标识清楚，有护盖或防弧隔板，接保护线，漏电开关在检测期内
11	泵房设备	钻井泵	1. 泵体与底座连接固定齐全、紧固，与机房底座使用调节丝杠连接，螺栓、调节丝杠有防腐措施。 2. 传动皮带护罩能将皮带轮完全封闭并固定牢靠。运转部位与护罩不相磨。 3. 安全阀所定压力高于使用压力一个档次，定压标尺完好清晰，阀盖固定完好。使用与工作压力及安全阀相匹配的专用抗剪销。

续表

序号	监督项目		监督检查要点
11	泵房设备	钻井泵	4. 泄压管线固定牢靠，采用不小于 $\phi 76mm$ 无缝钢管，出口弯头不小于120°，高于净化罐，固定牢固并加保险绳（链）。 5. 空气包固定螺栓齐全紧固，余扣均匀。截止阀灵活、有效，使用16MPa专用压力表，在检测有效期内，表盘清晰、完好。应充氮气或压缩空气，不应充装氧气或可燃气体，充装压力为钻井泵工作压力的1/3，压力不应大于6MPa，且不低于2.5MPa。 6. 泵房配有8kg干粉灭火器2具
		高压管汇及阀门组	1. 高压管汇固定牢固平稳不刺、不漏，阀门手柄齐全。 2. 固定螺栓及备帽紧固，使用高压软管线的两头加装保险链（绳），压板固定卡子距硬连接处10～15cm，保险链完好无焊口，不能直接焊接在硬管线及压板上。 3. 高压管汇固定支撑处采用压板固定，与压板之间垫有防磨胶皮。 4. 固定螺栓及备帽紧固，闸阀、丝杆护帽、手柄齐全，开关灵活，闸阀不松旷，不刺、不漏。耐振压力表在检测有效期内，表盘清晰
12	安全逃生与救护	一般规定	1. 根据季节风设置两个不同方向的紧急集合点，以及两个以上的逃生出口，并有明显标识。 2. 钻台、机（泵）房、循环罐、井口等区域，逃生路线明确、道路通畅、无杂物。 3. 在井场大门、钻台、振动筛、加重区、防喷器液控房等地应分别设置6个以上专用风向标，以便人员容易看见。 4. 员工劳动防护用品的穿戴标准，鞋带、衣扣、袖口、安全帽等系紧，符合安全规定。 5. 井场通信设备性能可靠，使用方便。 6. 井场入口应配备手摇式报警器
		逃生滑道	1. 安装在钻台左侧，滑道内侧净宽不小于650mm。 2. 与台面固定牢靠，无变形损坏，滑道内清洁、光滑、无杂物。 3. 滑道两侧使用全封闭护板，扶手光滑平整，不伤手。 4. 逃生滑道下端设置缓冲垫或其他缓冲装置不高于滑道出口，前方5m内无障碍物，缓冲垫应固定

续表

序号	监督项目		监督检查要点
12	安全逃生与救护	二层台逃生器	1. 在井场条件允许的条件下，二层台逃生器应于井口不同方向安装两套。如井场条件受限，可只安装一套。 2. 二层台逃生器两地锚间距不小于4m，落地处各有一块缓冲垫或沙堆，清洁、无杂物，缓冲垫应固定。 3. 二层台逃生装置有效好用（使用双导向绳式逃生装置，导向绳与地面夹角应为30°～75°，最佳角度宜选用45°；单导向绳式逃生装置，导向绳与地面夹角应为45°～80°，使用螺旋地锚应选用长度为1300mm、直径为73mm的锚杆，厚度为5mm、直径为210mm的锚片，锚片段总长度应为500mm；若使用基墩，其重量不低于1000kg），落地处无障碍物，能做到软着陆，每年检查维修1次，或者累计下滑距离达到1000m也应检查维修1次
		救护	1. 现场应配备担架一副、急救箱一个，备有常用药品和急救器材。 2. 远离基地作业时，现场应保证有值班车辆
13	防火、防爆及消防	一般规定	1. 油罐区、消防房及井场明显处，应设置防火防爆安全标识。 2. 探照灯从发电房或配电房用专线直接引出，并用单独的开关控制。 3. 柴油机无破漏和积炭，排气管安装防火帽或冷却灭火装置，排气管的出口与井口相距不宜小于15m，且不能朝向油罐和钻井液循环系统。 4. 井口30m（苏北油区开发井20m）以内（钻台、机/泵房、罐区、工程房等）电器必须防爆。 5. 发电机应配备超载保护，电动机应配备短路、过载保护装置。 6. 钻开油气层后，所有车辆应停放在距井口30m以外。进入距离井口30m以内的车辆，应安装阻火器，车头宜朝外停放。 7. 井场内严禁烟火。若需动火，应执行油田公司动火管理规定
		柴油罐区	1. 地面平整并铺垫防渗布（防渗处理），防渗布四周打围堰。 2. 罐体无锈蚀，密封完好，各吊点固定牢靠。高架罐与支撑杆使用满眼销子连接，并加装保险别针。 3. 罐体、泵组密封和管路无渗漏，卫生清洁，周围禁止堆放杂物及易燃易爆物。

续表

序号	监督项目		监督检查要点
13	防火、防爆及消防	柴油罐区	4.电气设备，开关、接头防爆，油路管线与电源线分开铺设。 5.配电箱控制开关有统一规范控制对象标识，配电箱（柜、盘）及电动机做接地保护。油罐设置双接地，配备本安型人体静电释放装置。 6.四孔及以下连接法兰做等电位跨接。设置油罐车接地桩。 7.严禁将供电线路直接牵挂在罐体和金属物体上
		消防器材配置	1.灭火器安全销无锈蚀，喷嘴与胶管完好无龟裂，铅封完好，瓶体和瓶底无锈蚀，有灭火器检查记录卡。干粉灭火器压力在绿区以上。 2.消防房应按《钻井井场设备作业安全技术规程》（SY 5974—2020）及油田公司最新版井控细则配备齐全、性能可靠的消防器材
14	硫化氢防护（在含硫地区）	警示牌	在井场入口处设立了硫化氢浓度标识牌： （1）硫化氢浓度小于 15mg/m^3（10ppm），应挂绿牌。 （2）浓度在 15～30mg/m^3（10～20ppm），应挂黄牌。 （3）硫化氢浓度大于或可能大于 30mg/m^3（20ppm），应挂红牌
		监测配置	1.配置数量足够的硫化氢及可燃气体检测仪。 2.固定式硫化氢检测系统声光报警，井场有五套以上便携式硫化氢监测仪，其中至少有一套高量程检测仪。 3.圆（方）井、司钻操作位置、振动筛、一号罐、钻井液接收罐等处有固定式硫化氢监测仪探头，固定式硫化氢监测仪探头，距离监测面高度 0.3～0.6m
		设备要求	1.钻井队在含硫井至少配备 10 套正压式空气呼吸器，可能含有硫化氢的现场至少配备 8 套正压式空气呼吸器、1 台空气压缩机。队长每月至少对其检查一次（有检查记录）。使用前后也应检查。 2.在钻台上、井架底座周围、振动筛、循环罐等气体易聚集的地方应使用防爆通风设备。 3.在高含硫、高压地层和区域探井安装剪切闸板。 4.按设计要求提前准备好压井液、除硫剂及其他应急抢险物资
		人员要求	1.作业人员经过硫化氢安全防护培训。 2.有可操作的防硫化氢应急预案并按要求演练

续表

序号	监督项目		监督检查要点
14	环境保护	现场管理	1. 清洁化队伍持证情况，水基岩屑处置方案审批、现场存储、处理检测、资源化利用地方行政许可、资源化利用合同、拉运台账建立完善情况。 2. 清洁化单位"污染治理设施运行服务能力评价证书""环境污染防治工程等级确认证书"持证情况。 3. 环保管理组织机构、管理制度、管理台账、各级环保责任制建立、落实情况。 4. 环保预案建立、培训、演练工作开展及应急物资储备情况。环保隐患排查治理工作开展情况。 5. 环评报告现场宣贯及措施落实执行情况。 6. 地方环保部门文件要求传达落实及现场检查问题整改闭环情况
		污油、污水及固体工业（生活）垃圾	1. 严禁随意弃置各种废弃劳保、设备、器材、工业（生活）垃圾等，生活垃圾需进行收集，并记录在案。 2. 有与地方垃圾场签署的委托处理协议和垃圾清运单。 3. 地处环境敏感区域内的井队，需对井架采取围挡等措施，有效防止大绳甩油等污染事件的发生。 4. 施工过程中，严格控制动力设备机油、柴油等各种油料落地，清洗设备和更换的废油料要集中回收处理。 5. 废机油、油基岩屑、地质录井用盐酸等危险废弃物、危险品存储及现场标牌、台账建立、转运手续完善情况
		钻井废弃物（废弃钻井液、岩屑）	1. 钻井队管理人员应了解新《中华人民共和国环境保护法》的要求，熟知现场钻井废弃物管理要求，执行现场"钻井液不落地"处理办法。 2. 需要修建排污池（缓冲池）时，尽量远离水田、上（下）水渠等环境敏感区域，距离不少于15m，排污池需做防渗处理，排污池围堰需高出地面至少0.5m以上，顶宽不少于0.8m并做夯实处理。 3. 作业中，钻井队应随时巡查围堰并进行加固，保证排污池围堰及防渗的完整性、有效性
		污水倒运	1. 钻井队要大力提倡节约用水，控制污水量的产生。 2. 在污水倒运和治理过程中，应建立统计台账，详细记录污水的去向

4. 固井作业现场

固井作业现场监督检查要点见表4-4。

表4-4 固井作业现场监督检查要点

序号	监督项目		监督检查要点
1	井眼准备		井眼条件符合标准，处理好全角变化率超标的井眼，做到井底无沉砂、井壁无台肩与垮塌、井内无油气水侵、无漏失
			通井循环时，钻头应在井底位置，循环时间按钻进时最大排量循环不少于2周，循环时所有入井钻井液都应过振动筛，做到无垮塌、无漏失、无沉砂、无油气水侵
			按照固井设计进行承压，制订下套管前的技术措施
			通井起钻应灌好钻井液，保持井筒液柱压力，防止井涌、井壁垮塌或塑性地层蠕变速度加快
			录井队提供实钻地层简表、油气显示数据，核实油气上窜速度
2	设备准备	设备检查	钻井队对全套钻井设备进行一次严格认真的系统检查，使之处于良好状态
			下套管前需配齐下套管设备，包括动力装置、液压套管钳、气动吊卡、气动卡盘、扭矩仪等；正确安装下套管专用设备、机具、工具；液压套管钳中心线应与尾绳垂直，试运转良好
		上扣设备	套管钳、动力系统、扭矩表、扭矩记录仪、扭矩报警仪运转正常，现场操作人员培训合格。至少配备套管钳1套、扭矩仪1套，并有应急准备（扭矩仪提供校验报告）
		灌浆设备	准备与管柱配套的下套管灌钻井液装置，能固定并有排气通道，轻便、便于单人操作
		井控管理	井控装置正常，工具齐全配套（非变径闸板，更换与套管匹配的闸板芯），下套管前把能与套管和钻杆连接的循环接头和钻杆回压凡尔放置钻台上，实施有效井控
		综合录井仪	综合录井仪工况正常并校准且能做到对下套管、固井全程进行监控

续表

序号	监督项目		监督检查要点
3	钻井液准备	钻井液	井内钻井液性能良好稳定，符合固井设计要求。钻井液性能指标达到： 1. 钻井液密度低于 1.30g/cm³ 时，屈服值应小于 5Pa，塑性黏度应在 100~20mPa·s。 2. 钻井液密度在 1.30~1.80g/cm³ 范围内，屈服值应小于 12Pa，塑性黏度应在 15~30mPa·s。 3. 钻井液密度高于 1.80g/cm³ 时，屈服值应小于 20Pa，塑性黏度应在 25~80mPa·s
		计量	各钻井液罐的阀门、液面标尺、电子液位计灵活可靠，有专人负责计量
4	固井材料套管柱及工具准备	摆放	套管到井后使用抓管机或吊车卸套管，按照管柱设计排定的次序和用途排放（后入井的放下面），套管在管架分层隔开，不得超过三层
		丈量清洗	核对到井套管数量是否符合设计要求，套管的丈量、套管通径、检扣、洗扣、编号、记录工作等符合规范要求。对螺纹及护丝内外同时清洗，确保无杂质附着，检查每根套管管内是否畅通，本体有无弯曲或磕伤挤扁，螺纹与台肩有无磕伤
			由录井队和钻井队分别对套管进行丈量并校对，分别计算管串数据无误，备用套管数应不少于入井套管数的 3%。管串数据结构表的内容齐全、合理，与设计数据相符
		人员安排	施工人员、值班干部岗位职责安排落实到位
		附件检查	检查固井工具附件、下套管工具的数量、型号、质量、入井工具附件的尺寸（内径、间隙配比）与实际管串相配套，核实扶正器型号和数量。附件质量检查清单和出厂合格证明是否齐全有效
		密封脂	套管专用密封脂、强力粘结剂符合规范要求（密封脂外观应明确标注生产厂家、生产时间、执行技术标准、使用范围、有效期）
		水泥及外加剂	检查到井水泥规格标号是否符合设计要求，检验报告单是否有效
			清查到井的水泥外加剂，按品种、数量检查、登记，是否符合油田公司入井材料四证齐全的要求

续表

序号	监督项目		监督检查要点
5	下套管过程	灌浆	按照协作会要求，做好下套管过程中灌浆工作，并做好计量
		螺纹保护	套管上钻台前，每根戴好护丝，上提下放过程中不得磕碰
			按要求每根套管上扣前认真检查螺纹，并均匀涂抹经检验合格的套管螺纹密封脂，方准对扣。涂抹前应再次将螺纹擦干净
		浮箍浮鞋	浮箍浮鞋按照要求进行连接，磁定位短节、漂浮接箍等附件按照要求连接在套管串所要求井段；监督扶正器按照设计加入，钻井队不得擅自违规更改扶正器加法
		上扣	套管入井上扣时，钻井队使用带自动记录扭矩值和曲线扭矩仪套管液压大钳上扣，并有效保存上扣曲线及数据资料，并同时对每根套管入扣情况进行拍照，确认紧扣至套管三角标识处，存档备查。
		套管核对	套管下到位后，钻井监督组织施工方对照套管数据表、钻台记录、工程录井监测图表，清点剩余套管实物，核对数据无误后方可进行固井作业
6	注水泥	水泥浆检查	1.检查水泥化验单、水泥浆化验报告（密度、稠化时间、滤失量、抗压强度、流变性能等），重点审查两组水泥浆性能试验。 2.外加剂（外掺剂）加量比例的配方试验。 3.干混后抽检试验，合格后出复检报告方可送井
		审查固井工艺	审查不同固井方式（常规固井、内管法固井、分级固井、尾管固井、尾管回接固井等）的固井设计工艺
		固井前检查	检查固井施工前指挥人员的资质和各路人员的分工到位情况，检查施工人员的劳动防护设施配备穿戴（工衣、工鞋、安全帽、手套、护目镜等）齐全、规范
		固井设备	检查固井施工设备车辆的数量准备和完好情况满足施工要求，进入井场的车辆配备防火罩；设备按施工指令布置摆放；施工设备施工前试运转正常
		警戒隔离	检查试压施工时高压区、危险区域的安全隔离带和警示标志设置情况，安全警戒带、安全标识牌按要求设置；检查各高压阀门管线的连接处拴有保险绳和固井保险阀

续表

序号	监督项目		监督检查要点
6	注水泥	固井前交底会	在注水泥施工作业前参加由产建方组织的，固井队、钻井队（包括井队干部、技术员、钻井液大班等）参加的固井施工准备会，再次确认套管数据、油气上窜速度、固前准备和固井流程等
		胶塞	检查水泥头胶塞的直径完好，与所下套管内径相符及专用的塞销打开扳手齐全
		管线试压	水泥头、弯头、旋塞阀、管汇、高压管线试压后无刺漏；高压流量计、密度计、压力表工作正常
		循环	循环两周以上方可进行固井施工作业；各单位的协作配合，保证固井施工的连续性和施工时效
		水泥浆密度测量	检查施工中的水泥浆的密度测量、前置液与压塞液的注入、添加剂的使用和用量、送井水泥的用量及剩余；仪器仪表的数据显示及记录、流量计的数据统计准确
		水泥浆返出及碰压	1. 施工过程中水泥浆的返出情况、排量的大小，发生的异常和复杂情况的监控及处理。 2. 碰压达到设计压力，放压后观察套管内回返情况，以及采取的憋压方式及时间

5. 钻井井控

钻井井控监督检查要点见表 4-5。

表 4-5　钻井井控监督检查要点

序号	监督项目	监督检查要点
1	资料与记录	1. 应持证人员持有效井控培训合格证、HSE 培训合格证、硫化氢防护培训合格证，特殊岗位证（司钻证、电工证等）。 2. 井控管理相关记录： （1）井控管理组织机构、制度，各岗位井控职责明确。 （2）各次开钻井控设备试压记录，井口装置低压试压记录（试压曲线），监督签字确认。 （3）地破压力或地层承压试验记录。 （4）低泵冲试验记录。 （5）井控设备的台账，检查保养记录。 （6）防喷演习和防硫化氢演习记录。

续表

序号	监督项目	监督检查要点
1	资料与记录	（7）气体检测仪（硫化氢、四合一检测仪等），以及正压式呼吸器等人身防护用品定期检查记录。 （8）二层台逃生装置检查和使用记录。 （9）井控设备定期回厂检验证或资料，防喷和放喷等管线探伤合格证。 （10）开钻前安全技术交底（向全队员工进行工程、地质、钻井液、井控装置、防喷措施等方面的设计技术交底）。 （11）井队及相关方的"两书一表"（主要是HSE作业指导书、HSE计划书巡回检查表）。 3.按规定召开井控例会，有总结、有安排（承包商项目部每季度召开，钻井队把井控工作作为生产例会的一项内容）。 4.上级或甲方查出井控问题和隐患及整改情况。 5.各开次及钻开油气层申报、审批表，甲乙双方人员签字。 6.安全阀、压力表、硫化氢监测仪定期校验（检验）证。 7.坐岗记录内容齐全、数据准确（时间、工况、井深、起下立柱数、钻井液灌入量、钻井液增减量、原因分析、记录人、值班干部签字等内容），起钻杆时每3～5柱向环空灌满钻井液，起钻铤要连续灌浆，做好记录、校核。 8.事故应急处置方案（生产经营单位审查）地方备案。应急物资配备。预案演练评估。 9.区域探井、预探井有地层压力随钻监测数据。 10.溢流井喷（演习）时各岗位人员职责和关井程序。井场逃生路线图、井口装置示意图。节流压井管汇待命工况示意图。 11.干部24h值班表、井喷失控应急处置方案。 12.值班房墙壁上应有"集团公司反违章禁令""钻井队各岗位巡回检查制度""四七动作图解""井控管理制度"等，本井"施工运行大表""设计井身结构图"。 13.特种设备登记信息、检测报告（储气罐、叉车等）。 14.与业主签订的《安全生产合同》。与相关方（钻井液服务、录井、测井、试油等）签订的《安全生产协议》。 15.现场应有审批有效的钻井地质、工程设计、施工设计或补充设计，并按照设计施工。对于现场情况与设计不适应的，应及时向有关部门反映，需要变更设计时提出变更申请，做好相关记录。 16.钻井工程设计、钻井施工设计中应明确钻开油气层前对压力控制所采取的主要技术措施，包括浅层气的井控技术措施。

续表

序号	监督项目	监督检查要点
1	资料与记录	17. 欠平衡技术服务队伍应具备集团公司主管部门颁发的相应资质。由总包方上级职能部门牵头，组织相关施工单位成立现场欠平衡施工领导小组，明确岗位、职责及权限。由该领导小组组织施工前现场办公和开工验收，落实施工作业各项准备工作、技术要求等事项，组织所有作业人员进行技术培训和技术交底
2	设备布置	1. 值班房、录井房、地质房等距井口 30m 以远。 2. 油罐距井口不小于 30m，距发电房不小于 20m，距放喷管线大于 3m。 3. 水罐距放喷管线不小于 2m。 4. 配电房、发电房距井口距离不小于 30m。 5. 消防房位于发电房附近。 6. 野营房置于井场边缘 50m 以外的上风处。 7. 如果遇到地形和井场条件特殊，应进行专项安全评价，并采取或增加相应的安全保障措施。 8. 循环罐中心线距井口 7~18m。 9. 液气分离器安装在井场右侧距井口 11~18m
3	防喷器与套管头	1. 防喷器组合及压力级别符合设计要求。 2. 套管头型号符合设计（压力级别与防喷器一致）。 3. 套管头侧出口闸阀、压力表完好，套管头注塑、试压、悬挂载荷符合规定。 4. 圆井（方井）有操作平台。 5. 挡泥伞使防喷器组及四通各阀门清洁、无钻井液。 6. 防喷器连接螺栓齐全、紧固、螺纹上到位。 7. 用 ϕ16mm 的钢丝绳在井架底座的对角线上将防喷器组绷紧固定。 8. 防喷器上的液控管线接口应面向钻机一侧。 9. 防喷器液路部分密封良好。 10. 手动操作杆齐全，靠手轮端支撑牢固，其中心与锁紧轴之间的夹角小于 30°，接出钻台底座以外。挂牌标明开关方向和到底圈数。若操作杆离地高于 1.6m 时，需搭建平台便于操作。 11. 井控装备及配件为取得集团公司井控装备资质认可资质的厂家产品
4	放喷管线	1. 放喷管线的条数、长度、通径（通径不小于 78mm）、转角 [转弯用 120° 铸（锻）钢弯头或使用 90° 灌铅弯头，且弯头两端需用基墩固定]。 2. 放喷管线不允许现场焊接。放喷管线三年探伤检测一次。

续表

序号	监督项目	监督检查要点
4	放喷管线	3. 管线每隔10~15m要用基墩固定（基墩重量不小于500kg），固定螺栓直径不得小于20mm，长度大于0.5m，采用一次压制成型的压板（不允许焊接）宽60mm、厚度不小于8mm，压板与管线之间用橡胶材料隔离，固定牢靠。若跨越10m宽以上的河沟、水塘等障碍，应架设金属过桥支撑。参数井、探井、区域探井及一类区域开发井，自节流、压井管汇以外的前两个基墩使用地脚螺栓固定。其余基墩，1/2以上的本体埋入地表以下。 4. 两条管线走向一致时，应保持大于0.3m的距离，并分别固定。 5. 放喷管线出口处用双基墩固定。 6. 管线出口距各种设施不小于50m，不得正对电力线、油罐区、居民区、道路等各种设施。 7. 车辆跨越处装过桥盖板。 8. 主放喷管线有效的安全点火工具（人工、自动两套点火装置）。定期吹扫记录。 9. 在环境敏感地区，放喷池容积不小于200m³
5	节流、压井管汇与防喷管线	1. 压力级别符合设计。 2. 钻井四通两翼各有两个闸阀，紧靠钻井四通的手动闸阀应处于常开状态，其余手动阀或液动阀应处于常关状态。 3. 防喷管线采用螺纹与标准法兰连接，不允许现场焊接。使用高压软管应符合标准，软硬管线连接处两端拴保险绳，防喷管线长度超过7m固定牢固。 4. 闸阀挂牌编号并标明其开、关状态（正确）。 5. 闸阀开关灵活，连接螺栓合格。 6. 有高、低压表（抗振、有闸阀控制），量程满足要求（低压16MPa，高压100MPa），在校验日期内，与大门同向，节流管汇均应装针形阀控制压力表，待命工况，大量程压力表针形阀处于开位，小量程压力表针形阀处于关位。 7. 钻井液回收管线拐弯（大于120°的铸钢弯头）及出口处固定牢靠，出口接至钻井液罐，内径不小于78mm，管线进入除气器上游。 8. 关井提示牌数据齐全、正确、字迹清楚，正对操作者。 9. 节流管汇控制台安装在节流管汇上方的钻台上。套管压力表及压力变送器安装在节流管汇五通上，立管压力变送器（配有高压球形截止阀）在立管上应垂直于钻台平面安装。 10. 节流、压井管汇底座用地脚螺栓在四角固定牢靠，固定螺栓直径不得少于20mm，埋深不少于0.5m，压板所使用的钢板厚度不小于8mm。 11. 井控装备及配件为取得集团公司井控装备资质认可资质的厂家产品

续表

序号	监督项目	监督检查要点
6	防火防爆、电路及消防设施	1. 离井口30m以内的钻台、机泵房、钻井液罐等处，以及油罐区电器和开关防爆，罐区3m内电器防爆。 2. 探照灯从发电房或配电房用专线直接引出，并用单独的开关控制。 3. 柴油机排气管无破漏和积炭，并有冷却灭火装置。排气管的出口与井口相距15m以上，不朝向油罐和循环罐。 4. 录井房离井口30m以远，不足30m的有防爆设施。 5. 钻台下及井口周围禁止堆放杂物和易燃物，钻台、机房下面无积油污。 6. 消防器材配备齐全，符合井控细则规定，性能可靠，专人负责检查，贴检验合格证。 7. 井场所有用电线路符合规定，过车处要有穿管保护。 8. 井场动火有动火审批报告（执行动火作业规定）。 9. 探井、高压油气井供水管线上有消防管线接口，备有消防水带和水枪。 10. 钻台电源线无接头、破皮、老化，与金属接触处有绝缘护套，严禁使用铁丝捆绑。配电箱、接头、开关、电器等符合防爆要求。 11. 钻开油气层后，所有车辆停放在距井口30m以外，在30m以内的车辆安装阻火器
7	防喷器控制系统	1. 司钻控制台安装在司钻操作台一侧，固定牢固。 2. 远程控台位于井架大门左侧，距井口大于25m。 3. 远程控台距放喷管线有2m以上距离，并保持2m宽的行人通道，周围10m内不得堆放易燃、易爆、腐蚀物品。 4. 远程控制台电源从发电房或配电房用专线直接引出，并用单独的开关控制。 5. 管排架与放喷管线距离不少于1m，车辆跨越处装过桥盖板，管排架上无杂物和作为电焊接地线或在其上进行焊割作业。 6. 管线、阀门等密封无泄漏。管排上设置高压警示标志。 7. 远程控制台的气源从气源房单独接出并控制，气动泵总气源与司控台气源分开连接，配置气源排水分离器，并保持气源压力为0.65～1.3MPa。 8. 储能器压力为18.5～21MPa，环型防喷器压力为8.5～10.5MPa，管汇压力为（10.5±1）MPa，储能器充氮气压力为（7±0.7）MPa。 9. 油箱油面符合厂家要求。 10. 远程控制台换向阀转动方向与防喷器开关状态一致。

续表

序号	监督项目		监督检查要点
7	防喷器控制系统		11. 司钻控制台安装在钻台上司钻易于操作的地方（一般安装在司钻操作箱附近），固定牢靠，各操作阀的控制对象、工作状态应有醒目的标识，配置气源排水分离器，严禁强行弯曲和压折气管束。 12. 远程控制台全封闸板装罩保护，剪切闸板换向阀安装限位装置。 13. 远控台和司控台的储能器压力误差小于 1 MPa，管汇压力和环形压力误差小于 1 MPa。 14. 泵的输出压力达到（21.0±0.7）MPa 时自动停泵，系统压力降至（17.5±0.3）MPa 时自动启动。 15. 钻机底座下使用耐火液压控制管线。 16. 井控装备及配件为取得集团公司井控装备资质认可资质的厂家产品
8	井控物资储备		1. 加重料储备数量和性能符合设计。 2. 重钻井液储备数量和性能符合设计，定期搅拌（循环）。 3. 堵漏材料储备数量和性能符合设计。 4. 有一套与在用闸板同规格的闸板和相应的密封件及其拆装和试压工具。 5. 气井、油田一级风险井： （1）含硫井、易漏失井、预计高产井应储备不低于 1 倍井筒容积的加重钻井液，同时储备能配制不低于 0.5 倍井筒容积加重钻井液的加重材料和处理剂。预探井、区域探井，在地质情况不清楚的井段，应加大加重钻井液储备量。 （2）不含硫井，现场储备的加重钻井液量与储备加重材料、处理剂可配制的加重钻井液量之和不低于 0.5 倍井筒容积。页岩气井目的层钻进可只储备加重材料。 （3）钻井工厂化作业，可以共享储备加重钻井液及加重材料，但需连接好倒浆管线及泵。 6. 其他参考油田公司最新版井控细则规定
9	其他井控装置	内防喷工具	1. 方钻杆上、下旋塞阀，开关灵活。 2. 油气层作业使用方钻杆时，钻台坡道上准备一根防喷单根。使用顶驱时，准备一个防喷立柱。 3. 内防喷工具额定工作压力不小于防喷器额定工作压力。 4. 配备标准：上旋塞 1 个、下旋塞 2 个、钻具止回阀 2 个，未安装环形防喷器的井队，可不安装上旋塞。 5. 井控装备及配件为取得集团公司井控装备资质认可资质的厂家的产品

续表

序号	监督项目		监督检查要点
9	其他井控装置	液气分离器	1. 进口转弯处有预制铸（锻）钢弯头，进出口管线、排气管线采用法兰连接，通径不小于设计进出口尺寸，管线出口处应固定牢固。 2. 排气管线内径不小于罐体排气口直径的钢制管线，接出距井口 50m 以远，并配备性能可靠的点火装置，每 10～15m 固定牢靠，固定基墩重量不低于 500kg。钻井液出口管线使用硬管线或软管线（需固定，防下垂）连接，其通径不小于分离器钻井液管出口通径。 3. 区域探井、预探井、气井、含硫化氢井必须安装自动点火装置和防回火装置。采用垂直地面、高 1.5m 的燃烧筒，多雨地区应安装防雨罩，固定牢固。 4. 钻井液回收管线必须使用与分离器出口相同尺寸的硬管线，出口接至振动筛入口处，固定牢靠。 5. 安全阀泄压出口指向井场右侧。 6. 液气分离器固定牢靠（使用 3～4 根直径不小于 ϕ12mm 的钢丝绳和花篮螺栓），排气管线压力表安装 1.6～2.5MPa 的抗振压力表，表盘直径不小于 100mm，压力表表盘安装方向应与井架正面一致，垂直安装
		液面检测系统	1. 每个参与循环的钻井液罐上，有以立方米为单位的直读式液面标尺。 2. 采用地面循环的钻井现场应配备进出口流量计。 3. 有专用灌浆罐。 4. 配液罐有便于读取的液面标尺。 5. 循环罐有溢流报警装置。 6. 钻台使用两位开关式报警喇叭
		其他装置	1. 除气器运转正常，排气管线接出循环罐 15m 以远。 2. 加重装置运转正常，加重漏斗无堵塞。 3. 液位报警器调整灵敏，报警装置正常
10	安全管理		1. 有入场安全须知牌，设置危险区域图、逃生路线图。 2. 风向标挂在人员容易看见的地方，在不同方向上划定两个紧急集合点。井架上、钻台四周、井场盛行风入口处等地应分别设置专用风向标 6 个以上（工程值班房、振动筛、坐岗房、远程控制台、钻台偏房、油罐、应急集合点处设置风向标）。 3. 逃生绳、逃生滑道落地处无障碍物，能做到软着陆。 4. 员工劳动防护用品的穿戴符合规定。 5. 井场通信设备性能可靠

续表

序号	监督项目	监督检查要点
11	硫化氢防护	1. 在含硫区域，钻台上、下和振动筛等硫化氢易聚积的地方，应安装排风扇，以驱散工作场所弥漫的硫化氢。 2. 钻开含硫地层前 50m，钻井液 pH 值始终要控制在 9.5 以上直至完井。 3. 在含硫区域，驻地野营房应设置在井场季节风的上风方向。 4. 区域探井、预探井、含硫化氢气体井钻井队至少配 10 套正压式呼吸器，摆放在清洁、卫生、便于迅速取用的位置，1 台空气压缩机。队长每月至少对其检查一次（有检查记录），使用前后也应检查。 5. 固定式可燃气体检测仪、有毒有害气体检测仪、便携式可燃气体检测仪、硫化氢检测仪需在检测有效期内。 6. 固定式硫化氢监测仪探头安装在司钻操作处、圆井、一号罐、钻井液接收罐处，探头距离监测高度在 0.3～0.6m，主机安装在干部值班室，至少配 5 台便携式硫化氢监测仪及专用硫化氢报警器。 7. 正压式呼吸器必须定期检查，各钻井承包商每半年检查一次，各钻井队每月至少检查一次。 8. 气瓶压力一般为 28～30MPa。压力低于 24MPa 时，必须充气。 9. 气瓶每三年在具备资质的检验机构进行一次水压试验。压力表、背架、面罩应每年校验一次。 10. 在含硫区域，放喷管线最少应接两条，其夹角为 90°，并接出井场 100m 以远。压井管线至少有一条在季节风的上风方向。 11. 在含硫区域，井场挂有硫化氢浓度指示牌
12	防喷演习	1. 防喷演习在规定时间内按照程序完成，动作熟练，各岗位配合紧密。 2. 四种工况空井、钻进、起下钻杆、起下钻铤时间分别对应 3min、3min、5min、7min，每班每月各工况至少演练 1 次（注：各次开钻前防喷演习，根据实际工况）。 3. 演习记录完善，签字讲评
13	欠平衡钻井	1. 旋转防喷器压力等级符合设计要求。 2. 旋转防喷器动静压试压值达到额定压力的 70%。 3. 专用节流管汇、导流四通、撇油罐、储油罐等符合设计要求，工作正常。 4. 坐岗人员、录井队、欠平衡服务单位人员之间分工明确，职责清楚

续表

序号	监督项目	监督检查要点
14	其他	1. 设备接地符合规定，接地桩埋深，需编号并做电阻检测。 2. 油基钻井液钻屑现场存放、储存、转运台账及时更新数据准确。 3. 水基钻屑清洁化处理的检测报告（滤饼、压滤液）。 4. 高危作业许可管理制度执行情况（动火、吊装、高处作业等）

6. 煤层气钻井

煤层气钻井监督检查要点见表4-6。

表4-6 煤层气钻井监督检查要点

序号	监督项目	监督检查要点
1	地质设计	1. 应提供区域地质简介、岩性剖面及本井预测的孔隙压力、破裂压力、坍塌压力。 2. 应提供邻井的煤层显示和复杂情况资料，并特别注明含硫化氢、二氧化碳地层的层位、深度和预计含量，已钻井的地层测试及排采资料
2	工程设计、施工设计	1. 钻井工程设计应依据钻井地质设计和邻井有关资料进行编制。 2. 钻井工程设计、施工设计应按程序审批，钻井作业中，因情况变化，需变更设计，原则上应按原审批程序进行
3	施工队伍与人员资质	1. 施工队伍应取得油田公司的HSE和市场准入证和集团公司丙级（临时资质）及以上资质。 2. 钻井井控培训合格证、硫化氢防护培训合格证、HSE培训合格证。 3. 其他特种作业人员应按国家规定持有相应的操作证（焊工证、司钻证等）
4	井场布置	1. 开发井井口距高压线及其他永久性设施不小于75m，距铁路、高速公路及村庄、学校、医院和油库等场所不小于100m。 2. 探井、含浅层气开发井，距高压线及其他永久性设施不小于75m，距铁路、高速公路及村庄、学校、医院和油库等场所不小于200m。 3. 井场周围应以黄色带隔离作为警示标志，并在井场和井架醒目位置悬挂安全警示牌。 4. 风向标安放在井场四周及井场出入口处。 5. 若安全距离不能满足上述规定，由项目建设单位牵头，组织钻井工程技术服务企业及油田公司的技术、管理和安全环保等相关部门进行安全、环境风险评估，按其评估意见处置

续表

序号	监督项目	监督检查要点
5	设备	1. 井架底座高度应满足井控装置安装的要求。 2. 井架底座内及钻井液暴露位置处应保持通风良好。 3. 井场电器设备、照明器具及输电线路的安装应符合防爆的规定。 4. 消防器材配备满足井控细则规定。 5. 消防器材由专人挂牌管理，定期维护保养，不应挪为他用，消防器材摆放处，应保持通道畅通，取用方便，悬挂牢靠。 6. 钻台与地面按规定安装布置专用逃生滑道或逃生通道。 7. 至少配备过卷阀和重锤式两套防碰装置。 8. 安全阀、压力表等安全附件在检测有效期内
6	井控	1. 井控装置基本配套标准： （1）一级风险井：必须安装防喷器及井控管汇，其压力等级应与裸眼井段中最高地层压力相匹配。高危地区开发井（不包括水平井）若无有毒有害气体及浅层气，可按二级风险井配备，但需增加相应预案。 （2）二级风险井：钻井须满足一次井控，根据情况安装防喷器。 2. 绘制各次开钻井口装置及井控管汇安装示意图，并提出相应的安装、试压要求。 3. 煤层气常用闸板防喷器的等级、规格尺寸，包括与其配套的液压控制系统和节流汇管的试压标准，按照钻井井控技术规范（Q/SY 02552—2022）执行。 4. 钻进煤层前，制订钻进煤层的具体措施。 5. 钻井队所有人员应掌握开泵、停泵、起下钻、发生溢流、抢险作业等各种报警系统的信号。 6. 每起2～3柱（双根）钻杆向井内灌满钻井液一次，钻铤每起一根向井内灌满钻井液一次。 7. 起钻换钻头后应立即下入钻铤和部分钻杆，严防空井井喷。 8. 现场储备一定量的加重材料，做好一级井控应急预案
7	防火防爆	1. 井场布局应标识防火标志。 2. 在井场条件具备时，值班房、发电房等应在井场季风的上风处，距井口不小于20m，食堂厨房与井口不小于30m，发电房与柴油罐的间距应当不大于20m，井场内应设置明显的风向标和防火防爆安全标志。若不具备条件时，必须制订好应急措施
8	人身防护	1. 进入井场人员应正确使用劳动保护用品。 2. 井队应配备完好的可燃气体检测仪，且在检测有效期内。 3. 含硫化氢的井，还应配备硫化氢监测仪器、正压式呼吸器。 4. 配置设备应做到人人会使用、会维护、会检查

续表

序号	监督项目	监督检查要点
9	应急预案	1. 井队应编制井涌、井喷、硫化氢中毒、火灾爆炸、自然灾害等应急预案。 2. 应急处置程序应落实到岗位。 3. 井队应急预案应纳入业主的应急预案管理。 4. 钻井施工前和打开目的层前，钻井队应进行井控关井动作及防硫化氢中毒演练。 5. 演练过程按应急预案要求执行。 6. 演练结束后应进行演练讲评和记录

7. 录井作业

录井作业监督检查要点见表4-7。

表4-7 录井作业监督检查要点

序号	监督项目	监督检查要点
1	队伍资质	1. 录井企业应持有政府部门核发的安全生产许可证。 2. 主管部门颁发的石油工程技术服务企业资质证书。 3. 录井队应持有录井作业资质证书。 4. 应持有油田HSE和市场准入证书。 5. 与钻井方签署的属地协议
2	人员证书	员工应持有满足工作需要的合格证件，包括井控证、H_2S证、HSE、上岗证等
3	人员配置	1. 常规录井（地质工程师1人、岩屑采集工2人）。 2. 气测录井（仪器工程师1人、仪器操作工2人）。 3. 综合录井（仪器工程师1人、仪器操作工2人）。 4. 元素录井（元素分析师2人）。 5. 其他项目（一般1~2人）
4	组织与职责	1. 建立HSE管理体系。 2. 录井队安全管理负责人、兼职安全员。 3. 建立完善的安全管理制度。 4. 执行岗位安全操作规程、安全责任制、巡回检查制。 5. 有毒有害化学品、配电箱等部位应印有相应的安全标志
5	HSE"两书一表"	1. 制订满足本井需要的单井HSE作业计划书。 2. 制订满足本井施工的单井施工方案。 3. 制订满足本井应急需要的单井应急预案。

续表

序号	监督项目	监督检查要点
5	HSE"两书一表"	4. 制订满足本井需要符合实际的HSE巡回检查表。 5. "两书一表"必须经录井公司或项目部主管领导审核、批准
6	安全技术交底	1. 安全技术交底内容包含但不限于：施工方案、关联工艺、作业（岗位）风险、防范措施、应急预案（"五交底"）等。安全技术交底要突出质量控制和安全环保风险管控为主要目的，对关键环节和内容进行交底。 2. 安全技术交底主要包括：生产建设单位对承包商、总包方对分包商、承包商对内部人员进行交底。根据现场实际情况和工作需要，各类安全技术交底可以联合组织或者单独组织。 3. 生产建设单位对承包商开工前的安全技术交底应在该项目施工作业前安全准入评估前进行。 4. 重点工序的交底应该在重点工序实施前进行，交底主要内容应包括但不限于：重点工序工艺、技术要点、存在的HSE风险、管控措施及应急应对措施。 5. 涉及交叉作业的，《交叉作业安全生产管理协议》签订后、设备动迁前，生产建设单位应组织各相关方和施工作业人员进行安全技术交底，开展联合应急演练（包含钻井、录井、清洁定向、钻井液等单位）。 6. 所有安全技术交底应由交底方保留完成的交底记录，被交底人应签字确认
7	应急管理	1. 录井队应建立防井喷、火灾、爆炸、中毒、自然灾害、重大疫情等应急预案，与钻井队建立有效的应急联动机制，定期组织和参与钻井队应急演练，并根据结果及时修订完善应急预案。 2. 与钻井队应急演练和应急救援时，录井队应接受钻井队统一指挥、统一调动、统一预防和统一救治。 3. 录井仪器房、值班房门醒目一侧应张贴井场安全逃生路线图。 4. 安全门应定期检查保养，保持开启灵活，密封良好
8	井控管理	1. 严格执行井控管理制度和标准，明确各岗位井控职责。 2. 录井队井控管理应纳入钻井队统一管理
9	危险化学品管理	1. 严格执行危险化学品领取、搬运、存放、使用和废弃处理等管理制度。 2. 在接触有毒有害、有刺激性等化学品时，应正确佩戴防毒面具、防护手套或其他防护用品。 3. 具备化学品专柜，落实双人双锁管理，有安全标识。 4. 存放处具备良好通风条件。 5. 建立出入库及使用记录

续表

序号	监督项目	监督检查要点
10	安全防护设备配备及管理	1. 按规定佩戴保护护具。 2. 在有毒有害气体区域作业的录井队应配备便携式有毒有害气体检测仪，检测仪器和防护设备应指定专人管理，定期检查、保养，且在检测有效期内。 3. 配备急救箱
11	房屋摆放是否标准	1. 房屋摆放在井架大门振动筛一侧，安全门应定期检查、保养、开关灵活且密封良好。 2. 仪器房、地质房等非防爆房屋距离井口不小于30m，距离振动筛15～20m（正压防爆录井房除外）。 3. 房屋距离危险处、障碍物等2m以上
12	综合录井仪	1. 高压、高含硫地区作业的录井使用具有防爆功能的综合录井仪。 2. 氢气发生器保持排气畅通，定期检查，防止氢气泄漏。 3. 烷烃样气瓶应摆放在通风阴凉处，周围无杂物，远离热源
13	仪器房正压防爆装置	1. 仪器房具备正压防爆条件及相应设施。 2. 鼓风机安装及进气口安装位置合适
14	录井用电及接地保护	1. 录井仪器房、值班房应架设专用电力线路。 2. 各房屋及主要设备有可靠接地，并安装漏电保护装置。 3. 接地线满足规范要求，地线、桩材料和埋深满足要求（接地体不得小于0.6m），接地电阻不大于4Ω。 4. 用电器、线路安装规范符合用电标准及规定。 5. 定期对线路、电器进行安全检查。 6. 井口30m范围使用防爆电器及接线盒（插头）
15	录井设备	1. 录井设备设施是否齐全，满足单井录井需要。 2. 烤箱温度不得高于设计温度，荧光灯、天平等常用录井装备齐全、完好。 3. 摆放电热器、砂样干燥箱、元素录井仪等设备的房间通风良好。 4. 电热器、砂样干燥箱、元素录井仪等设备摆放在距离墙壁0.2m以上或采用隔热措施，周围禁放易燃易爆物品并单独接地线。 5. 在醒目位置张贴警示标识
16	高架槽	1. 高架槽安装坡度在2°～5°。 2. 钻井液出口最低点与高架槽底面高差不超过0.2m。 3. 具有安装出口流量计的固定位置

续表

序号	监督项目	监督检查要点
17	缓冲罐及附近设施	1. 缓冲罐规格 160×60×150（长×宽×深）cm，罐内调节挡板能保证液面大于 0.5m。 2. 旁边具有合适的观察台并有围栏，具有防爆照明条件。 3. 连接观察台处具有扶梯，坡度 45°～60°，无通行障碍
18	气路管线及传感器电缆架设	1. 仪器房与振动筛间电缆采取高空架设，架线杆高度不小于 3m，采用直径为 5mm 的钢丝作为承重绳，样气管线与信号电缆捆扎在承载钢丝绳上，间距 0.5～1m，承力处应加装绝缘防护套。 2. 振动筛与钻台信号电缆的架设应绕开钻井液压力管线区，信号电缆与钢丝捆扎间距 0.5～1m，捆扎后的线缆承力处应加装绝缘防护套。 3. 传感器信号电缆采用屏蔽电缆，每条信号电缆应标记对应传感器的名称，布线应绕开旋转体、钻井液压力管线、强电磁环境。 4. 钻井液罐区至架线杆的信号线缆应沿钻井液罐边沿布线，钻台区信号电缆应沿防护栏外侧布线，需通过钻井液罐面或钻台面的信号电缆应加装防护管。 5. 样气管线应采用双管架设，管线内径为 4～6mm，长度余量不大于 2m，保持管线畅通且无泄漏，样气管线的延迟时间不大于 4min，放空管线应接仪器房外。 6. 接线盒放置要求包含以下内容： （1）钻台接线盒应固定于钻台防护栏距振动筛较近一侧，出口接线盒应固定于离架空槽、缓冲槽或振动筛三通槽较近处，入口接线盒应固定于钻井液上水罐防护栏处。 （2）接线盒的信号电缆接入处应密封防水，信号线缆余量捆扎整齐，接线盒防水
19	脱气器	1. 脱气器安装位置是否合适，固定是否良好。 2. 槽内钻井液进口应高于出口，槽内钻井液流动性好。 3. 脱气器与槽内钻井液面垂直，上下调节装置灵活，集气筒钻井液排出口与槽内钻井液流动方向同向，排出口的钻井液量以占排出口口径的 2/3 为宜。 4. 防爆电动机电缆连接采用防爆接线盒或额定电流不小于 10 A 的防爆插销。 5. 脱气器调节、滑动、紧固摩擦部位涂抹润滑油脂，保证调节灵活。脱气器样气出口与管线连接紧密不泄漏
20	传感器安装原则	1. 安装前，关闭供电电源，泄压。 2. 安装操作不应与钻井队交叉作业。 3. 传感器固定牢靠，防水、防污

续表

序号	监督项目	监督检查要点
21	硫化氢传感器及报警器	1. 硫化氢传感器安装位置为钻井液出口处、司钻位置、钻井液罐区、井口附近，探头距离检测高度在 0.3～0.6m，探头无异物包裹。 2. 录井过程中硫化氢传感器每 7d 进行 1 次现场校验，每次故障维修后应进行校验，误差不大于 2ppm 或 10%。 3. 高压高含硫地区配备 1 套声光报警装置。 4. 声光报警器安装在醒目位置，架设高度要超过仪器房顶屋顶 0.3m 以上
22	地质预告牌	1. 按标准配备地质预告牌。 2. 内容填写是否及时、准确、规范
23	用电及照明设备	1. 照明设备具备防爆功能，捞样处应安装照明灯具。 2. 用电满足现场仪器需要
24	灭火器材	1. 录井仪器房、值班房各配备 2 具完好的 3kg 级二氧化碳灭火器。 2. 摆放位置明显。灭火器放置于专用固定设施处。 3. 专人负责按月进行检查并做好记录
25	报警装置	1. 按规定配置使用便携式、固定式报警仪（装置）。 2. 报警仪（装置）是否能有效使用。 3. 有专人负责定期检查校验并有相应记录
26	硫化氢防护	1. 设计中有硫化氢提示的井，配备 2 部便携式硫化氢检测仪，4 套固定式硫化氢检测仪，配备 2 套正压式空气呼吸器。 2. 现场要留有硫化氢检测仪的校验报告和正压式呼吸器的检查记录。 3. 便携式硫化氢检测仪每年进行一次校验，正压式呼吸器定期送有资质单位检验，正压式呼吸器有专人每月进行一次检查（压力及低压报警是否正常）。 4. 仪器校验标定时，防止有毒有害气体伤人，做好安全标示
27	环境保护	1. 录井区域整洁，严禁烟火。 2. 生产及生活垃圾收集在指定位置，统一处理。 3. 废水、废液、废渣、废弃岩屑等集中处理
28	HSE 制度与管理	1. 建立与项目相应的法律法规、标准规范清单，并提供有效的文本。 2. 按规定和合同约定确定项目适用的 HSE 管理制度（特别是工作前安全分析、目视化管理、作业许可、变更管理、隐患排查治理、事故事件等），并提供有效的文本。 3. 岗位责任制齐全，应急演练按时开展。 4. 井喷应急预案、防 H_2S 应急预案张贴于井场值班房内

续表

序号	监督项目	监督检查要点
29	HSE 培训	1. 定期组织员工进行 HSE 培训教育，培训内容对法律法规、标准规范、下放文件、工程设计、作业实施方案、现场作业流程、作业监护等开展培训，留有记录。 2. 承包商制订了施工作业过程的安全（HSE）培训计划，并按期开展培训，留有记录
30	作业过程安全操作	1. 录井操作人员工程录井中，发现钻井液性能和工程监测参数异常时，按规定采取措施。 2. 录井施工作业中，硫化氢报警值按照以下要求设置：第一级报警值设置在 15mg/m³（10ppm），第二级报警值设置在 30mg/m³（20ppm），第三级报警值设置在 150mg/m³（100ppm）。发现硫化氢及时报警并做好个人防护。 3. 录井操作人员发现井漏、井涌及溢流等异常情况时，按规定采取措施并做好个人防护。 4. 录井施工作业中，现场做点火试验时，点火地点按规定在上风方向，距离井口 30m 的井场以外。 5. 丈量钻具、套管及方入时防止碰撞、挤压或降落伤人，对作业过程进行监测。 6. 吊套管上钻台时，核对入井套管编号的录井人员，距离钻台大门坡道大于 15m。 7. 硫化氢、一氧化碳传感器按规定在室外通风良好的地方进行标定，标定时保证现场至少有两人的要求。 8. 带电检修仪器有可靠的安全措施，操作时不少于两人在场监控

8. 测井作业

测井作业监督检查要点见表 4-8。

表 4-8　测井作业监督检查要点

序号	监督项目	监督检查要点
1	资质证件	1. 凡进入公司油气田现场施工作业的承包商必须办理 HSE 准入。 2. 从事石油测井作业的单位，应取得"安全生产许可证""辐射安全许可证""放射性同位素许可证""放射性同位素登记证""危险物品运输许可证""火工品使用证""爆炸作业单位许可证"。

续表

序号	监督项目	监督检查要点
1	资质证件	3. 测井人员应取得"HSE 培训合格证""井控培训合格证"和"硫化氢培训合格证",从事放射性操作人员应参加"辐射安全与防护培训合格证"培训,并取得相应证件。 4. 经审批的测井施工设计、HSE 作业计划书、作业指导书。 5. 凡进入油田公司市场从事工程技术服务类的承包方,都应编制并运行 HSE"两书一表",加强对生产、施工过程的 HSE 管理。 6. 放射性活度测量仪应有检验合格证
2	人员要求	1. 工作期间应正确穿戴劳动防护用品,正确使用职业健康、安全和环保防护设施。 2. 遵守作业安全规程,服从管理指挥,不应擅自操作钻井(试油)设备,不应攀登高层平台,不应在禁烟区内吸烟。 3. 测井作业人员应清楚施工作业内容,具有现场风险管控能力
3	劳动保护	1. 放射源装卸及操作人员配有防护服、防护眼镜等放射防护用品。 2. 从事放射性同位素测井人员,每个人配备放射性剂量计,定期测量并记录。 3. 作业队配有放射性监测仪,定期检测。 4. 装卸民用爆炸物品的人员应配备防静电劳保服装
4	硫化氢防护	1. 设计中有硫化氢提示的井,每个测井队应配备 2 个便携式硫化氢检测仪、2 套正压式呼吸器,且在检测有效期内。应当符合《石油测井作业安全规程》(SY/T 5726—2018)的要求。 2. 便携式硫化氢检测仪每半年检测一次。正压式呼吸器定期送有资质单位检验。 3. 现场要留有便携式硫化氢检测仪的校验报告。正压式呼吸器的检测报告和检查记录,专人每月进行一次检查
5	组织与职责	1. 建立 HSE 管理体系。 2. 作业队(测井队、射孔队)安全管理组织健全,安全负责人、兼职安全员岗位职责明确。 3. 现场安全责任是否落实
6	施工方案	1. 制订满足本井施工的测井施工方案。 2. 施工方案经产建单位主管领导审核、批准
7	设备摆放	1. 清理施工环境,劝走无关人员,严禁交叉作业。 2. 进入井场车辆关闭阻火帽。 3. 将放射源放到工作区域内或相关方指定的安全位置并设立安全警示标识。

续表

序号	监督项目	监督检查要点
7	设备摆放	4.设置警戒线和警示标识,并预留出口,摆放应急装备、工器具,便于取拿。 5.井口连接拆卸仪器、刻度、装卸放射源等操作,应盖住井口。 6.电缆测井: (1)口、地滑轮、绞车要三点一线,绞车到井口的距离应大于25m。作业前,应放好绞车掩木。天滑轮安装在吊卡下端,并加装保险装置(安全杠、链条等)。 (2)其他车辆设备应平行摆放在仪器车的上风处,与仪器车的距离以方便生产为宜。 7.无缆式测井:车辆或工作间至于井场出口位置或上风处,距离井口应大于30m

第二节 井下作业

一、井下作业井控

井下作业井控监督检查要点见表4-9。

表4-9 井下作业井控监督检查要点

序号	监督项目	监督检查要点
1	井控资料台账	1. 现场应持证人员持有效井控培训合格证。含硫地区持有硫化氢安全防护培训证。 2. 井控管理综合记录： （1）岗位井控职责。 （2）井控设备现场试压记录、井控设备的检查保养记录。 （3）防喷（防硫化氢）演习记录。 （4）硫化氢检测仪及正压式呼吸器等人身防护用品定期检查记录。 3. 开工验收记录。 4. 生产例会或班组例会记录（开工前交底、干部24h值班、上级或甲方井控检查问题及整改情况）。 5. 井口装置、管汇（或闸阀组）系统、内防喷工具等定期回车间检验证或资料（检验合格证、试压曲线）、现场试压检验记录。防喷管线和放喷管线探伤合格证。 6. 锅炉、安全阀、压力表、气体监测仪定期校验（检验）证。 7. 坐岗（灌液）记录或井口返液观察记录内容齐全、数据准确。 8. 与业主签订的《安全生产合同》、与相关方签订的《安全生产协议》。 9. 单井针对性井控风险识别与应急处置措施。 10. 张贴于井场值班房内的资料［井控工作管理制度，溢流井喷（演习）时各岗位人员职责和关井程序，井喷应急预案，H_2S应急预案］。 11. "井控双盯工作法"的运行情况
2	安全管理	1. 有入场安全须知牌。有防火防爆等安全标志。 2. 有资质的专职安全监督。 3. 有二层平台的井架应安装紧急逃生装置，落地处无障碍物。 4. 员工劳动防护用品的穿戴符合规定。 5. 井场通信设备性能可靠

续表

序号	监督项目	监督检查要点
3	井场与设备布置	1. 作业井井场满足作业设备摆放要求及放喷管线安装要求。 2. 一、二级风险井在作业前必须安装放喷管线。放喷管线安装在当地季节风的下风方向，接出井口75m以远，含硫化氢油气井要求接出井口100m以外，通径不小于50mm，放喷阀门距井口3m以远。 3. 在作业现场设置风向标，并置于值班房、作业大罐及钻台。 4. 在不同方向上划定两个紧急集合点。 5. 值班房、发电房、锅炉房等距井口不小于30m。 6. 在环境敏感地区，放喷池或废液回收罐容积符合环保要求
4	防喷器	1. 防喷器压力等级、组合形式符合设计要求。 2. 防喷器闸板与作业管柱相匹配。 3. 手动锁紧操作杆离地面超过1.65m时，要安装操作台。 4. 防喷器由使用单位每12个月送交井控车间试压检验一次。 5. 防喷器检验周期按时间段分为三月期、一年期和三年期，若防喷器现场连续作业一井次使用时间超过规定的检验周期时，防喷器作业结束后应立即补做检验。 6. 防喷器连接螺栓紧固、齐全、规范。 7. 防喷器液压部分密封良好。 8. 寒冷地区冬季钻机底座下有保温措施。 9. 在集团公司井控资质相关文件下发后，新购置的防喷器和套管头为取得集团公司井控装备资质认可资质的厂家生产的产品
5	节流压井管汇	1. 压力级别与组合形式符合设计。 2. 节流压井管汇（或闸阀组）是钢制硬管线，固定牢靠。 3. 闸阀挂牌编号并标明其开、关状态（正确），开关灵活，连接螺栓合格。 4. 放喷闸门距井口3m以远，压力表接在防喷管线与放喷阀门之间。 5. 有高、低压抗振压力表（有闸阀控制），量程和校验符合要求。 6. 管线冬季有防堵、防冻措施。 7. 在集团公司井控资质相关文件下发后，新购置的井控管汇及节控箱为取得集团公司井控装备资质认可厂家生产的产品。 8. 若节流、压井管汇基础低于地平面应排水良好。 9. 关井提示牌数据齐全、正确、字迹清楚
6	放喷管线	1. 放喷管线的条数、长度、通径（通径不小于50mm）、转角［用不小于120°铸（锻）钢弯头或90°带抗冲蚀功能的弯头，安装方向正确］等符合井控实施细则。 2. 每隔10～15m用基墩（或地锚或砂箱）固定，固定牢靠。

续表

序号	监督项目	监督检查要点
6	放喷管线	3. 放喷管线用钢制硬管线，车辆跨越处装过桥盖板。采用砂箱或地面基墩时，在适当位置应安装跨越梯子。 4. 出口处无障碍物。管线出口距各种设施不小于50m。 设计有点火措施的，主放喷管线有有效的安全点火手段
7	控制系统	1. 远程控制台原则上安装在季节风上风向或便于班长（或司机）观察的位置，距井口25 m以远。 2. 远程控制台距放喷管线应有1m以上距离，并保持2m宽的行人通道，周围10m内不得堆放易燃、易爆、腐蚀物品。 3. 远程控制台电源从发电房或配电房用专线直接引出，并用单独的开关控制。 4. 管排架（液控管线）与放喷管线距离不少于1m，车辆跨越处装过桥盖板，管排架上无杂物和作为电焊接地线或在其上进行焊割作业。 5. 管线、阀门等密封无泄漏。 6. 气动泵气源压力为0.65～0.8MPa。油雾器工作正常。冬季气源采取防冻措施。 7. 泵运转正常。自动调节开关正常。自动启动的压力在规定控制压力范围。 8. 储能器压力为18.5～21MPa，环形防喷器压力为10.5MPa，管汇压力为10.5MPa。 9. 油箱油面在标准油面之间。 10. 远程控制台换向阀转动方向与防喷器开关状态一致。全封换向阀装罩保护。 11. 冬季有保温措施。在集团公司井控资质相关文件下发后，新购置的控制系统及司控台为取得集团公司井控装备资质认可厂家生产的产品
8	内防喷工具	1. 起下与防喷器闸板不符的管柱时，有与管柱外径相匹配的防喷单根。 2. 钻具、油管用旋塞处于常开状态，扣型正确。旋塞及配套扳手放置在井口便于拿取的地方。 3. 额定工作压力不小于设计防喷器额定工作压力。 在集团公司井控资质相关文件下发后，新购置的内防喷工具为取得集团公司井控装备资质认可厂家生产的产品
	液面检测系统	1. 每个参与循环的钻井液罐、配液罐上，有以立方米为单位的直读式液面标尺。 2. 采用地面循环的修井现场应配备进出口流量计。 3. 配备专用灌浆罐，在起下钻工况按要求正常使用。 4. 循环罐有溢流报警装置

续表

序号	监督项目	监督检查要点
9	防火防爆、电路及消防设施	1. 油罐区电气设备、开关防爆。 2. 防爆区电路、电器符合防爆要求。 3. 接地线符合要求。 4. 有专线控制的探照灯。 5. 在森林、苇田、草地等地作业时，设置隔离带或隔离墙。 6. 消防器材配备齐全，性能可靠。油罐区电气设备，开关防爆。 7. 探照灯从发电房或配电房用专线直接引出，并用单独的开关控制。 8. 消防器材配备齐全，性能可靠。 9. 井场动火有动火审批报告。 10. 进入井场车辆必须关闭防火帽
10	硫化氢防护	1. 生产班每人一套正压式呼吸器，另配一定数量作为公用。 2. 在井场、钻台面、循环液回收管线出口、工作篮、泄压管线出口等位置，配备固定式或2套以上便携式硫化氢监测仪，进行连续监测。 3. 在操作台上、井架底座周围使用防爆通风设备。 4. 固定式硫化氢监测仪探头，距离监测面高度0.3～0.6m。 5. 井场挂有硫化氢浓度指示牌
11	施工准备及施工现场	1. 按设计要求准备压井液、加重剂等。 2. 在不连续作业时，及时关闭井口控制装置。 3. 在作业过程中有专人负责观察井口。 4. 井口工具台工具摆放整齐。 5. 所有进入井场的动力设备带防火帽。 6. 在起管柱过程中，及时向井内补灌压井液。 7. 常规电缆射孔、油管传输射孔、诱喷作业等有相应措施（执行设计）。 8. 油管传输射孔、排液、求产等工况，应安装采油树

二、压裂作业

1. 检查路线

入场安全提示牌→井口区域→压裂管汇区域→砂罐区域→储液罐区域→酸罐→泵车区域→仪表车区域→节流管汇→排液池→安全环保→应急管理。

2. 检查内容

资质证件、(基础资料)、井控管理、设备设施、入井工具、入井材料及液体、应急物资、作业许可、应急管理等。

3. 监督检查要点

压裂作业监督检查要点见表4-10。

表4-10 压裂作业监督检查要点

序号	监督项目	监督检查要点
1	企业资质	1. 施工单位作业资质且等级符合生产需要。 2. 安全生产许可证。 3. 油田市场准入许可证。 4. 施工单位与生产单位签订的经济合同。 5. 施工单位与生产单位签订的HSE合同
2	人员资质	1. 生产管理人员、安全管理人员须持有效的安全生产管理资格证书(生产经营单位主要负责人和安全生产管理人员每年应进行安全生产再培训)。 2. 现场生产管理人员、安全管理人员、工程技术人员、施工人员应按照油田要求取得有效的井控培训合格证、硫化氢防护培训合格证、HSE培训合格证、岗位所需特种作业证等。 3. 现场施工人员应定期评估合格后上岗。 4. 关键岗位人员变更需向公司资质管理办公室报备并批复
3	基础资料	1. 工艺设计、施工设计、两书一表、应急预案齐全并签字审批。 2. 压裂设计应包括与安全有关的内容： (1) 对井控装置及安装标准的要求。 (2) 工程设计明确井的风险等级，有无地层压力资料，有无压力监测要求。 (3) 存在可能影响压裂施工的问题，地面流程连接、施工设备检查要求。 (4) 试压、试挤要求，有无地层压力资料及压力监测要求。 (5) 安全环保要求。 (6) 应急预案及其他安全技术要求。 3. 建立井控装备、气体检测仪、正压式呼吸器、消防器材等安全防护器具管理台账，明确有效期、检验日期等。 4. 建立HSE活动记录、交接班记录、安全技术交底记录、开工验收记录、班前班后会议记录、培训记录、应急演练记录、设备维保记录、设备运转记录等。

续表

序号	监督项目	监督检查要点
3	基础资料	5.特种设备资料齐全，包括特种设备技术资料、特种设备登记注册表、特种设备及安全附件定期检测检验记录、特种设备运行记录和故障记录、特种设备日常维修保养记录等。明确特种设备的检验周期，上次检定日期、下次检定日期等。在用特种设备进行经常性日常维护保养，至少每月进行1次检查，并保存记录。 6.防护检测器具、仪器，操作维护规程（操作说明）齐全有效。 7.建立化学品（含危险化学品）管理台账，有MSDS卡，按其化学性质分类、分开存放，并有明显的标志。 8.辨识并建立常规危害因素清单，明确危害因素名称、影响，制订相应防控措施。 9.班前会值班干部组织员工学习安全生产预警信息，并针对当日安排的工作内容（操作项目）进行风险识别，提出合理防范措施及工作要求。 10.建立设备设施管理台账并动态更新，把设备管理纳入岗位责任制，严格执行和落实设备的维修保养制、巡回检查制和设备操作规程。 11.作业许可票证归档及上锁挂签记录。 12.高压管线、高压阀门、高压弯头（弯管）、连通管、活接头检查、维护周期均为每次施工，检验周期为一年（包括分流管汇和组合管汇，连通管不需检验）。 13.压裂车组、高压管线及设施应配置安全阀，对安全阀每年至少委托有资格的检验机构检验一次。 14.制订有效的应急预案并在施工前按应急预案进行演练。 15.压裂施工应按设计要求对压裂设备、地面流程和井口装置试压，试压记录及曲线由施工队及监督人员签字确认。 16.施工区域设备设施防雷接地桩编号，且留有检测台账。 17.根据生产特点和季节变化情况，制订切实可行的冬季"八防"、防洪防汛、夏季"十防"等措施并细化落实到岗位，加强节假日、重大敏感时期、恶劣天气的干部值班管理、队伍管理及作业升级管理
4	应急物资	洗眼液（洗眼器）2瓶、耳罩5个、多功能气体检测仪2套、警示牌1套、警示灯1个、警戒带500m、中型急救包1个（或小型急救包2个）、防爆对讲机4部、8kg干粉灭火器10具（压裂车）、专用消防水带2个（泵车），35kg干粉灭火器2具、消防水带75m、雨衣10件、雨靴10双、纺织袋50个、铁锹10把、水泵1台，可与现场同单位测试队伍共用

续表

序号	监督项目	监督检查要点
5	HSE "两书一表"	1. HSE 作业指导书：规范岗位员工常规操作行为。一般包括岗位任职条件、岗位职责、岗位操作规程、巡回检查及主要检查内容和应急处置程序（至少涵盖高压管线爆裂、压裂设备着火、井口刺漏、压抬井口井喷、砂堵、酸液泄漏应急处置程序等） 2. HSE 作业计划书：全面识别项目危害，重点评估和控制项目主要风险及作业指导书未覆盖的新增危害，制订风险消减和控制措施。一般包括项目概况、作业现场及周边情况、人员能力及设备状况、项目新增危害因素辨识与主要风险提示、风险控制措施、应急预案等。 3. HSE 现场检查表：针对岗位巡回检查路线和主要检查内容编制，进行岗位日常检查和记录
6	井控资料	1. 成立井控管理小组，明确各单位井控职责。 2. 每周召开一次井控例会。 3. 设计中必须有相应的井控要求或明确的井控设计。 4. 设计及方案要按审批程序审批，如需变更，必须实施变更管理。 5. 作业队应执行设计中有关井控设备安装、管理要求及井控措施。井控装备应指定专人管理，定期进行检查、维护和保养，并认真填写运转、保养和检查记录。 6. 对井控操作持证者，每三年由井控培训中心复培一次，培训考核不合格者，取消（不发放）井控培训合格证。 7. 发生井喷事故及时逐级按规定汇报，按程序要求启动应急处置。 8. 井控设备回厂检验合格证、试压记录，现场试压曲线和记录。 9. 所有井控装备及配件必须是经集团公司准入认可的生产厂家生产的合格产品
7	变更管理	1. 人员、工艺、设备、设计方案发生变更时，按变更管理要求及时上报审批。 2. 变更所涉及的安全信息应收集齐全，针对作业项目施工环境变化、人员、设备设施、工艺、设计等发生变更后带来的新增风险进行辨识，制订风险削减或控制措施，保存变更实施的相关记录。 3. 变更的设备和工艺投用前对变更影响或涉及人员进行培训，相关人员熟知变更风险及消减防控措施，保留培训记录。 4. 关键岗位人员变更，对照岗位技能与培训需求进行审核、培训、考评，合格后上岗。 5. 变更实施完成后，所有与变更相关的工艺设备信息都已更新。变更实施过程的相关文件归档，操作规程、文件记录等内容及时更新和沟通

续表

序号	监督项目	监督检查要点
8	应急管理	1. 作业队建立应急处置小组，明确责任。 2. 针对危害识别结果，确定平台可能发生的突发事件，编制应急处置措施，应急处置措施内容至少包括基本概况、应急小组及职责、应急处置程序、各岗位采取的处置措施、应急资源、应急联系方式等。 3. 应急处置措施主要包括：人员伤亡、火灾、触电、食物中毒、地质灾害、交通事故、环境污染、井喷应急处置措施、井喷失控等应急处置措施。 4. 应急处置措施应发放到相关岗位和涉及到的外部应急依托单位及相关政府部门备案，对应急处置预案内容进行必要的培训并保存记录，确保预案涉及到的人员了解和掌握应急内容、处置程序。 5. 作业现场应急集合点设置2个且合适的位置，分别设立标识牌。逃生通道在井场的边缘，分别设置逃生指示牌。 6. 按照应急处置措施要求配备应急物资和装备，建立应急设备、物资和材料的实物台账并进行动态管理。 7. 对应急物资专人保管，进行定期检查、维护和保养，有检测要求的必须定期检测，确保应急设施和装备的齐全有效。 8. 作业队编制应急演练计划并按计划进行演练，需要不同单位配合的应急救援作业要定期组织联合演练。 9. 对应急演练进行评价，评价预案的科学性、有效性和可操作性，并及时进行修订。 10. 干粉灭火器压力指示在绿区，安全销无锈蚀，铅封完好，瓶体和瓶底无锈蚀。有灭火器检查卡，检查周期不超过一个月
9	检查改进	1. 岗位巡检有效开展，及时发现各类问题，并形成隐患台账。 2. 作业队主要领导组织相关人员每周进行1次全面的HSE现场检查，并保存记录。 3. 值班干部依据"值班干部HSE巡回检查表"，每班至少进行一次全面现场检查，检查结果记录在"HSE交接班记录"或值班记录中。 4. 队干部、岗位员工应每班进行交、接班前的巡回检查，并对巡回检查情况进行记录交接。 5. 作业队各次检查发现的问题必须整改闭环，分析原因并制订防控措施，避免重复发生，自身无法整改的问题要采取控制措施，并及时上报相关部门进行治理。 6. 对生产建设单位及公司各级检查和在HSE监督检查指令书上提出的问题进行分析、整改、回执。自身无法整改的问题要及时采取控制措施，并上报相关部门进行治理

续表

序号	监督项目	监督检查要点
10	防雷、防静电接地设施	1. 油罐前后有两处接地装置，电阻不大于10Ω。 2. 野营房及使用电气的房间外壳做接地保护，采用不小于16mm² 铜线做导线，导线连接紧固，并做电阻检测，电阻不大于4Ω。 3. 配电柜金属构架应接地，接地电阻不大于10Ω。 4. 液罐区采用不小于35mm² 铜线做导线，接地电阻不大于4Ω。 5. 仪表车、压裂队用电设备可靠接地，接地电阻应小于10Ω
11	环保管理	1. 防渗布连接部位粘贴牢固，无渗漏，防渗布无破损、撕裂等现象，电气设备所使用接地桩不得扎在防渗布上。 2. 配液区、高压区、作业区域铺设防渗布，配液区在外缘围成高0.3m×上宽0.15m的梯形围堰，将防渗布铺在围堰之上，防止污染物外溢。 3. 油罐区域铺设防渗布面积应大于设备设施底面积，在外边缘留有0.5m的余量。 4. 生活污水存放在铺设防渗布的垃圾坑内，固体废弃物应分类存放，围警戒栅栏并设有安全提示牌。 5. 污水池应围警戒栅栏圈闭，并设明显警示标志
12	储油罐	1. 应布置在井场左前方或左后方。 2. 应摆在距井口不小于30m的安全位置。 3. 罐体应设置"禁止烟火"安全标识。 4. 罐区配备8kg干粉灭火器2具。 5. 储油罐、泵组密封及管路无渗漏。 6. 储油罐液位计表盘清晰、完好
13	用电安全	1. 井口30m以内的为防爆区域。 2. 井场配电线路应采用橡套软电缆，井场电缆距地面架空高度不小于2.5m。跨越通车道路时，距地面高度应大于5m。 3. 电线杆使用木杆时，末梢直径应不小于ϕ50mm，在采用金属杆时，固定电缆处应采用绝缘瓷瓶或做绝缘处理。 4. 井场外的电线杆，杆与杆之间的间距应小于25m。 5. 需室外控制的电器设备，应采用室外控制箱，箱体距井口不小于20m。 6. 井场露天照明防爆灯具、移动照明线路应使用安全电压，采用无接头的橡套电缆线。 7. 电缆不应直接挂在设备、绷绳、罐等金属物体上。 8. 井场照明和电器总开关应安装漏电保护器，做到一机一闸一保护。 9. 室内电路控制箱或控制面板下方应铺垫绝缘踏板或绝缘胶皮。 10. 井场配电箱应有防雨措施

续表

序号	监督项目	监督检查要点
14	压裂酸罐区	1. 酸罐区护栏圈禁、安全警示牌，非施工人员严禁入内。 2. 预留空置酸罐，突发泄漏存酸。立式酸罐上部应设护栏防坠。 3. 设置洗眼器、清水、弱碱水、防酸工作服手套、防酸面罩等应急物资。 4. 所存放的化学试剂标签齐全，在醒目位置安放应急处置卡。 5. 配备专用洗眼装置，远离电源及用电设施，水质清洁无异物，喷头无堵塞，水量可连续冲洗15min以上，7d换水一次。 6. 现场化学品有MSDS。醒目位置设置警示标识和中文警示说明
15	压裂配液区	1. 护栏圈禁，入口处立设安全警示牌，非施工人员严禁入内。 2. 缓冲液罐、混配车等设备设施在就位前用防渗布做好"围堰"。 3. 缓冲罐上口施工期间关闭，或安装防跌落装置。 4. 缓冲罐摆放平稳，护栏齐全，罐容满足设计。流程连接紧固无刺漏。 5. 缓冲罐外应标示液体或化工料类型。 6. 存料区应做好防水防潮措施，并设存放标识。 7. 混配车各部件运转正常，流程连接合理，无刺漏。 8. 混配车干粉储料罐需架设雨搭等防雨设施，须可靠接地，车载灭火器取出立于车头醒目处。 9. 酸罐、配液、砂囤区护栏圈禁、安全警示牌，非施工人员严禁入内等。立式酸罐上部、缓冲罐梯口应设护栏防坠。 10. 压裂酸罐区设置洗眼器、清水、弱碱水、防酸手套、防酸面罩等应急物资，洗眼装置，远离电源及用电设施，水质清洁无异物，喷头无堵塞，7d换水一次
16	压裂砂囤区	1. 严格落实吊装作业许可办理及实施。 2. 砂囤区设置隔离护栏，杜绝人员进入作业区域。 3. 经常检查吊装索具，定期更换。 4. 人员上下砂囤必须穿戴好防坠服和挂好防坠链。 5. 遇雷电、大风等恶劣天气严禁吊装。 6. 支撑剂、暂堵剂应具有检验合格证和技术说明书，是集团公司准入供应商并满足储层改造设计和施工要求。 7. 支撑剂的技术说明书应注明粒径、体积密度、视密度、抗压强度、破碎率、酸溶解度、球度和圆度等主要性能参数。 8. 建立使用登记台账。 9. 严格落实吊装作业许可办理及实施，经常检查吊装索具，定期更换，遇雷电、大风等恶劣天气严禁吊装

续表

序号	监督项目	监督检查要点
17	井口、井筒准备	作业前井的准备包括但不限于： 1. 通井、刮削、洗井、试压作业，井口完成油管头、套管头、总阀门和注入头的安装，型号与设计相符。 2. 安全试压（每次承受高压设备检修后或者更换高压管线后均需重新试压。全井筒试压及压裂施工期间套管头的旁通闸阀必须全打开。压裂井口必须进行二道注脂密封试压且有记录）。 3. 压裂井口采用不低于15.5mm钢丝绳四角固定，绷绳无打结、断股，绳卡端的卡箍固定应不低于3个等径绳卡，地锚外露高度不高于100mm
18	设备准备	1. 合理设计供液的方式，保证有效供液排量应不小于设计施工排量的1.25倍。 2. 施工压裂车组的水马力应按照不低于设计使用水马力的1.2倍配备。 3. 施工前必须安装紧急泄压阀，紧急泄压阀额定工作压力应不小于70MPa，泄压值根据设计最高平衡压或套管安全承压能力设定。 4. 施工设备进行全面检查和维护，设备处于完好待用状态，仪器仪表应进行校核并调试正常，高压设备应有第三方检测。 5. 按照设计要求对高压管线（管汇）、注入管线（注入头）、放喷管线和在施工中需要带压操作的辅助设备（投球系统）进行试压。井口额定工作压力应不低于压裂施工设计泵压的1.25倍
19	管汇准备	1. 压裂酸化管汇应由国家有关部门认证的专业机构检验。 2. 新管汇入库前验收。对于超过一年未使用的管汇，在启用前进行检验。 3. 平均工作压力低于额定工作压力80%的，每300h一次检验。平均工作压力高于额定工作压力80%的，每200h一次检验。连续施工井施工结束后检验，总时间不得超过300h。 4. 平均施工压力不得超过管汇额定工作压力50%的压裂酸化高压管汇，每年一次检验。 5. 超声波测厚结果不得低于使用壁厚的极限值。磁粉探伤不得低于Ⅰ级。声发射检测稳压时间不少于15min，结果不得高于E级。静水压强度试压至工作压力的1.5倍。静水密封性稳压10min，压降小于2.5%。螺纹检验：通规通过、止规停止为合格。 6. 设计施工压力超过85MPa且时间超过30h，应选择140MPa管汇。

续表

序号	监督项目	监督检查要点
19	管汇准备	7.高压管汇采用载荷等级一致的吊带和卸扣系牢固定。最高设计施工压力＞70MPa时，用10t的吊带和卸扣；35MPa≤最高设计施工压力≤70MPa时，用5t及以上的吊带和卸扣；最高设计施工压力＜35MPa时，用3t及以上的吊带和卸扣。 8.高压管汇施工前整体试压至设计试压值，稳压5min，压降小于0.7MPa。 9.供液车、液罐至混砂车或混砂车至压裂车之间的供液管线部分，接头密封良好，承压应不低于1.0MPa。 10.高压区域使用不低于8mm的高压挡板进行封闭隔离，作业期间，非工作人员不许进井场，非工作需要不许进高压区
20	压裂高压区域	1.压裂作业现场应划分压裂作业、电缆作业、放喷测试、物料堆放、加油、应急处置和指挥中心等区域并绘制井场布局图及管汇流程图，有入场安全须知牌，设置危险区域图、逃生路线图。 2.以井口10m为半径，沿泵车出口至井口地面流程两侧10m为边界，设定为高压危险区，高压危险区应设立醒目的安全标志和警句并使用警戒线围栏，高度在0.8～1.2m。 3.施工作业的最高压力应不大于承压最低部件、井下工具的额定工作压力。 4.井口装置或加保护后的井口装置的额定压力应大于或等于施工设计的最高压力。 5.压裂设备出现故障无法修复，立即停泵，待安全泄压后进行修理。 6.井口用ϕ16mm的钢丝绳固定，井口阀门要挂开关指示牌，并安排专人负责开关，防止误操作。 7.高压分流管汇分流阀门及旋塞阀要挂开关指示牌，并安排专人负责开关，防止误操作。 8.现场所有高压管件需要采用符合安全标准的安全绑带加以束缚，绑法标准，绑带之间采用U型环连接。 9.压裂车要使用3个以上的弯头接入组合管汇，确保通过枕木自然落地。 10.所有压裂车需可靠接地，车载灭火器取出立于车头醒目处。 11.泵车各传感器准确、稳定，报警准确。 12.施工限压值须小于设备及高压管汇额定压力的80%，并在泵车及管汇上安装限压安全阀，泄压管畅通、安全牢靠、出口朝下。 13.每次施工前及设备检维修后均进行全面试压，试压稳压不合格需找出原因。

续表

序号	监督项目	监督检查要点
20	压裂高压区域	14.仪表车操作间不可正对高压区，仪表车与安全区域之间人行通道需在安全范围内。 15.地面流程承压时，未经现场指挥批准，任何人员不得进入高压危险区。 16.压裂队主压裂期间不得进行设备整改。 17.压裂过程中应安排专人实时监测临井井口压力。 18.设备传动、运转部件（传动皮带、链条、风扇、齿轮、轴）应安装防护罩（网）。 19.运输设备有防静电设施，加油设备为防爆设备，压裂作业期间不应进行油料补充，物料堆放区应做防渗、防潮处理。 20.作业重点部位通过视频监控，并具备夜间监控能力。 21.压裂现场应设置不少于4个风向标，风向标应设置在现场便于观察到的地方。 22.压裂施工完毕后，应按设计要求关井，拆卸压裂管线、观察压力变化。 23.井口10m为半径，沿泵车出口至井口地面流程两侧10m为边界，设定为高压危险区，高压危险区应设立醒目的安全标志，压裂车间隙要求有安全挡板。 24.井口装置或加保护后的井口装置的额定压力应大于或等于施工设计的最高压力。 25.每次施工前及设备检维修后要进行全面试压，试压稳压合格后方可开始作业。 26.设备传动、运转部件（传动皮带、链条、风扇、齿轮、轴）应安装防护罩（网）。 27.运输设备有防静电设施，加油设备为防爆设备，压裂作业期间不应进行油料补充，物料堆放区应做防渗、防潮处理。 28.作业重点部位通过视频监控，并具备夜间监控能力。 29.高压分流管汇分流阀门及旋塞阀要挂开关指示牌，并安排专人负责开关，防止误操作。 30.压裂施工完毕后，应按设计要求关井，拆卸压裂管线、观察压力变化
21	施工交底	1.工程监督、设计单位、压裂队伍、射孔队、连油队、测试队、装备队进行技术交底，召开施工前的协调会。 2.对重点设备、高压流程、节流压井管汇阀门、采油树阀门、应急放喷流程和重点岗位人员进行检查确认。 3.开工验收符合程序，问题整改关闭

三、修井作业

1. 检查线路

入场安全提示牌→井口→防喷器与套管头→修井机→提升系统→刹车系统→循环系统→作业平台→压井管线→放喷节流管汇→油管区→应急物资。

2. 检查内容

基础资料、井控资料、安全环保、应急管理、作业许可、职业健康、应急管理、入井工具、入井材料及液体等。

3. 监督检查要点

修井作业监督检查要点见表4-11。

表4-11 修井作业监督检查要点

序号	监督项目	监督检查要点
1	队伍资质	修井作业队资质证书原件与HSE准入证、市场准入证在有效期内
2	人员数量	1. 干部配置达到要求，班组人员及岗位配置达到要求。 2. 配备有资质的平台安全总监
3	人员证件	生产、安全管理人员：应持井控培训合格证、HSE培训合格证、硫化氢防护培训合格证等人证符合
		其他人员：应持有井控培训合格证、HSE培训合格证、硫化氢防护培训合格证、岗位操作证等人证符合
		井控培训合格证有效期限三年。没有取得井控培训合格证的管理和技术人员无权指挥生产，操作人员不得上岗操作
	特殊工种持证	副司钻以上等相关操作岗位持有有效的司钻操作证
		特种作业人员持证在有效期内：电工证、电气焊操作证等
		特种设备操作人员持证在有效期内：压力容器操作证、司索指挥证等
4	人员劳保防护	1. 工作区内员工穿戴劳动保护用品（安全帽、工作服、劳保鞋、手套等）符合规定。 2. 接触酸、碱等腐蚀性物品、电气设施等必须使用专用防护手套，电气焊工正确佩戴护目镜等其他防护用品。

续表

序号	监督项目	监督检查要点
4	人员劳保防护	3. 在已知含硫化氢油气井作业现场，按当班人员数100%配备正压式空气呼吸器，另配20%备用气瓶。配备量程为0～20ppm和0～100ppm便携式硫化氢监测仪各2套，个人呼吸保护设备安放位置应便于快速方便取得。预测含有硫化氢油气井作业按相同标准配备。 4. 正压式呼吸器必须定期检查，作业队伍每月检查一次，并有记录。 5. 气瓶压力一般为28～30MPa。在压力低于24MPa时，必须充装。 6. 对气瓶每三年在具备资质的检验机构进行一次水压试验。配套背架、面罩、压力表每年校验一次。可燃气体检测仪、有毒有害气体检测仪、固定式H_2S检测仪每年检测一次。 7. 二层平台应安装正确、牢固且逃生装置有效，逃生滑道内部及扶手平滑，两侧封闭，安装牢固，逃生口应装防护链索，着陆点应设缓冲沙坑（物）。 8. 每次使用要记录导索滑行距离，每年检测一次或累计滑行1000m需检测，井架工需熟练掌握二层台逃生技能。 9. 钢丝绳无断丝，电线无老化、裂纹、裸露，并定期保养
5	操作规程	建立经审批有效的操作规程及维护保养制度
6	井下设计	有已审批的地质设计、工程设计和作业施工设计、井身结构图
7	"两书一表"	现场有"两书一表"（HSE作业计划书、HSE作业指导书、HSE作业检查表），需经审核、批准后实施
	HSE作业指导	HSE作业指导书内容： 1. 岗位任职条件。 2. 岗位职责。 3. 岗位操作规程。 4. 巡回检查及主要检查内容。 5. 应急处置程序
	HSE作业计划	HSE作业指导书内容： 1. 项目概况、作业现场及周边情况。 2. 人员能力及设备状况。 3. 项目新增危害因素辨识与主要风险提示。 4. 风险控制措施。 5. 应急预案

续表

序号	监督项目	监督检查要点
7	HSE检查表	HSE检查表： 1. 班组（队、站）名称。 2. 检查的时间、地点。 3. 岗位名称。 4. 检查项点及要求（内容）。 5. 存在问题及整改要求。 6. 整改情况
8	安全技术交底	按照工程设计、地质设计等设计，由各类作业的技术人员向现场工作人员进行安全技术交底，提出具体要求 1. 安全技术交底包含但不限于：施工方案、关联工艺、作业（岗位）风险、防范措施、应急预案（"五交底"）等。突出质量控制和安全环保风险管控为主要目的，对关键环节和内容进行交底。 2. 安全技术交底主要包括：生产建设单位对承包商、总包方对分包商、承包商对内部人员进行交底。根据现场实际情况和工作需要，各类安全技术交底可以联合组织或者单独组织。 3. 生产建设单位对承包商开工前的安全技术交底应该在项目施工作业前、安全准入评估前进行。 4. 重点工序的交底应该在重点工序实施前进行，交底主要内容应包括但不限于：重点工序工艺、技术要点、存在的HSE风险、管控措施及应急应对措施。 5. 涉及交叉作业的，《交叉作业安全生产管理协议》签订后、设备动迁前。 6. 所有安全技术交底应由交底方保留完成的交底记录，被交底人应签字确认
9	记录类资料	1. 设备运转、保养记录齐全、有效。 2. 井控装置管理记录： （1）防喷器、内防喷工具等井控装置井控车间试压记录（试压曲线）。 （2）井控设备的检查保养记录。 （3）正压式呼吸器及硫化氢检测仪等人身防护用品定期检查记录。 （4）二层台逃生装置检查、维护和使用记录。 3. 井控制度管理综合记录： （1）井控例会记录。 （2）四种工况下的防喷演习记录、防H_2S应急预案定期演练讲评记录。 （3）坐岗记录、灌钻井液记录。 （4）干部24h值班记录、井控知识培训记录

续表

序号	监督项目	监督检查要点
10	检测类证件或记录	井架与底座检测报告齐全、有效
		防喷管线、放喷管线每年探伤一次，若压井作业使用过井控管汇，则完井后必须经检验探伤合格后才可使用
		防喷器按规定期限定期回厂检验证或资料
		电器或用电设备接地电阻测试记录
11	验收检查类资料	1. 气井一级风险井及油井一、二级风险井由井下作业承包商（单位）验收合格后向油田公司项目建设单位提出验收申请，由建设单位牵头，及时组织井控、安全、设备、监督等人员会同井下作业承包商（单位）检查验收，达到井控要求后方可施工。 2. 气井二级风险井、油井三级风险井由作业队主管干部负责自查自检，甲方现场监督负责验收，达到井控要求后方可施工
		对每次检查及验收发现的问题下发隐患整改的通知书及跟踪核查的整改表齐全
12	作业许可类资料	1. 作业申请、方案批准、现场作业批准、作业实施、气体检测、作业监护、属地监督等人员经培训和能力评估，并取得作业许可培训合格证。 2. 按照油田公司作业许可管理规定的动火、动土、进入受限空间、高空、移动式起重机吊装、临时用电等危险作业，办理安全作业许可票规范、有效
13	井场	场地平整、干净清洁，无积水、油污和杂物
		修井机、柴油罐、机泵等沾油设备下方做好围堰及铺防渗布等防污染措施
		井场入口位置需设置门禁，落实入场登记和安全教育职责
14	设备布置距井口安全距离	距井口30m（苏北油区开发井20m）以内所有电气设备如电动机、开关、照明灯具、仪器仪表、电器线路，以及接插件、各种电动工具等应符合防爆要求，距井口30m（苏北油区开发井20m）以内的电缆不应有接头，如有接头应用防爆接头连接。发电机应配备超载保护装置，电动机应配备短路、过载保护装置
		煤层气井的防火防爆： 一级风险井：按照气井要求执行。 二级风险井：距井口12m范围内必须防爆，井场布局应标识防火标志。在井场条件具备时，值班房、发电房等应在井场季风的上风处，距井口不小于12m，食堂厨房与井口不小于15m，发电房与柴油罐的间距应当不小于5m，井场内应设置明显的风向标和防火防爆安全标志

续表

序号	监督项目	监督检查要点
14	设备布置距井口安全距离	因场地限制，距离不够的必须有经过审批的相应风险防控措施或应急措施
15	摆放与工具准备	井下作业专用管材摆放在稳固的专用支架上，并有防滚落装置，高度不超过三层，并清洗、检查、通径、丈量、编号、记录，排列整齐
		井场值班房、发电房、材料房、消防器材房等设施摆放整齐，内外清洁，废料堆放规整
16	井场安全警示	在井场入口处、油罐区、机房、泵房、危险品库房、远程控制房、电气设备、电气集中控制房等处应有明显的安全标志牌，并悬挂牢固
17	修井机	修井机在使用前应进行检查，使用过程中发现问题应及时修理，修井机不应在有故障或缺陷的情况下进行作业
		司钻操作台各操作手柄、开关和仪表应齐全完好，阀件开关灵活，无渗漏。仪表应定期校验
		安装电子、机械两种方式的防碰天车
		司钻仪表盘的各仪表显示应灵敏可靠，记录准确，指重表、转盘扭矩表和泵压表中任何一种仪表失灵都应停止作业
		修井机井架千斤应坐稳，各千斤板应与载车中轴线呈十字摆放，修井机作业时，各千斤支座稳固，受力均匀，停放在地基平整坚实处，并锁紧各支腿备帽，驱动轮轮胎用4个掩木掩实
		修井机传动部位润滑良好，护栏（罩）齐全、牢靠
		修井机检查应在停机的情况下进行
18	井架、基础、地锚	井架基础应平整、坚实并找平，井架应符合质量标准，不应有变形、开焊等缺损，基础受力均匀
		井架大腿等结构上安装附件（如滑轮）时，其负荷不应超过结构允许的强度极限
		井架大梁、大腿及主要构件上不应加焊附属物或割孔，井架上的灯具、滑轮、立管等应加装保险绳（链）
		修井机井架应定期进行检测，检测评定周期为： 1. 首次投入使用的新井架第四年进行第一次检测评定。 2. 评为A级且使用年限超过八年的井架每两年检测评定一次。 3. 评为B级且使用年限超过八年的井架每两年检测评定一次。 4. 评为C级的井架每年检测评定一次

续表

序号	监督项目	监督检查要点
18	井架、基础、地锚	井架绷绳应使用不小于 ϕ15.5mm 的钢丝绳，绷绳无打结、断股、锈蚀、夹扁等缺陷
		井架绷绳若出现以下任何一种情况不应继续使用： 1. 一纽绳中发现有 3 根断丝。 2. 端部连接部分的绳股沟内发现有 2 根断丝
		绷绳的每端应使用与绷绳规格相匹配的 4 个绳卡固定，绳卡压板压在工作绳上，卡距为绷绳直径的 6~8 倍，卡紧程度以钢丝绳变形 1/3 为准
		花篮螺栓两端挂环应封口，许用载荷应与绷绳相匹配并有调节松紧余地
		绷绳前后及左右开档应根据修井机型号选择满足安全需要的距离，绷绳应距电力线 5m 以外（距高压线 10m 以外）
		使用修井机作业时，应根据修井机型号选择满足安全需要的承载绷绳，两端各用 4 个相应规格的绳卡卡固
		井架基础可采用固定式水泥砂石基础、坡道式或箱型活动基础，以及采用水泥砂石基础和活动基础并用
		井场地锚的布置形式及承载能力应符合修井机场绷绳安装示意图和场地绷绳尺寸表中的规定。地锚应相对修井机纵向中心线对称布置
		地锚坑的位置应避开管沟、水坑、钻井液坑等土壤松软的地方。不应打在虚土或水坑等松软地中
		地锚应使用长度不小于 1.8m，直径不小于 73mm 的石油钢管。螺旋锚片应使用厚度不小于 5mm，直径不小于 250mm、长度不小于 400mm 的钢板
		地锚外露约 100mm，地锚耳开口应朝向井架，修井机及钻台就位后，不得在其承载区域四周边缘进行挖土作业
		地锚与花篮螺栓连接处螺杆、螺母、垫片、开口销应配套齐全
		井架各部位连接销安装到位，固定牢靠，基础受力均匀
		井架倾斜角度不大于 3.5°，天车、游动滑车、井口在同一垂线上，井架上下体锁锁块、锁销到位，扶正器工作正确
		井架应安装有防坠落装置，并用引绳固定在方便摘取之处
		井架在用护栏、梯子齐全、紧固、完好，且井架、井架底座结构件连接螺栓、弹簧垫、销子、抗剪销及保险别针齐全紧固，地锚坚固，绷绳无缺陷

续表

序号	监督项目	监督检查要点
19	二层平台	1. 二层平台应安装正确、牢固，设有快速逃生装置且逃生装置有效。 2. 二层平台的每一根指梁都应固定到其支撑梁上，设有安全销、链或保险绳。 3. 二层平台所有物品均应可靠固定。 4. 井架及二层平台不应摆放和悬挂与生产无关的物品，工具应拴牢保险绳。 5. 二层平台操作人员上岗前应检查安全带、防坠落装置完好情况。 6. 有二层平台时，二层平台及护栏应安装到位，安全销固定可靠，斗绳受力均匀。双导向绳式逃生装置导向绳与地面夹角应为 30°～75°，最佳角度宜选用 45°，单导向绳式逃生装置导向绳与地面夹角应为 45°～80°。挂点应实现井架工能迅速到达，站在平台上挂钩能直接挂在安全带上。两地锚间距不小于 4m，附近没有影响落地的障碍物，且通道畅通。着陆点应设缓冲沙坑（物）
20	提升系统	天车应安装操作安全防护装置，并有钢丝绳防跳槽装置
		游动滑车、天车、滑轮应转动灵活、护罩完好
		游车、大钩、吊环、吊卡每两年进行一次检验，且在检验使用周期之内
		大钩弹簧、保险销应完好，转动灵活，耳环螺栓应紧固，闭锁装置完好，启闭灵活
		大钩的缓冲装置应完善，钩体定位锁紧机构应灵活可靠，定位锁紧后，钩体方向保持不变
		提升钢丝绳使用直径不小于 ϕ19mm，不应有严重磨损、锈蚀及挤压、弯扭等变形，无打结、锈蚀、夹扁等缺陷
		提升钢丝绳若出现以下任何一种情况不应继续使用： 1. 一绕绳中发现随机分布的 6 根断丝。 2. 一绕绳中的一股中发现有 3 根断丝
		大绳死绳头应使用不少于 6 个配套绳卡固定牢靠，卡距为钢丝绳直径的 6～8 倍，死绳走井架腹内，绳套兜绕于井架双腿上，并使用 6 个绳卡固定，死绳末端应系猪蹄扣且与井架底座相连，并用 2 个绳卡固定
		若安装有死绳固定器，应固定牢固，螺栓备帽齐全，大绳缠绕固定器 4～5 圈，防跳压板卡牢，大绳在死绳固定器上的缠绕圈数以出厂设计为准，防跳压板后的余绳应使用不少于 2 个绳卡固定，卡距为钢丝绳直径的 6～8 倍
		游动滑车放到井口时，滚筒上钢丝绳余绳应不少于 15 圈，活绳头固定牢靠

续表

序号	监督项目	监督检查要点
20	提升系统	游动和提升系统不应有严重磨损，应转动灵活、护罩完好
		司钻操作台固定牢靠，仪表完好、清晰，各阀件齐全，标识清楚
		所有设备安全附件检测有效，测量仪表数值准确、有效
21	刹车系统	1. 刹车控制系统的气源压力不小于 0.6MPa。 2. 带式刹车刹把有棘爪锁紧装置或安全防滑链。刹把在其工作范围内应转动灵活。刹车后，刹把与钻台面成 40°~50°夹角。 3. 刹车带、垫圈及开口销子相匹配，齐全牢靠。刹车片、刹车钢圈及两端连接处完好，无变形、无裂纹。 4. 不应在刹车系统有故障或缺陷的情况下进行施工作业，其检修应在停机并对游车有效固定的情况下进行。 5. 防碰天车应定期检查，发现故障及时排除，制动系统应灵活可靠。 6. 天车防碰装置灵活好用，防碰距离应不小于 2.5m
22	旋转系统	钻台台面平整、防滑，立柱盒无变形，大门坡道应安装牢固，坡度适宜并加保险绳
		钻台所用电气设备应达到防爆要求，且应设置不少于 2 个应急出口
		上下钻台的通道应至少设置两条，超过 2.5m 的钻台应安装紧急逃生滑道，下端铺垫缓冲垫或疏散的沙子
		钻台不应堆放杂物，钻台大门坡道开口、梯子口、滑梯口应安装安全链
		钻台、操作台安装基础应坚实，钻台与高于 1.5m 的操作台应安装护栏、梯子，护栏高度应不小于 1.2m，防护栏、梯子齐全、牢固，梯子扶手光滑，梯子与地面夹角不大于 45°，固定牢靠
		转盘应固定牢固，通孔直径应满足施工要求，转盘中心与井口水平距离偏差小于 10mm。转盘齿轮盒应与修井机传动轴垂直
		转盘制动装置操作应灵敏，锁紧可靠
		井口照明灯具应不少于 4 个，井架、钻台上的灯具应安装保险绳
		护栏下部焊有不低于 100mm 高挡脚板，挡脚板与台面间隙不大于 10mm
23	循环系统	1. 循环泵传动部位应采用全封闭护罩，安全阀泄压管线应畅通。 2. 高压管汇连接部位应做到不渗不漏。 3. 开泵前，应检查各阀门的开、关状态，防止憋泵。开泵时，高压管汇附近及安全泄流管方向不应站人或放置障碍物。 4. 高压管线焊接部分和弯管部分应定期进行探伤和管壁测厚检查。 5. 水龙头或弯头、水龙带应采取防脱、防摆、防坠落措施，水龙带工作压力应与施工设计最高压力匹配，试压合格，出口管线应固定

四、射孔作业

射孔作业监督检查要点见表4-12。

表4-12 射孔作业监督检查要点

序号	监督项目	监督检查要点
1	企业资质	1.施工单位作业资质且等级符合生产需要。 2.安全生产许可证。 3.油田市场准入许可证。 4.施工单位与生产单位签订的HSE合同、生产合同
2	人员资质	1.生产管理人员、安全管理人员须持有效的安全生产管理资格证书（生产经营单位主要负责人和安全生产管理人员每年应进行安全生产再培训）。 2.现场生产管理人员、安全管理人员、工程技术人员、施工人员应按照油田要求取得有效的井控培训合格证、硫化氢防护培训合格证、HSE培训合格证、爆破作业人员许可证、押运证、电工证等岗位所需特种作业证。 3.现场施工人员应定期评估合格后上岗。 4.关键岗位人员变更需向公司资质管理办公室报备并批复。 5.爆破作业单位应当对本单位的爆破作业人员、安全管理人员、仓库管理人员进行专业技术培训。 6.危险货物运输车辆，取得"中华人民共和国道路危险货物运输许可证"。 7.驾驶员具有5年以上驾龄，经过安全、应急培训合格，取得危险货物运输资格证。 8.押运人员经过安全、应急培训合格，取得"道路危险货物运输操作证"。 9.火工品运输许可证、火工品收发台账、火工品现场储存合规性
3	备案	购买民用爆炸物品的单位，应当自民用爆炸物品买卖成交之日起3日内，将购买的品种、数量向所在地县级人民政府公安机关备案
4	射孔施工设计	1.按照射孔通知单要求，进行射孔排炮设计，编制射孔施工作业计划书、射孔施工设计，完成审批，制订风险削减措施。 2.施工设计内容包括但不限于： （1）井的基本情况：油气井基础数据、钻井液使用情况表、套管基本参数、井眼轨迹数据表、固井质量表、施工段主要参数。 （2）射孔器材工具及设备选择。 （3）通过能力分析。 （4）泵送程序设计。 （5）作业流程。 （6）风险分析及应急预案。 （7）HSE要求

续表

序号	监督项目	监督检查要点
5	HSE"两书一表"	1. HSE作业指导书：规范岗位员工常规操作行为，一般包括岗位任职条件、岗位职责、岗位操作规程、巡回检查及主要检查内容和应急处置程序（至少涵盖注脂控制头密封失效、电缆在阻流管内遇卡、下井管串遇阻、下井管串遇卡等应急处置程序等）。 2. HSE作业计划书：全面识别项目危害，重点评估和控制项目主要风险及作业指导书未覆盖的新增危害，制订风险消减和控制措施。一般包括项目概况、作业现场及周边情况、人员能力及设备状况、项目新增危害因素辨识与主要风险提示、风险控制措施、应急预案等。 3. HSE现场检查表：针对岗位巡回检查路线和主要检查内容编制，进行岗位日常检查和记录
6	设备设施	1. 防喷管、防喷盒及防喷器有合格证，且井控车间试压检测合格，现场试压符合设计要求（额定承压指标不低于作业井预计最高施工压力的1.2倍）。 2. 井控装置安装和维护符合井控细则相关要求，正常运行。 3. 压力表、安全阀、计数器、指重表、电缆等仪器仪表设备应按照检测周期校验合格。 4. 各类工具应按照检测周期和相关要求检测、探伤，确保性能满足施工要求。 5. 气体检测仪、正压式空气呼吸器检测。 6. 装枪区域防火防爆及警戒隔离、静电释放装置、装枪区域无可燃物或易挥发性油品
7	施工材料	1. 各类井口工具、转换接头、承压管汇、承压设备及附件需经第三方检测认证合格。 2. 各类入井工具、射孔器材应提供合格证、技术说明书，确保性能满足设计和井下施工要求。 3. 根据设计配备一定数量、符合设计要求的桥塞及配套桥塞坐封工具，其出厂合格证、检验证书齐全有效。对复合桥塞外观检查，确保无缺陷。测量其同轴度，对其标称的尺寸进行测量，误差不超过1mm（桥塞外径与套管内径间隙宜在9~15mm）。 4. 超高温高压井作业，射孔枪应有高温高压试验检测报告，应有超高温火工器材在模拟高温高压打靶的射孔性能数据报告。 5. 井筒垫液干净清洁，性能稳定无沉淀。 6. 剧毒危险化学品实行"五双"管理，有化学品MSDS，醒目位置设置警示标识和中文警示说明。 7. 所存放的化学试剂标签齐全，在醒目位置安放应急处置卡

续表

序号	监督项目	监督检查要点
8	火工品使用、存放管理	1. 火工品运输许可证、火工品收发台账、火工品现场储存合规性（不得超过3d用量）。 2. 建立出入库检查、登记制度，收存和发放民用爆炸物品必须进行登记，做到账目清楚，账物相符。 3. 在爆破作业现场临时存放民用爆炸物品的，应当具备临时存放民用爆炸物品的条件，并设专人管理、看护，不得在不具备安全存放条件的场所存放民用爆炸物品。 4. 装枪区域防火防爆及警戒隔离、本安型静电释放装置、装枪区域无可燃物或易挥发性油品。 5. 现场配备防爆工具、设备设施接地齐全
9	运输	1. 运输民用爆炸物品，收货单位应当向运达地县级人民政府公安机关提出申请，并提交包括下列内容的材料： （1）民用爆炸物品生产企业、销售企业、使用单位，以及进出口单位分别提供的"民用爆炸物品生产许可证""民用爆炸物品销售许可证""民用爆炸物品购买许可证"或者进出口批准证明。 （2）运输民用爆炸物品的品种、数量、包装材料和包装方式。 （3）运输民用爆炸物品的特性、出现险情的应急处置方法。 （4）运输时间、起始地点、运输路线、经停地点。 2. "民用爆炸物品运输许可证"注明收货单位、销售企业、承运人，运输有效期限、起始地点、运输路线、经停地点，民用爆炸物品的品种、数量。 3. 应采用汽车运输，不应采用三轮汽车和畜力车运输。严禁采用翻斗车和各种挂车运输。 4. 装有雷管的车辆上不得自行安装和使用无线通信设备。 5. 车辆应安装黄色"危险品"标志牌，安装良好的防静电接地链，排气管装设阻火器，配备不少于两具ABC类干粉灭火器
10	爆破作业	1. 申请从事爆破作业的单位，应当具备下列条件： （1）有符合国家有关标准和规范的民用爆炸物品专用仓库。 （2）有具备相应资格的安全管理人员、仓库管理人员和具备国家规定执业资格的爆破作业人员。 （3）有健全的安全管理制度、岗位安全责任制度。 （4）有符合国家标准、行业标准的爆破作业专用设备。 2. 从事爆破作业单位应持"爆破作业单位许可证"。 3. 实施爆破作业，应当遵守国家有关标准和规范，在安全距离以外设置警示标志并安排警戒人员，防止无关人员进入。 4. 爆破作业结束后应当及时检查、排除未引爆的民用爆炸物品。 5. 爆破作业单位不再使用民用爆炸物品时，应当将剩余的民用爆炸物品登记造册，报所在地县级人民政府公安机关组织监督销毁

续表

序号	监督项目	监督检查要点
11	民爆物品储存管理	1. 仓库内危险品的堆放应符合下列规定： （1）危险品应成垛堆放。堆垛与墙面之间、堆垛与堆垛之间应设置不宜小于0.8m宽的检查通道和不宜小于1.2m宽的装运通道。 （2）堆放炸药类、索类危险品堆垛的总高度不应大于1.8m，堆放雷管类危险品堆垛的总高度不应大于1.6m。 2. 建立出入库检查、登记制度，收存和发放民用爆炸物品必须进行登记，做到账目清楚，账物相符。 3. 储存的民用爆炸物品数量不得超过储存设计容量，对性质相抵触的民用爆炸物品必须分库储存，严禁在库房内存放其他物品。 4. 专用仓库应当指定专人管理、看护，严禁无关人员进入仓库区内，严禁在仓库区内吸烟和用火，严禁把其他容易引起燃烧、爆炸的物品带入仓库区内，严禁在库房内住宿和进行其他活动。 5. 民用爆炸物品丢失、被盗、被抢，应当立即报告当地公安机关。 6. 在爆破作业现场临时存放民用爆炸物品的，应当具备临时存放民用爆炸物品的条件，并设专人管理、看护，不得在不具备安全存放条件的场所存放民用爆炸物品。 7. 民用爆炸物品变质和过期失效的，应当及时清理出库，并予以销毁。销毁前应当登记造册，提出销毁实施方案，报省、自治区、直辖市人民政府民用爆炸物品行业主管部门、所在地县级人民政府公安机关组织监督销毁
12	消防器材	1. 干粉灭火器压力指示在绿区，安全销无锈蚀，铅封完好。有灭火器检查卡，检查周期不超过一个月。 2. 所有消防器材和设备不得露天存放或直接放于地面上

五、试气作业

试气作业监督检查要点见表4-13。

表4-13 试气作业监督检查要点

序号	监督项目	监督检查要点
1	企业资质	1. 施工单位作业资质且等级符合生产需要。 2. 安全生产许可证。 3. 油田市场准入许可证。 4. 施工单位与生产单位签订的经济合同。 5. 施工单位与生产单位签订的HSE生产合同。 6. 队伍资质证书、HSE准入证、市场准入证在有效期内

续表

序号	监督项目	监督检查要点
2	人员资质	1. 生产管理人员、安全管理人员须持有效的安全生产管理资格证书（生产经营单位主要负责人和安全生产管理人员每年应进行安全生产再培训）。 2. 现场生产管理人员、安全管理人员、工程技术人员、施工人员应按照油田要求取得有效的井控培训合格证、硫化氢防护培训合格证、HSE培训合格证、作业人员岗位操作证等岗位所需特种作业证（电工证、押运证等）。 3. 现场施工人员数量符合资质要求，还应定期评估合格后上岗。 4. 关键岗位人员变更需向公司资质管理办公室报备并批复。 5. HSE准入、市场准入、HSE作业计划书保持一致。安全组织机构和现场安全管理人员满足施工需要
3	劳保	员工穿戴劳动防护用品（安全帽、工作服、护目镜等）符合规定
4	试气施工设计	1. 依据试气地质设计、试气工程设计和相关标准制订详细施工步骤、操作要求、材料明细、录取资料的具体要求和措施，应包括井控和健康、安全、环保策划书。 2. 试气施工设计由试气工程技术服务部门（施工单位）组织编写，组织设计评审，负责设计的审核、审批，并报项目建设单位备案。 3. 试气施工设计应随试气地质设计、试气工程设计的变更（修改）而同时变更（修改）。 4. 试气过程中的压裂设计管理与试气施工设计相同
5	HSE"两书一表"	1. HSE作业指导书：规范岗位员工常规操作行为。一般包括岗位任职条件、岗位职责、岗位操作规程、巡回检查及主要检查内容和应急处置程序。 2. HSE作业计划书：全面识别项目危害，重点评估和控制项目主要风险及作业指导书未覆盖的新增危害，制订风险消减和控制措施。一般包括项目概况、作业现场及周边情况、人员能力及设备状况、项目新增危害因素辨识与主要风险提示、风险控制措施、应急预案等。 3. HSE现场检查表：针对岗位巡回检查路线和主要检查内容编制，进行岗位日常检查和记录。 4. "两书一表"需经审核、批准后实施。 5. HSE作业指导书必备内容： （1）岗位任职条件； （2）岗位职责； （3）岗位操作规程； （4）巡回检查及主要检查内容； （5）应急处置程序。

续表

序号	监督项目	监督检查要点
5	HSE"两书一表"	6.HSE作业指导书必备内容： （1）项目概况、作业现场及周边情况。 （2）人员能力及设备状况。 （3）项目新增危害因素辨识与主要风险提示。 （4）风险控制措施。 （5）应急预案。 7.HSE检查表内容：班组（队、站）名称；检查的时间、地点；岗位名称；检查项点及要求（内容）；存在问题及整改要求；整改情况。 8.建立与项目相应的法律法规、标准规范清单，并提供有效的文本。 9.按规定和合同约定确定项目适用的HSE管理制度（特别是工作前安全分析、目视化管理、作业许可、变更管理、隐患排查治理、事故事件等），并提供有效的文本。 10.岗位责任制齐全，应急演练按时开展
6	作业许可	1.作业申请、方案批准、现场作业批准、作业实施、气体检测、作业监护、属地监督、区长等人员经培训和能力评估，并取得作业许可培训合格证。 2.按照油田公司作业许可管理规定的动火、动土、进入受限空间、高空、移动式起重机吊装、临时用电等危险作业，办理安全作业许可票规范、有效
7	安全技术交底	1.建设单位（或总包方）向试油（气）队进行了安全技术交底，并提供了工程、地质、HSE措施等相关交底资料，资料真实、准确、完整，技术设计交底记录经过承包商、建设方（或监督）岗位签字。 2.试油（气）队对其员工进行了安全环保（HSE作业计划书等）交底，施工方案（技术）交底，有交底记录，重点清楚，措施具体。 3.开工前建设单位应向承包商队伍进行安全技术交底，并提供工程、地质、HSE措施等相关交底资料，资料真实、准确、完整。 4.安全技术交底内容包含但不限于：施工方案、关联工艺、作业（岗位）风险、防范措施、应急预案（"五交底"）等。安全技术交底要以质量控制和安全环保风险管控为主要目的，对关键环节和内容进行交底。 5.安全技术交底主要包括：生产建设单位对承包商、总包方对分包商、承包商对内部人员进行交底。根据现场实际情况和工作需要，各类安全技术交底可以联合组织或者单独组织。 6.生产建设单位对承包商开工前的安全技术交底应在项目施工作业前、安全准入评估前进行。

续表

序号	监督项目	监督检查要点
7	安全技术交底	7. 重点工序的交底应该在重点工序实施前进行，交底主要内容应包括但不限于：重点工序工艺、技术要点、存在的 HSE 风险、管控措施及应急应对措施。 8. 涉及交叉作业的，在《交叉作业安全生产管理协议》签订后、设备动迁前，生产建设单位应组织各相关方和施工作业人员进行安全技术交底。 9. 所有安全技术交底应由交底方保留完成的交底记录，被交底人应签字确认
8	井场准备	1. 季节特征明显地区，所有放喷池，燃烧筒及放喷管线的位置应充分考虑季节风向。宜根据季节风向设立主、副两个方向相反的放喷池和放喷管线，燃烧筒和放喷池周围 30m 以内灌木和杂草应清理干净。燃烧筒位置离井口距离不小于 75m。 2. 井口、节流管汇、分离器、放喷口、值班房等位置应有便携式可燃气体监测仪。 3. 井场可能存在高压、气体聚集位置应设立明显警戒标识。 4. 井场施工用的发电房、值班房与井口、储油罐的距离不小于 30m。 5. 施工中进出井场的车辆排气管应安装阻火器。施工车辆通过井场地面裸露的油、气管线及电缆，应采取防止碾压的保护措施。 6. 分离器距井口应大于 30m。气井一级风险井放喷管线接出井口 75m 以外，含硫气井要求放喷管线接出井口 100m 以外。 7. 使用原油、轻质油、柴油等易燃物品施工时，井场 50m 以内严禁烟火。 8. 井场的计量油罐应安装防雷防静电接地装置，其接地电阻不大于 10Ω，避雷针高度应大于人员作业中的高度 2m 以上。 9. 井场、井架照明应使用防爆灯和防爆探照灯。 10. 油、气井场内应设置明显的安全防火防爆标志及风向标。 11. 井场应设置危险区域图、逃生路线图、紧急集合点及两个以上的逃生出口，并有明显标识
9	材料和设备准备	1. 井口装置的额定工作压力应根据地层压力或措施最高施工压力选择；根据地层流体性质选取井口装置的性能级别、材料级别、温度级别、压力级别。 2. 采气树出厂应具有分段和整体气、水压力密封试压合格证明。 3. 地面流程由蒸汽发生器、热交换器、分离器、节流控制管汇、管线、数据采集头、远控操作阀、安全阀、碎屑捕集器或除砂器等组成。 4. 蒸汽发生器和热交换器按照压力容器有关规定进行检验。

续表

序号	监督项目	监督检查要点
9	材料和设备准备	5. 两相或三相分离器应配备相应级别的安全阀,应按照压力容器有关规定定期进行检验。 6. 根据预测最大关井压力选择节流装置。 7. 一级节流管汇的油压进口应装测温装置,一级节流管汇前宜装相应级别的化学剂注入装置。 8. 各级套管头应安装压力监测装置及放喷流程。 9. 压裂井口双翼宜各安装一条管线与一级节流管汇连接,对应管线应安装与井口同压力级别的远控操作阀。 10. 井口、节流管汇、分离器等位置宜配备数据自动采集系统。 11. 测试管线出口和放喷口应至少安装两种有效点火装置和缓冲式燃烧筒。 12. 预测为高压、高产气井,宜在一级节流管汇上并联一套地面流程作备用。 13. 全井筒试压宜选用井筒中抗内压强度最低部位抗内压强度的80%,30min 内压降小于 0.7MPa 为合格。 14. 现场按设计连接试气流程管线、紧急关闭阀、除砂器、油嘴管汇、分离器、计量装置等配套设施。 15. 压力表、安全阀(地面安全阀、先导式安全阀)、压力传感器、温度传感器检验并在有效期内。 16. 便携式硫化氢检测仪每半年进行一次校验,正压式呼吸器定期送有资质单位检验,正压式呼吸器有专人每月进行一次检查
10	井控管理	1. 成立井控管理组织机构,明确各单位井控职责,井队每周召开一次井控例会。作业承包商(单位)每月召开一次井控例会,检查、总结、传达、布置井控工作,落实井控存在问题消项整改情况。 2. 作业队应执行设计中有关井控设备安装、管理要求及井控措施。井控装备应指定专人管理,定期进行检查、维护和保养,并认真填写运转、保养和检查记录。 3. 井控设备回厂检验合格证、试压记录,现场试压曲线和记录齐全。 4. 所有井控装备及配件必须是经集团公司准入认可的生产厂家生产的合格产品。 5. 防喷器清洁密封,防喷器与井口各处连接牢固、螺栓连接齐全。 6. 放喷及洗压井管线畅通、各处连接牢固,检测合格,每 10~15m 用地锚或基墩固定。 7. 放喷管汇畅通、控制阀灵活可靠。 8. 现场使用的防喷器、旋塞铭牌、编号齐全。 9. 防喷器试压合格,有试压记录

续表

序号	监督项目	监督检查要点
11	设备设施	1. 压力容器、气体检测仪、安全阀、压力表等设备设施完好，检测合格。 2. 设备铭牌齐全并与检测报告编号相符，设备停放位置合理、平稳，有设备试运转合格记录。 3. 设备设施旋转部位护罩完好，设备固定销子安全别针齐全。 4. 井口操作台满铺。 5. 潜水泵提拉绳应使用非金属材质。 6. 高压管线每 10~15m 使用基墩或地锚固定，高压软硬管线连接处安全链齐全且检测合格
12	用电及接地保护	1. 值班房及主要设备有可靠接地，并安装漏电保护装置。 2. 配电柜金属构架、仪表车、压裂队用电设备可靠接地，接地电阻应小于 10Ω。 3. 井场配电线路应采用橡套软电缆，井场电缆距地面架空高度不小于 2.5m。跨越通车道路时，距地面高度应大于 5m。 4. 井场照明和电器总开关应安装漏电保护器，做到一机一闸一保护，电缆不应直接挂在设备、绷绳、罐等金属物体上。 5. 室内电路控制箱或控制面板下方应铺垫绝缘踏板或绝缘胶皮，井场配电箱应有防雨措施。 6. 用电器、线路安装规范符合用电标准及规定，定期对线路、电器进行安全检查，井口 30m 范围使用防爆电器及接线盒
13	地面流程	1. 放喷、测试管线井口至节流管及各级节流管汇间压力不小于 35MPa 时，承压管线宜用专用法兰管线连接，其他压力小于 35MPa 时，承压管线宜用内径为 62mm 的油管连接。 2. 分离器应安装平稳，安装位置应距井口 30m 以上，应单独安装排污管线至放喷池。 3. 孔板、临界速度流量计应安装上流、下流压力表和上流温度计，流量计下流平直管线内径不小于上流平直管线内径。 4. 碎屑捕捉器、除砂器应安装在井口一级节流管汇之间，距离井口不小于 10m，耐压级别不小于所选用的一级节流管汇级别。 5. 流程连接管线应平直、无叠压，走向基本一致，管线间距大于 0.3m，转弯夹角不小于 90°，每隔 10~15m 用水泥基墩、不小于 ϕ20mm 地脚螺栓和钢板固定地脚螺栓埋深不小于 500mm，钢板与管线之间用垫子垫好，上紧地脚螺栓。 6. 基墩坑长 0.8m，宽 0.6m，深 0.8m，放喷口基墩坑长 1.5m，宽 1.2m，深 1.0m，放喷口基墩位置距燃烧筒小于 0.5m。移动基墩或砂箱固定时基墩质量不低于 200kg（高压、超高压、高产气井移动基墩或砂箱质量不低于 600kg），固定螺栓直径不小于 20mm，埋深不小于 0.5m。

续表

序号	监督项目	监督检查要点
13	地面流程	7. 放喷、测试管线宜接触地面，因地形限制，短距离的管线悬空应垫实垫牢，悬空长度超过 10m，中间应使用刚性支撑。 8. 分离器的位置距井口 30m 以上。气管线出口方向应背向井口和油水计量罐，并考虑风向摆放。立式分离器用直径不小于 $\phi9.5\sim\phi16.0$mm 钢丝绳和地脚螺栓四角绷紧固定在水泥基墩上。 9. 井口装置和套管头法兰应试压至额定压力，稳定 30min，压降小于 0.7MPa 为合格。 10. 安装好采油树后，应对油管挂副密封和采气树整体试压至采气树额定工作压力，稳定 30min，压降小于 0.7MPa 为合格。 11. 放喷、测试管线应用清水冲洗后再进行分段试压。 12. 井口至一级节流管汇、一级节流管汇至二级节流管汇、二级节流管汇至三级节流管汇应按相连两者耐压级别低者的额定压力进行清水试压，试压压力超过 20MPa 后应分级加压，每级加压 5MPa 直至额定工作压力，稳定 30min，压降不超过 0.7MPa 为合格。 13. 节流之后的放喷、测试管线应试压 10MPa，30min 压降小于 0.7MPa 为合格。 14. 分离器及其进、出管线应根据分离器安全阀的承压要求进行试压，试压曲线和试压报告由现场监督签字确认。 15. 点火口应选择在较为开阔的位置，远离易燃易爆物品、居民区、学校、树木、电力通信设施等。点火口距井口、分离器、油水计量罐不小于 30m，高压气井点火口距离井口不小于 50m，含硫化氢气井或高产气井点火口应接至距井口 75m 以外的安全地带。点火口应安装燃烧筒或火炬，出口应固定。高含硫化氢气井、高产气井宜安装远程自动点火装置。 16. 高压管汇、管线、弯头应每年检测。 17. 地面安全阀控制面板液压油箱油位，油箱内油面应在 1/2～2/3 位置。 18. 分离器设计压力符合现场施工需求，地面管汇应安装在分离器进口前 4～6m。 19. 管线穿越处设置过桥。 20. 实施气井和使用易燃易爆物品压裂应配备防爆型工具
14	排液	1. 排液方式：射孔、压裂后气井能自喷时，应直接采取放喷方式排液；若不能自喷，应根据气井的产液能力，采取替喷、气举或其他方法诱喷排液。 2. 放喷： （1）检查采气树、流程管汇的阀门及放喷、回浆管线，做好阀门开启或关闭的状态标识。

续表

序号	监督项目	监督检查要点
14	排液	（2）点燃使用的放喷口和测试管线出口的"长明火"。 （3）放喷应考虑井身结构和储层的特点，控制合理的放喷压力，防止井底出砂和套管变形。 （4）放喷时出现天然气水合物的，应选用热交换器加热管线或伴注甲醇方式缓解天然气水合物的形成。 （5）放喷应由专人负责，随时观察井口、流程压力及风向变化。采用节流阀或油嘴控制放喷，不应猛开猛放。观察放喷口气量，根据气量应及时导入分离器流程，分离的液体应排入放喷池计量，排出的天然气应点火烧掉。 （6）放喷排液需录取的资料应包括时间、放喷制度、油压、套压、喷出物情况等。 3.诱喷：若采用替喷方式诱喷，射孔完成井应将管柱下至产层中部，宜采用正循环替喷，替喷施工应连续进行，返出液应回收
15	测试	1.测试要求： （1）求产应求得一个高回压下（即最大关井压力的80%～90%）的稳定产量数据，压力波动范围小于0.1MPa，产量波动范围小于10%视为基本稳定，稳定时间视产量大小定，按SY/T 5440的规定执行。 （2）纯气井可采用一点法试井，凝析气井应按《天然气井试井技术规范》（SY/T 5440）的要求进行产能试井。 （3）凝析气井应测试气、油产量及压力。 2.测试求产时应录取的资料： （1）孔板直径（油嘴直径），油、气、水产量，气油比，油压，套压，流压，静压，压力恢复曲线，上、下流压力，井口静温，井口流温，气层静温，气层流温，上、下流温度，油、气、水样分析资料，累计油、气、水产量等。 （2）求产资料录取符合《气井试气、采气及动态监测工艺规程》（SY/T 6125）的规定。 3.不压井完井： （1）对于具有工业气流和投产条件的页岩气井推荐选用不压井装置或连续油管下入完井管柱完井。 （2）管柱设计的抗拉、抗外挤、抗内压安全系数分别宜为：>1.8、>1.25、>1.25。 （3）入井工具的耐压、耐温级别应满足地层压力和温度的要求
16	资料管理	1.HSE活动记录和现场检查表。 2.现场应有危险点源图、巡回检查图。 3.现场应有施工设计、班报表。

续表

序号	监督项目	监督检查要点
16	资料管理	4. 现场应有井控资料，包括井控设备试压合格证、井控设备维护保养记录等、井控应急预案及井控演练记录。 5. 现场应有设备巡回检查记录、设备运转记录台账。 6. 井场作业交接书、环保交接书、事故档案资料等齐全。 7. 所有资料应存放于资料柜中，标识清楚，易于识别，保存完好，无破损、缺损，记录填写清楚，字迹工整、清晰，数据准确、及时、齐全。 8. 现场应有交接班记录、安全技术交底记录、开工验收记录、班前班后会议记录、培训记录、应急演练记录、设备维保记录、设备运转记录等并填写齐全。 9. 特种设备资料齐全，包括特种设备技术资料、特种设备登记注册表、特种设备及安全附件定期检测检验记录、特种设备运行记录和故障记录、特种设备日常维修保养记录等。明确特种设备的检验周期，上次检定日期、下次检定日期等。 10. 建立化学品（含危险化学品）管理台账，有 MSDS 卡，按其化学性质分类、分开存放，并有明显的标志。 11. 建立常规危害因素清单，明确危害因素名称、影响，制订相应防控措施。 12. 班前会值班干部组织员工学习安全生产预警信息，并针对当日安排的工作内容（操作项目）进行风险识别，提出合理防范措施及工作要求。 13. 施工区域设备设施防雷接地桩编号，且留有检测台账。 14. 制订有效的应急预案并在施工前按应急预案进行演练。 15. 建立设备设施管理台账并动态更新，把设备管理纳入岗位责任制，严格执行和落实设备的维修保养制、巡回检查制和设备操作规程。 16. 高压管线、高压阀门、高压弯头（弯管）、活接头定期检测，检测周期为一年（包括分流管汇和组合管汇，连通管不需检验）
17	环境保护	1. 柴油罐、发电机组、沾油设备下方做好围堰及铺防渗布等防污染措施。 2. 生活污水存放在铺设防渗布的垃圾坑内，固体废弃物应分类存放，围警戒栅栏并设有安全提示牌。 3. 防渗布连接部位粘贴牢固，无渗漏，防渗布无破损、撕裂等现象，电气设备所使用接地桩不得扎在防渗布上。 4. 污水池应围警戒栅栏圈闭，并设明显警示标志。 5. 配液区、高压区、作业区域铺设防渗布，并设置围堰，将防渗布铺在围堰之上，防止污染物外溢。 6. 管线流程合理、管线接口、阀门等无跑冒滴漏渗

续表

序号	监督项目	监督检查要点
18	应急管理	1. 现场有审批的应急预案，定期开展应急预案培训演练，且演习记录齐全。 2. 针对危害识别结果，确定平台可能发生的突发事件，编制应急处置措施，应急处置措施内容至少包括基本概况、应急小组及职责、应急处置程序、各岗位采取的处置措施、应急资源、应急联系方式等。 3. 作业队编制应急演练计划并按计划进行演练，需要不同单位配合的应急救援作业要定期组织联合演练。 4. 对应急物资专人保管，进行定期检查、维护和保养，有检测要求的必须定期检测，确保应急设施和装备的齐全有效

六、连油作业

连油作业监督检查要点见表 4-14。

表 4-14 连油作业监督检查要点

序号	监督项目	监督检查要点
1	企业资质	1. 施工单位作业资质且等级符合生产需要。 2. 安全生产许可证。 3. 油田市场准入许可证。 4. 施工单位与生产单位签订的经济合同。 5. 施工单位与生产单位签订的HSE生产合同
2	人员资质	1. 生产管理人员、安全管理人员须持有效的安全生产管理资格证书（生产经营单位主要负责人和安全生产管理人员每年应进行安全生产再培训）。 2. 现场生产管理人员、安全管理人员、工程技术人员、施工人员应按照油田要求取得有效的井控培训合格证、硫化氢防护证、HSE培训合格证、作业人员岗位操作证等岗位所需特种作业证。 3. 现场施工人员应定期评估合格后上岗。 4. 关键岗位人员变更需向公司资质管理办公室报备并批复
3	连油施工设计	1. 现场地质设计、工程设计齐全有效，依据工程设计编制施工设计。 2. 施工设计内容包括但不限于： （1）施工井的基础数据。

续表

序号	监督项目	监督检查要点
3	连油施工设计	（2）井身结构与示意图。 （3）井内管串及示意图。 （4）井口装置及规格。 （5）前期作业简况。 （6）井场周边环境。 （7）施工参数的模拟计算。 （8）施工设备、辅助设备、工具、工作介质及井场等准备。 （9）施工步骤。 （10）HSE 注意事项。 （11）井控。 （12）应急预案。 （13）资料录取要求
4	HSE "两书一表"	1. HSE 作业指导书：规范岗位员工常规操作行为。一般包括岗位任职条件、岗位职责、岗位操作规程、巡回检查及主要检查内容和应急处置程序。 2. HSE 作业计划书：全面识别项目危害，重点评估和控制项目主要风险及作业指导书未覆盖的新增危害，制订风险消减和控制措施。一般包括项目概况、作业现场及周边情况、人员能力及设备状况、项目新增危害因素辨识与主要风险提示、风险控制措施、应急预案等。 3. HSE 现场检查表：针对岗位巡回检查路线和主要检查内容编制，进行岗位日常检查和记录
5	安全技术交底	1. 建设单位（或总包方）向连续油管队进行安全技术交底，并提供了工程、地质、HSE 措施等相关交底资料，资料真实、准确、完整，技术设计交底记录经过承包商、建设方（或监督）岗位签字。 2. 连续油管队对其员工进行了安全环保（HSE 作业计划书等）交底，施工方案（技术交底）有交底记录，重点清楚，措施具体

七、带压下油管作业

带压下油管作业监督检查要点见表 4-15。

表4-15 带压下油管作业监督检查要点

序号	监督项目	监督检查要点
1	企业资质	1. 施工单位作业资质且等级符合生产需要。 2. 安全生产许可证。 3. 油田市场准入许可证。 4. 施工单位与生产单位签订的经济合同。 5. 施工单位与生产单位签订的HSE生产合同。 6. 气井带压作业队伍实行资质管理，应取得集团公司气井带压作业队伍资质方可施工。二类及以上井的施工队伍应具备甲级资质，三类及以下井的施工队伍应具备乙级资质
2	人员资质	1. 生产管理人员、安全管理人员须持有效的安全生产管理资格证书（生产经营单位主要负责人和安全生产管理人员每年应进行安全生产再培训）。 2. 现场生产管理人员、安全管理人员、工程技术人员、施工人员应按照油田要求取得有效的井控培训合格证、硫化氢防护证、HSE培训合格证、作业人员岗位操作证等岗位所需特种作业证。 3. 现场施工人员应定期评估合格后上岗。 4. 关键岗位人员变更需向公司资质管理办公室报备并批复。 5. 气井带压作业岗位设置包括但不限于队长、技术员、主操作手、副操作手甲、副操作手乙、动力操作手、场地工等岗位。队长、技术员、主操作手、副操作手应经专业培训机构培训，并取得操作手技能培训合格证后方可上岗。操作手技能培训合格证有效期为三年，到期应重新培训，考试合格后持证上岗
3	三项设计	1. 工艺设计、施工设计、两书一表、应急预案齐全并签字审批。 2. 地质设计应提供井场周围人居情况调查资料、目前地层压力、流体性质及组分、井身结构、生产情况、射孔参数、重点风险提示等资料。 3. 工程设计应提供设计依据与工程目的、钻完井数据及历次作业简况、井口套管头规格型号及压力等级、施工工序、主要设备工具及器材配备要求、施工步骤及要求、安全环保技术要求、风险评估等资料。 4. 施工设计应依据地质设计、工程设计编制，包括工程计算、设备工具选型、施工准备、油管内压力控制、设备安装与试压、具体施工工序、风险削减与控制措施、完井收尾、应急处置等内容。 5. 地质设计和工程设计由建设方设计和审批，施工设计由施工方设计和审批。设计实行分级审批，一类井工程设计、施工设计应报一级企业工程技术主管部门审批，二类及以下井工程设计、施工设计由二级企业审批。 6. 设计发生变更时，应在施工前完成设计变更审批。设计变更审批流程与设计审批流程一致，实行分级审批

续表

序号	监督项目	监督检查要点
4	HSE管理	1. HSE作业指导书：规范岗位员工常规操作行为。一般包括岗位任职条件、岗位职责、岗位操作规程、巡回检查及主要检查内容和应急处置程序。 2. HSE作业计划书：全面识别项目危害，重点评估和控制项目主要风险及作业指导书未覆盖的新增危害，制订风险消减和控制措施。一般包括项目概况、作业现场及周边情况、人员能力及设备状况、项目新增危害因素辨识与主要风险提示、风险控制措施、应急预案等。 3. HSE现场检查表：针对岗位巡回检查路线和主要检查内容编制，进行岗位日常检查和记录。 4. 操作平台至少配备一套逃生装置，逃生装置可以选择逃生杆、逃生带、逃生梯、载人吊车、高空逃生柔性滑道、柔性筒式逃生带等防火应急逃生装置，操作台高度超过7.0m时，不能采用逃生杆作为逃生装置。井口到应急集合点的路线应保持畅通。 5. 带压作业机应配备符合要求的梯子、栏杆、防坠器等防坠落设施，固定牢靠。井口各操作平台有相应工作篮或稳固的脚手架。 6. 现场按照《生产作业现场应急物资配备选用指南》（Q/SY 08136—2017）的要求配备小型急救包，设置2个以上紧急集合点。 7. 现场应配备正压式空气呼吸器2套、可燃气体检测仪2台、便携式硫化氢体测仪1台、便携式一氧化碳检测仪1台（或多功能检测仪2台）、警示牌1套、警戒带200m、小型急救包1个、担架1副、防爆手电筒2个、防爆探照灯2具、应急发电机1台、吸油毡50kg、集污袋100个、35kg干粉灭火器2具、8kg干粉灭火器4具、消防锹4把、消防桶4只、消防斧2把、消防毡10条、消防砂2m³、雨衣5件、雨靴5双、纺织袋30个、铁锹5把、水泵1台。 8. 现场主入口设置入场安全告知牌、风险提示牌、现场人员情况牌、现场平面图（现场平面图包含设备布局图、风险点源分布图和逃生路线图），按照要求设置安全通道指示牌和警示提示标志。 9. 动力源、防喷器远程控制台、活动房等设备设施按防雷技术要求接地。 10. 现场作业中发现管线、阀门有水合物或者冰堵塞时，采用水合物抑制剂和加热方法清除，不能采用敲打方法清除。 11. 按现场处置预案组织应急演练。每口井作业前组织2次应急演练，包括环空密封失效和内堵塞失效应急演练，每周组织1次紧急逃生演练，做好演练记录。 12. 现场含油废弃物和普通废弃物应分类存放，做好防雨措施，并建立含油废弃物台账。

续表

序号	监督项目	监督检查要点
4	HSE管理	13.现场应建立各种原始记录、台账、报表，做到格式统一、数据准确、内容完整、书写规范，资料录取符合《油气水井井下作业资料录取项目规范》(SY/T 6127)的规定
5	基础资料	1.建立井控装备、气体检测仪、正压式呼吸器、消防器材等安全防护器具管理台账，明确有效期、检验日期等。 2.建立HSE活动记录、交接班记录、安全技术交底记录、开工验收记录、班前班后会议记录、培训记录、应急演练记录、设备维保记录、设备运转记录等。 3.特种设备资料齐全，包括特种设备技术资料、特种设备登记注册表、特种设备及安全附件定期检测检验记录、特种设备运行记录和故障记录、特种设备日常维修保养记录等。 4.防护检测器具、仪器，操作维护规程（操作说明）齐全有效。 5.辨识并建立常规危害因素清单，明确危害因素名称、影响，制订相应防控措施。 6.班前会值班干部组织学习安全生产预警信息，并针对当日安排的工作内容（操作项目）进行风险识别，提出合理防范措施及工作要求。 7.建立设备设施管理台账并动态更新，把设备管理纳入岗位责任制，严格执行和落实设备的维修保养制、巡回检查制和设备操作规程。 8.作业许可票证归档及上锁挂签记录。 9.施工区域设备设施防雷接地桩编号，且留有检测台账。 10.根据生产特点和季节变化情况，制订切实可行的冬季"八防"、防洪防汛、夏季"十防"等措施并细化落实到岗位，加强节假日、重大敏感时期、恶劣天气的干部值班管理、队伍管理及作业升级管理
6	井控资料	1.成立井控管理小组，明确各单位井控职责。 2.每周召开一次井控例会。 3.设计中必须有相应的井控要求或明确的井控设计。 4.设计及方案要按审批程序审批，如需变更，必须实施变更管理。 5.作业队应执行设计中有关井控设备安装、管理要求及井控措施。井控装备应指定专人管理，定期进行检查、维护和保养，并认真填写运转、保养和检查记录。 6.对井控操作持证者，每两年由井控培训中心复培一次，培训考核不合格者，取消（不发放）井控操作证。 7.发生井喷事故及时逐级按规定汇报，按程序要求启动应急处置。 8.井控设备回厂检验合格证、试压记录，现场试压曲线和记录。 9.所有井控装备及配件必须是经集团公司准入认可的生产厂家生产的合格产品

续表

序号	监督项目	监督检查要点
7	安全技术交底	1. 建设单位（或总包方）向带压作业队进行了安全技术交底，并提供工程、地质、HSE措施等相关交底资料，资料真实、准确、完整，技术设计交底记录经过承包商、建设方（或监督）岗位签字。 2. 带压作业队对其员工进行了安全环保（HSE作业计划书等）交底，施工方案（技术交底）有交底记录，重点清楚，措施具体。交底事项至少包括下述内容： （1）作业目的。 （2）工艺流程及技术要求。 （3）技术难点、风险提示与控制措施。 （4）人员与设备的评估及选择。 （5）具体的安全与操作要求。 （6）作业通信程序（如手势信号、无线电通信等）。 （7）紧急关井程序、岗位职责及出口提示。 （8）要求与会人员理解自身工作范围，并知晓技术交底会议上所讨论的内容
8	设备工具	1. 带压作业机安装就位，游动卡瓦应与井口同轴，偏差不大于10 mm，并对带压作业机进行支撑和绷绳加固，绷绳不少于4根。 2. 带压作业机额定下推力不低于预计最大下推力的1.2倍，举升系统最小举升力是预计最大上提力的1.4倍。 3. 带压作业机卡瓦系统应至少包括游动卡瓦组及固定卡瓦组各2套。平衡绞车应具备紧急刹车装置，操作手柄应具备锁定装置。 4. 平衡/泄压管汇的压力等级与半封工作防喷器额定工作压力匹配，平衡/泄压管汇上应具备节流装置。 5. 工作闸板防喷器的额定工作压力应大于预测最高施工压力的1.25倍。如预测最高井口关井压力大于工作防喷器组的额定工作压力，应采用放喷降压或注入工作液降压等方法将井口压力降至工作防喷器组额定工作压力的80%以内。 6. 安全防喷器组的压力等级应大于预测最高井口关井压力的1.25倍。使用剪切闸板时，应独立配套全封闸板，不能用剪切全封闸板的密封功能代替全封闸板。 7. 防喷器内通径应大于油管悬挂器最大外径。安装在采油树上作业时，通径应大于采油树主通径。安全防喷器应配备手动锁紧杆。 8. 防喷器胶芯、前端密封，以及其他非金属密封件材质应满足井内流体介质和工作温度要求，备用件储存在温度不高于27℃、避光的环境内。

续表

序号	监督项目	监督检查要点
8	设备工具	9. 在含硫井使用的管汇（管线）、法兰、钢圈、阀门等应符合《石油天然气工业 油气开采中用于含硫化氢环境的材料 第2部分：抗开裂碳钢、低合金钢和铸铁》（GB/T 20972.2）的要求。 10. 液压控制装置应配备两套，一套用于控制安全防喷器组，实行远程控制。另一套设置在操作台上用于控制工作防喷器组。 11. 安全防喷器液压控制装置配置应符合《石油天然气钻采设备 钻井井口控制设备及分流设备控制系统》（SY/T 5053.2）的要求，摆放位置距离作业井至少25m。 12. 应配备安全监控及数据采集系统，用于监控工作防喷器内压力、卡瓦开关位置、管柱状态、防喷器闸板位置以及作业数据的采集等。 13. 操作平台上应配备至少一套全通径旋塞阀和开关工具，旋塞阀处于开位。地面上应配有带全通径旋塞阀的防喷单根，旋塞阀处于开位。操作台上应配备至少一套报警装置。 14. 根据管柱内通径、井内压力、温度和流体性质及工艺要求选择油管内压力控制工具，包括堵塞器、电缆桥塞、钢丝桥塞、单流阀、破裂盘等。 15. 油管内压力控制工具的工作压差应不低于最大井底压力的1.25倍。含硫井工具材质应满足《石油天然气工业 油气开采中用于含硫化氢环境的材料 第2部分：抗开裂碳钢、低合金钢和铸铁》（GB/T 20972.2）的要求，电缆作业应符合《电缆测井与射孔带压作业技术规范》（SY/T 6751）的要求。 16. 油管内压力控制工具应靠近管柱底部位置进行设置，一类井、二类井、三类井带压作业油管内应至少设置两个压力控制工具。四类井带压作业油管内应至少设置一个压力控制工具。油管内压力控制工具应封堵在同一根油管上。 17. 起下较大直径或不规则工具时，应配备防喷管或法兰升高短节，其高度不小于单个大直径或不规则工具的长度。 18. 带压作业机配备被动转盘进行旋转作业时，应配套井下螺杆或动力水龙头。配备主动转盘进行旋转作业时，应具有抗扭装置。 19. 压井管线、防喷管线压力等级不低于预测最高井口关井压力的1.25倍。 20. 现场应安装并固定至少一条节流放喷管汇，放喷管线出口端应处于井场下风方向，并接出井口以外30m以上，放喷/泄压管线上应安装防回火装置。在有试气、地面计量测试的施工井，可用地面计量测试流程当节流放喷管汇使用。 21. 开工前应对安全防喷器组、工作防喷器组、平衡/泄压管汇、节流放喷管汇、压井管汇及旋塞等进行试压，记录并保留试压曲线。

续表

序号	监督项目	监督检查要点
8	设备工具	22. 建立设备操作规程，设备运行不得超压、超速、超负荷运行。设备铭牌保持完好，不能涂改遮盖铭牌，保持醒目清楚。 23. 按照设备生产厂商提供的使用说明书对设备进行定期维护保养，并做好记录。 24. 带压作业机承压部件和承载部件应按期检测，检测机构应有相应资质，并出具书面检测报告存档备查
9	带压作业	1. 带压起井内管柱，控制起钻速度不大于 6m/min，同时应观察指重表符合变化，防止接箍刮、碰防喷器。 2. 选择与井下管柱结构、井下压力和带压作业设备压力等级相匹配的堵塞器堵塞管柱，确认无溢流堵塞为合格。 3. 带压设备底法兰与井口法兰使用密封钢圈连接紧密，带压设备整体与井架固定牢靠，并应使用绷绳进行地面加固。 4. 起下管柱时应根据井内压力测算管柱中和点及上顶负荷，提前启动升降液缸及防顶卡瓦。 5. 做好带压作业装置的各种维修、检测和运行记录。 6. 带压作业装置检修时应停机进行，并且锁紧安全防喷器组的锁紧装置。 7. 带压作业装置使用前应进行检查，使用过程中发现问题应及时由专业修理人员处理，不允许带压作业装置在有故障或缺陷的情况下进行施工作业。 8. 防喷器组液压管线、放压管线等连接部位应紧密、无渗漏。 9. 带压设备安装后各闸板防喷器和环形防喷器进行试压，并填写试压记录。 10. 各防喷器闸板及卡瓦开关状态正确，卡瓦牙完好、开关灵活。 11. 带压设备升降液压缸和卡瓦液压缸活动顺畅，密封无渗漏。 12. 液压动力源运转正常，转动部位防护罩和安全防护装置齐全完整。 13. 连接盘总成、平台及连接立柱无翘曲、变形、焊口无开裂。 14. 防喷器组各闸板防喷器所安装闸板芯子尺寸、各卡瓦规格与井内管柱尺寸一致。 15. 带压设备操作平台护栏高度应大于 1.2m。 16. 操作平台上应具有应急逃生装置，如逃生滑杆、逃生滑道等。 17. 长时间关井时，应锁紧安全防喷器组的闸板防喷器的手动锁紧装置。 18. 带压作业过程中，剪切闸板防喷器的控制阀应置于锁定状态。 19. 在工作防喷器组和安全防喷器组之间安装泄压管线和压力平衡管线

续表

序号	监督项目	监督检查要点
10	带压作业装置的检查与维修	1.检测： （1）带压作业装置应半年进行一次密封性性能检测，检测部门应具备相应资质。 （2）带压作业装置的液压缸、连接盘、调节装置、卡瓦等承载组件每三年进行一次无损探伤。 2.维修： （1）每次作业前应清洗滤油器，保证液压油清洁，确保液压油的黏度符合季节施工要求。 （2）每月应检查蓄能器预充氮气压力，如氮气压力不足6.3MPa，应及时补充。 （3）随时检查油箱液面，定期打开油箱底部的丝堵进行放水，检查箱底有无泥沙，必要时清洗箱底。 （4）定期检查手动油泵的密封填料，不宜过紧，达到不漏油目的。密封填料损坏时应予更换。 （5）控制台应保持清洁，各标牌齐全。 （6）每月应进行一次润滑保养。 （7）每年应对压力表进行一次校验

第五章

工程建设

第一节 管道建设

管道建设监督检查要点见表5-1。

表5-1 管道建设监督检查要点

序号	监督项目	监督检查要点
1	企业及人员资质	1. 压力管道安装资质；国家主管部门认证的施工企业资质。 2. 健全的质量安全环境管理体系、制度。 3. 有审批后的施工方案和齐全的施工质量安全验收标准。 4. 施工设计、安全交底记录齐全。 5. 质量、安全管理人员资格证齐全、真实、有效。 6. 建设、监理审查意见及时、准确。 7. 特种设备人员持证：焊工、电工、无损检测人员资质证、上岗证齐全。 8. 计量器具齐全且检定合格。 9. 人员配备：专业齐全。 10. 焊工考核：对焊工实行焊前考核
2	材料设备	1. 管材、配件合格证、材质证明书、标识等齐全；防腐材料等按国家相关规定进行复验。 2. 壁厚等外观检查；表面无裂纹、夹杂、折叠、重皮、电弧烧痕、变形或压扁等缺陷；管、件壁厚减薄不得小于90%公称壁厚。 3. 材料存放；分类存放、不得混淆或损坏，场地平整无石块、无积水；阀门宜原包装存放。防腐管同向分层垫软垫堆放。 4. 阀门安装前逐个对阀体及袖管进行外观检查和逐个进行水压强度（试压5min，1.5倍公称压力）及严密性（下降到公称压力、试压15min）试验，以不渗漏、不变形、无损坏、压力不降为准。 5. 防腐管及配件、补口补伤材料材质证明或复验报告。 6. 补口补伤、管件材料妥善存放。存放在库房内或有防雨措施。 7. 电焊条质量证明文件齐全、包装符合要求，有疑问可复检。 8. 烘干及回收记录按作业日期填写及时准确。 9. 焊接材料存放在干燥库房内。 10. 材料验收报验记录；分项、分批报验及时、无漏项。 11. 监理、建设单位验收审查记录齐全。 12. 按规定要求需要复验的材料及时提供进场检测报告

续表

序号	监督项目		监督检查要点
3	管道预制与组对	运管及下沟	1. 管道堆放；防腐管不得直接置于坚硬地面上或石块上。防腐管下应加软质垫层，其高度应满足组装及安全要求。 2. 管道下沟保护好防腐层；使用专用吊管机、拖车，不得拖、滚、推管。 3. 管底垫层。管道下沟前，沟内不得有塌方、石块、积水等异物，石方段预先回填 200mm 细土
		间距及弯曲	1. 管道埋深；符合设计要求。一般地段不小于 0.8m。石方段加深 0.2m 回填细土，埋深不小于 0.5m。 2. 管道间距；符合设计要求。 3. 管道弯曲角度大于 3°，使用弯头；小于 3°弹性敷设
		管道坡口	1. 机械加工型式、角度、尺寸满足焊接工艺评定要求。 2. 表面平整、倾斜度＜3mm。 3. 不等壁厚管道、管件组对应削薄处理。 4. 热煨、冷弯弯头不得切割使用
		端面打磨	1. 管道内外打磨 20mm 范围内油污、铁锈等，露出金属光泽。 2. 管内杂物清理干净
		管道组对	1. 组对检查记录填写及时准确。 2. 组对间隙；符合焊接工艺评定要求。 3. 错边尺寸：管道壁厚小于 16mm，错边量＜1.6mm。 4. 使用对口器
	管道焊接	工艺规程	1. 编制、审查、批准、报验情况；符合相关规定。 2. 现场工艺规程执行准确无误
		焊接方法	1. 焊接时间；一次性无间断焊接完成。 2. 焊接方式。符合焊接工艺评定要求
		温度湿度	1. 空气温度低于焊接工艺评定要求。 2. 空气湿度小于 90%
		焊口焊缝	1. 焊接检查记录完整、齐全。 2. 焊缝余高不超过 3mm（向上焊）、宽度每侧超出坡口 1~2mm、咬边深度不大于管道壁厚的 12.5% 且不应超过 0.5mm
		观感质量	1. 焊缝表面不低于母材表面，无裂纹、气孔、凹陷、夹渣及融合性飞溅缺陷。 2. 验收记录；与工程同步。 3. 焊口编号，无遗漏

续表

序号	监督项目		监督检查要点
3	管道焊接	施工资料	1. 施工检查资料，齐全完整。 2. 监理检查资料，及时齐全。 3. 返修口及资料，准确
4	焊口检测		1. 检测单位及人员资质符合要求，检测方案完整且按规定审批。 2. 检测设备完好。检测方式符合设计、合同要求。 3. 无损检测报告（方法、程序、比例及结果准确性）。 4. 检测室管理满足要求，现场检测程序符合要求
5	管道补口补伤		1. 人员厂家培训证件；厂家施工前培训发证。 2. 施工方案，符合要求。 3. 材料使用，符合设计要求。 4. 基底打磨清理；钢材表面喷砂、除锈符合要求；达到Sa2级，锚纹深度40～70μm。 5. 下料尺寸、粘贴方法符合《埋地钢质管道聚乙烯防腐层》（GB/T 23257—2017）有关条款的要求。 6. 雨雪天、空气湿度大于85%、环境温度低于0℃不得作业。 7. 外观、漏点、剥离试验检验。 8. 施工单位检查资料，齐全、准确。 9. 监理单位检查资料，及时、齐全
6	管沟开挖及回填	管道开挖	1. 开工前设计和技术交底齐全。 2. 放坡根据土壤确定、堆土在管道对面一侧且距沟边大于1m，沟底按设计要求进行管沟复测。 3. 允许偏差：标高：-50～+100mm、转角桩＜100mm、沟底宽度 -100mm。 4. 陡坡、河流、道路穿越地段要有施工方案，抽查沟宽、埋深或验收记录
		管道回填	1. 管道下沟前电火花检测记录。 2. 管底细土垫实，石方段下部200mm细土垫实。 3. 管顶300mm内一次细土回填；其余两次回填其他土壤。 4. 特殊地段回填；按施工方案回填。 5. 管沟回填土沉降密实后，用低音频信号检漏仪检漏。每10km内小于5个漏点
7	试压		1. 清管、试压、测径方案，合理、有效，经审查批准。 2. 试压过程符合要求；强度试验稳压4h；水压根据实际情况1.25～1.5倍设计压力，气压现场计算压力，管道无断裂、无变形、无渗漏为合格。严密性试验稳压24h，均应与设计压力相同，压降不超过试验压力1%且不大于0.1MPa为合格。 3. 施工及监理记录，及时、准确、齐全

续表

序号	监督项目		监督检查要点
8	资料台账		1. 质量控制资料齐全、准确。 2. 现场质量管理检查记录，及时、齐全、准确。 3. 隐蔽工程检查验收，及时、准确。 4. 不合格项的处理和验收记录，及时、准确。 5. 验收组织、程序及验收记录，完整、齐全、准确
9	附属		1. 阴极保护施工，按图施工，验收合格。 2. 挡土墙施工，按图施工、砌筑砂浆饱满
10	标准化施工	测量扫线	1. 实施测量放线前，应对测量放线人员实施培训（含应急）及安全技术交底。 2. 测量人员应携带有效联络工具，应身着信号服，定时与驻地保持联系，作业期间应保持通信畅通，在社会依托差的山区作业，应配带足够量饮用水、食品和其他生活及应急必需品等，遇有险情要立即呼救。 3. 山地作业时，设备停放地点应选择在平稳、地势较高且不被洪水侵袭的地段
		施工便道	1. 施工便道宽度应符合设计要求，应平坦，并具有足够的承载能力，应能保证施工车辆和设备的行驶安全。 2. 施工便道经过小河、沟渠时，应根据现场情况决定是否修筑临时性桥涵或加固原桥涵。桥涵承载能力应满足运管及设备搬迁的要求。 3. 施工便道经过埋设较浅的地下管道、线缆、沟渠等地下构筑物或设施时，应采取保护措施
		堆管	1. 堆管的位置应远离架空电力线，并尽量靠近管线。 2. 当采用吊管机装卸管时，应使用牵引绳。 3. 管材堆放应同向分层，不失稳变形、不损坏防护层；在料场堆放、取用管材时，应防止管材滚落
		管沟开挖	1. 管沟开挖前，应进行安全、技术交底，交底内容应包括地下设施分布情况、管沟开挖深度、边坡坡度、沟底宽度、弃土位置、验收要求、施工安全及标桩保护。 2. 严格监督执行设计和路由方案，做好地下设施的保护，挖遇地下光缆及重要设施，监督旁站。 3. 严格按设计及管道施工规范控制开挖深度和边坡坡度，做好防塌、洪水、影响交通等不利因素控制。

续表

序号	监督项目		监督检查要点
10	标准化施工	管沟开挖	4. 山区作业横坡、纵坡施工时，应采取防止机械设备的倾覆、翻倒措施。 5. 人工开挖管沟，多人同时沟下作业时，两人间距应保持为2～3m。沟下作业现场，应设有专人进行安全监护。 6. 雨后开挖管沟，应仔细检查沟壁，如发现沟壁有裂纹、渗水等不正常情况时，应采取支撑或加固措施。 7. 挖出的土方应堆积在管沟无焊接管一侧，堆土距沟边不应小于1.0m，堆高不大于1.5m，必要时进行阻挡，并做好管沟外的监测工作；表层耕植土与下层土壤分开堆放。 8. 当地下水位较高地段挖沟时，应采取降水或排水措施，在水位下降后方可挖沟。 9. 管线穿越道路、河流、居民密集区等管沟开挖时，应设置简易临时路人、车辆通过设施。采取设置警告牌、信号灯、警示物等安全措施，必要时设专人监护。 10. 沟深超过5m，其边坡应根据实际情况适当放缓，或加支撑或采取台阶式开挖
		管道下沟	1. 管线下沟前，应对管沟进行检查，确认沟内无人和无塌方危险。 2. 下沟作业时，车辆和行人不应通过管沟。 3. 下沟时，应专人指挥，采取切实有效的措施防止滚管等事故发生。 4. 管道下沟宜使用吊管机，吊具宜使用尼龙吊带或橡胶辊轮吊篮，严禁直接使用钢丝绳。起吊点距环形焊缝不小于2m，起吊高度以1m为宜。 5. 吊运管材的设备，应距已挖好的管沟边缘3m以外行驶或停置。沟上布管及组装焊接时，管道的边沿至管沟边沿应根据土壤性质保持一定的安全距离。干燥硬实土壤距离不得小于1.0m；潮湿软土距离不得小于1.5m。 6. 当采用吊管机布管时，应使用牵引绳。 7. 吊装使用的设备，应避开输电线路。吊车、吊管机空载行走时，应与行进方向交叉或平行的输电线路、光缆等设施保持足够的安全距离
		焊接设备	1. 焊接作业人员应经培训持有效证件，方可上岗。 2. 焊接作业人员应正确穿戴和使用个人劳保防护用品。

续表

序号	监督项目		监督检查要点
10	标准化施工	焊接设备	3. 焊接前应对设备与电源线路进行检查，焊机的输出、输入线应完好，不应裸露在外，每天须对焊接设备抽检一次接地电阻并做好记录。 4. 改变焊机接头、更换焊件或需要改接二次回路、转移工作地点、更换熔断丝及焊机发生故障需检修等，应切断电源后进行。 5. 露天作业时，遇到风、雨、雪和雾天等，在无保护措施的条件下，禁止焊接作业。 6. 焊接电源的配电系统控制装置应有足够的容量，其电源开关、漏电保护装置应灵敏有效，每台焊机应设有单独电源开关和自动断电装置。 7. 焊接电源接线柱、极板和接线端应有完好的隔离防护装置。 8. 焊接电源应有良好的保护性接地或接零，并设置漏电自动保护装置，接地线或接零线应用整根导线，中间不应有接头，连接牢靠，应有防松措施。 9. 焊接电源的接地装置应打入地下，重复接地的电阻不应大于10Ω。 10. 焊钳和焊枪应有良好的绝缘和隔热性能。 11. 焊钳和焊枪与电缆的连接应牢靠，接触良好，连接处导体不应裸露。 12. 焊接电缆应采用多股铜线电缆，应具有较好的抗机械性损伤能力及耐油、耐热和耐腐蚀性能。焊接电缆应轻便柔软，具有良好的绝缘外层。 13. 焊机的电缆宜使用整根导线制成，并应有适当的长度，一般以 20~30m 为宜。需要接长导线时，接头个数不宜超过 2 个，且接头处应连接牢固、绝缘良好。 14. 构成焊接回路的电缆不应搭放在气瓶等易燃品上，或与油脂等易燃物质接触。在经过通道、道路时，应采取保护措施。 15. 不应将焊接电缆放在电弧附近或炽热的焊缝金属旁，以避免烧坏绝缘层。焊接电缆穿过开孔或棱角处时，应采取保护措施，防止割破绝缘层。 16. 手持磨光机： （1）使用前，应检查电线、插头、插座电气保护装置是否绝缘完好，各部防护罩齐全牢固可靠； （2）作业时正确使用磨光机，启动后，应空载运转，应检查并确认机具联动灵活无阻，加力应平稳，不应用力过猛，注意检查磨块是否有缺损、松动现象

续表

序号	监督项目		监督检查要点
10	标准化施工	管道组对	1. 使用砂轮机修口时，操作者应戴防护面罩，砂轮切线方向不应有人。 2. 加高管线时，充垫物应坚实稳固。 3. 管线端部管口应设临时盲板。沟下焊管线应采取防水措施。 4. 山地施工时，应配备爬梯，并应采用安全网防护。 5. 山地沟下施工时，应配备支护和逃生通道，并应指定专人监护。 6. 在地面上或沟下作业时，应先检查管线垫墩和沟壁情况，沟下作业时，沟上应设专人负责监护
		管道焊接	1. 在高空和水上作业时，应采取防坠落、触电等措施。 2. 在容器内、隧道等有限空间内施焊时，应采取通风和排烟措施，并设专人监护。 3. 在湿地、水网施工时，应保证用电安全，电源插座及地线应固定在高处，并保持干燥；工作完毕或临时离开工作现场，应切断电源。 4. 搬运氧、乙炔瓶时，应采用支架固定，夏季应防晒遮阴，不应摔、碰、撞击。装卸氧气表或试风时，瓶口应避开人。乙炔气瓶使用前应直立15min后方可使用。 5. 输、储氧气和乙炔的容器和管路应严密。不应用紫铜材质的连接管连接乙炔管
		无损检测	1. 无损探伤人员，应经健康检查，并经专业技术培训考试合格，持证上岗。 2. 贮存、领取、使用、归还放射性同位素，应进行登记、检查，做到账物相符。 3. 在雨天或潮湿地方工作时，操作人员应戴绝缘手套，穿绝缘鞋或采取其他有效的安全措施；检修仪器时应切断电源，并使电容器放电后才能进行。 4. 射线探伤： （1）设备及电源等连接设施完好。 （2）射线作业应按要求使用检测仪确定安全区域，并设置警戒线和警示标志；夜间应设置红灯，设专人警戒。 （3）射线工作人员在操作时，应按规定穿戴劳动保护用品，佩戴防护用具及个人剂量仪或测辐射软片。

续表

序号	监督项目		监督检查要点
10	标准化施工	无损检测	（4）X光机工作过程中，不应切换焦点，机器在停止工作期间，若室内温度低于0℃，应将冷却管内的水排除干净；X光源和图像增强器间无工件时，不应开启X光机；X射线操作前，现场人员应撤至安全区，才能送高压。 5. 超声波探伤： （1）充电时检查电源、连线、插头等是否正常，防止触电。 （2）用水浸法检测时，应防止水槽内的水溅入仪器造成漏电
		清管	1. 清管宜选用清管器，当采用通球清管时，清管球充水后，直径过盈量应为管内径的5%~8%。清管时应设置收发球装置。对于设计不要求通球的管线，可采用吹扫方式进行清管。 2. 清管的最大压力不应超过管道设计压力。当清管器清扫污物时，其行进速度应控制在4~5km/h，必要时应加背压。 3. 管道试压前，应采用清管球（器）进行清管，清管次数不应少于两次，以开口端不再排出杂物为合格。 4. 系统吹扫，应设置警戒线，吹扫口应固定牢固，吹扫口、试压排放口不应朝向电线、基坑、道路和有人操作的场地
		试压	1. 压力试验安全技术方案已经过审核、批准，并已按规定对作业人员进行技术交底。 2. 试压时盲板的对面不应站人。 3. 试压过程检查密封面是否渗漏时，脸部不正对法兰侧面。 4. 水压试验时应采取防寒措施。试压后，应将积水放尽并用压缩空气吹净。 5. 试压作业应统一指挥，配备必要的交通、通信及医疗救护设备。 6. 试压时，封头对面不应站人，发现泄漏时，不得带压处理。 7. 试压过程中应组织专人进行警戒，非工作人员不应进入试压设备和试压管线的50m以内的试压区域。 8. 试压用的压力表应已校验，并在有效期内，其精度不低于1.5级，表的满刻度值为被测最大压力的1.5~2.0倍，压力表不少于两块。 9. 水压试验： （1）水压试验时设备和管道的最高点应设置放空阀，排净空气；最低点应装设排水阀；试压后应先将放空阀打开，然后将水放净。 （2）试验时，环境温度不宜低于5℃，当环境温度低于5℃时，应采取防冻措施。

续表

序号	监督项目		监督检查要点
10	标准化施工	试压	（3）液压试验应缓慢升压，待达到试验压力后，稳压10min，再将试验压力降至设计压力，停压30min。 （4）试压合格后应将管段内给水清扫干净，清扫出的污物应排放到规定区域，清扫以不得排出游离水为合格。 10.气压试验： （1）试验温度不得接近金属的脆性转变温度。 （2）升压速度不宜过快，压力应缓慢上升，升压速度不应超过1MPa/h。当压力升至0.3倍和0.6倍强度试验压力时，应分别停止升压，稳压30min，确认情况正常后继续升压。 （3）长输管道气压分段试压长度不应超过18km；试压装置应经过试压检验合格后方可使用。 （4）试压区域内严禁有非试压人员，试压巡检人员应与管道保持6m以上的距离。试压设备和试压管线50m内为试压区。 （5）气体排放口不得设在人口居住稠密区、公共设施集中区。 （6）气压试验时气压应稳定，输入端的管道上应装安全阀。试压过程中容器和管道应避免撞击
11	材料、管道附件、橇装设备的检验		1.验收应为有资质的施工队伍和建设单位（或监理）的人员参加。 2.材料和设备应具有产品质量证明文件，出厂合格证，压力容器应有压力容器监督检验机构出具的检验报告。 3.检查时，检查现场设备的标志牌、规格、型号及现场材料是否符合设计和标准要求。 4.如材料、管道附件、橇装设备不合格，严禁安装使用（强制性）。 5.设计有特殊要求的钢管和管道附件，应按设计的要求进行检验
12	材料、管道附件、橇装设备的储存		1.对已验收的钢管应分规格和材质分层同向码垛，分开堆放，堆放高度不应超过3m，底层钢管应垫软质材料，并加防滑楔子，垫起高度200mm以上。 2.钢管装卸应使用专业吊具，吊钩应具有足够强度并防滑。 3.验收合格的防腐管应按规格、防腐等级、同向分类码垛堆放，防腐（保温）管之间，底层宜垫软质材料并加防滑楔子。 4.验收合格的焊接材料，防腐材料应分类存放，库房应做到通风、防雨、防潮、防霜、防油类侵蚀。

续表

序号	监督项目	监督检查要点
12	材料、管道附件、橇装设备的储存	5. 防腐、保温材料应分类存放。 6. 管道组成件及管道支撑件在施工过程中应妥善保管,不得混淆和损坏,其色标或标记应明显清楚。材质为不锈钢、有色金属的管道组成件及管道支撑件,在存储期间不得与碳素钢接触。暂时不能安装的管道,应封闭管口(强制性)。 7. 管道附件验收好后应分类存放,采取防生锈、防变形措施
13	钢管下料	1. 在设计压力大于6.4MPa条件下使用的钢管,其切断与开孔,宜采用机械切割,在设计压力小于或等于6.4MPa条件下使用的钢管,可采用火焰切割,切割后必须将切割表面的氧化层除去,消除切口的弧形波纹。 2. 合金钢管不宜采用火焰加工,不锈钢管应采用机械或等离子切割
14	管件加工	汇管宜选择预制成品件。现场制作时,汇管母管宜选择整根无缝钢管或直缝钢管,采用直缝钢管对接时,纵缝应错开100mm以上
15	管道安装	1. 管道安装前应对管道安装区域内的埋地电缆、埋地管道、供排水管道及其他埋地设施进行核实。 2. 与管道安装相关的土建应经验收合格,才能达到安装条件。 3. 钢管、管道附件安装工作有间断时,应及时封堵管口及阀门出入口。 4. 管道焊缝位置、焊缝热影响区不应开口。 5. 公称直径大于200mm的管道对接宜采用对口器。 6. 钢管在穿建筑(构建)物时,应加设保护管,建筑(构建)物隐蔽处不应有对接焊缝。 7. 连接设备的管道,其固定焊口应远离动设备,并在固定支架以外。 8. 自由状态下,法兰同心度和平行度应符合下表规定,紧固螺栓时,应在设备主轴上用百分表观察设备位移,其值也应符合下表规定。 | 机泵转速 r/min	平行度 mm	同心度 mm	设备位移 mm
---	---	---	---
3000～6000	≤0.10	≤0.50	≤0.50
>6000	≤0.05	≤0.20	≤0.02	

续表

序号	监督项目	监督检查要点
16	阀门安装	1. 阀门与管道焊接时，以焊接方式连接时，阀门应处于打开状态，以法兰或螺纹方式连接时，阀门应处于关闭状态。 2. 阀门应垂直安装
17	绝缘法兰的安装	1. 安装前进行绝缘试验检测，绝缘电阻不小于 2MΩ。 2. 绝缘法兰外漏时，应用保护措施
18	静电接地安装	1. 有静电接地要求的管道，各段钢管间应导电，必要时应设导电跨接。法兰或螺纹接头间电阻值超过 0.03Ω 时，应跨接。 2. 管道系统的对地电阻值大于 100Ω 时，应设两处接地引线，接地引线应采用铝热焊形式。 3. 有静电接地要求的不锈钢管道，导线跨接或接地引线不宜与不锈钢管道直接连接，应采用不锈钢板过渡。 4. 用作静电接地的材料或零件，安装前不得涂漆。安装前导电接触面必须除锈。 5. 静电接地安装完毕后，必须进行测试
19	焊接	1. 从事管道施工的焊工应取得国家相应部门颁发的特殊资格人员证书，所从事的工作范围应与资格证书相符（强制性）。 2. 以下气候环境，如无有效的措施防护，不应进行焊接： （1）雨雪天气。 （2）大气相对湿度超过 90%。 （3）风速大于 8m/s，焊条电弧焊、埋弧焊、自保护药芯焊丝自动焊。 （4）风速大于 2m/s，气体保护焊。 （5）环境温度低于焊接温度。 （6）焊缝外观检查合格后，方允许对其进行无损检测（强制性）。 （7）从事无损检测的人员应取得国家相应部门颁发的无损检测资格证书（强制性）
20	管道开挖	1. 管道开挖前应对地下的埋地电缆、埋地管道、供排水管道及其他埋地设施进行核实，开挖过程中应采取保护措施。 2. 地质条件满足以下条件时，且在地下水位以上时，管沟可不设边坡。

续表

序号	监督项目	监督检查要点
20	管道开挖	<table><tr><th>土质类别</th><th>允许深度，m</th></tr><tr><td>密实、中密的沙土和碎石类土</td><td>1</td></tr><tr><td>硬塑、可塑的轻亚黏土及亚黏土</td><td>1.25</td></tr><tr><td>硬塑、可塑的黏土及碎石类土</td><td>1.5</td></tr><tr><td>坚硬的黏土</td><td>2</td></tr></table>3. 当管沟开挖超过上表规定，深度超过 5m 以内的可以不加支护就进行管沟开挖，坡比按设计要求进行，如无设计要求，按下表执行。<table><tr><th rowspan="2">土壤类别</th><th colspan="3">最陡边坡坡度</th></tr><tr><th>坡顶无载荷</th><th>坡顶有静载荷</th><th>坡顶有动载荷</th></tr><tr><td>中密的砂土</td><td>1:1.00</td><td>1:1.25</td><td>1:1.50</td></tr><tr><td>中密的碎石类土（填充物为砂土）</td><td>1:0.75</td><td>1:1.00</td><td>1:1.25</td></tr><tr><td>硬塑的粉土</td><td>1:0.67</td><td>1:0.75</td><td>1:1.00</td></tr><tr><td>中密的碎石类土（填充物为黏性土）</td><td>1:0.50</td><td>1:0.67</td><td>1:0.75</td></tr><tr><td>硬塑的粉质黏土、黏土</td><td>1:0.33</td><td>1:0.50</td><td>1:0.67</td></tr><tr><td>老黄土</td><td>1:0.10</td><td>1:0.25</td><td>1:0.33</td></tr><tr><td>软土（经降水）</td><td>1:1.00</td><td>—</td><td>—</td></tr><tr><td>硬质岩</td><td>1:0.00</td><td>1:0.00</td><td>1:0.00</td></tr></table>4. 深度超过 5m 的，可以将陡坡换缓一档，并采用阶梯式开挖，或采取支护措施。 5. 弃土距离管沟边不小于 0.5m，高度不宜超过 1.5m
21	管道下沟	1. 管沟内无积水，如沟内被雨水浸泡或岩石沟底，应用砂或软土铺垫。 2. 钢管下沟时宜采用尼龙吊带，严禁直接使用钢丝绳，避免与沟壁挂碰，必要时在沟壁突出处垫上木板或草袋，管道放置后，悬空段垫上细土或砂。

续表

序号	监督项目	监督检查要点
21	管道下沟	3.管道下沟应用专人统一指挥，下沟作业段的沟内不得有人，采取措施防止管道滚管
22	管沟回填	1.管道焊缝、防腐绝缘层、隐蔽工程检测验收合格后方可回填。 2.管道悬空段垫上细土或砂。 3.按回填进度依次拆除沟壁的支撑，沟壁不得坍塌。 4.管道回填应从两侧同时回填，先直管段后弯管段，管顶以上300mm应人工回填，其余可机械回填。 5.地沟管道回填前应清理沟底杂物，施工完毕后再清理地沟，经隐蔽工程验收合格后方可加盖地沟盖
23	吹扫与试压	1.系统和仪表、电气、机械、防腐等专业连接的零部件安装完毕后，在管道投产前应进行系统吹扫清洗和试压。 2.吹扫试压应制订方案，并应采取有效的安全措施，审查合格后实施。 3.压力等级不同的管道，不宜与管道一起试压的系统、设备、管件、阀门及仪表灯隔开，分别试压。 4.水试压时应安装高点排空阀、低点放水阀。 5.试压用的压力表校验合格，精度不低于1.5，量程为被测最大压力的1.5~2.0倍，压力表不少于两块，放到管道两端，试压的稳压时间应在两端压力稳定后开始计算。气压试验时，应在管道的两端各安装一支温度计，安装在避光处，试压压力以高位置安装的压力表读数为准。 6.试压介质的排放应选择在安全的地点，排放点有操作人员控制和监视。 7.试压中如有渗漏，禁止带压修补
24	吹扫与清洗	1.不参与系统吹扫的系统和设备，应与吹扫系统隔离。 2.管道支架、吊架应牢固，必要时应加固。 3.吹扫清洗时，应以设备、机械为分界，逐段吹扫清洗。 4.吹扫清洗时工作介质为液体的宜采用洁净水，工作介质为气体的宜采用空气。 5.采用压缩空气爆破膜法吹扫管道时，爆破口宜在管道的最低处，爆破端在爆破前应加固，泄压口前端20m范围内严禁行人走动及堆放易损物品，有明显的警戒措施，有专人看护
25	强度及严密性试验	1.埋地管道应在管道下沟回填后进行强度及严密性试验，架空管线应在管道支吊架安装完毕并检验合格后进行强度及严密性试验（强制性）。

续表

序号	监督项目	监督检查要点
25	强度及严密性试验	2. 强度试验应以洁净水为试验介质，特殊情况下，经建设单位（监理）批准，可用空气作为试验介质，严密性宜采用气体作为试验介质。 3. 输送介质为液体的严密性试验，试验介质应采用洁净水，输送介质为气体的严密性试验，试验介质应采用空气（强制性）。 4. 对奥氏体不锈钢试验所使用的洁净水氯离子浓度不应超过25mg/L，试验后立即将水清除干净，试验用水温度不得低于5℃。 5. 工艺管道以水为介质的强度试验，试验压力应为设计压力的1.5倍，以空气为介质的强度试验，试验压力应为设计压力的1.15倍，管道的严密性试验压力应与设计压力相同（强制性）。 6. 强度试验充水时，应安装高点排空阀、低点放水阀，并应排净空气，使水充满整个试压系统，待水和管壁、设备壁温度和水温度大致相同时方可升压（强制性）。 用水做介质做强度试验时，应符合下列标准： 升压平稳缓慢，分段进行。 液体压力试验升压次数应符合下表规定。 | 试验压力，MPa	升压次数	各阶段试验压力百分数
$p \leq 1.6$	1	100%
$1.6 < p \leq 2.5$	2	50%，100%
$2.5 < p < 10$	3	30%，60%，100% | （1）依次升到各个阶段压力时，应稳压30min，经检查无泄漏，即可继续升压。 （2）升到强制试验压力后，稳压4h，合格后再降到设计压力，进行严密性试验，试验方法及合格标准见下表。 | 检验项目	强度	严密性
试验压力，MPa	1.5倍设计压力	1倍设计压力
升压步骤	升压阶段间隔30min，升压速度不大于0.1MPa/min	—
稳压时间，h	4	24
合格标准	管道目测无变形、无渗漏，压降小于或等于试验压力的1%	压降小于或等于试验压力的1%	

续表

序号	监督项目	监督检查要点
25	强度及严密性试验	用空气为介质做强度试验时，应符合下列标准： （1）升压应缓慢分段进行，升压速度应小于 0.1MPa/min。 （2）将系统压力升到试压压力的 10%，至少稳压 5min，如无渗漏，就缓慢升至试压压力的 50%，其后按逐次增加 10% 试验压力后，都应稳压检查，无泄漏、无异常声响方可升压。 （3）当系统压力升到强度试验压力后，稳压 4h，合格后再降到设计压力，进行严密性试验，试验方法及合格标准见下表。 | 介质	空气	
检验项目	强度	严密性
试验压力，MPa	1.5 倍设计压力	1 倍设计压力
升压步骤	分三次升压。升压值依次为试验压力的 10%、50%，逐次增加 10% 的试验压力直至 100%，间隔 5min，升压速度不大于 0.1MPa/min	—
稳压时间，h	4	24
合格标准	管道目测无变形、无泄漏	无泄漏 | （4）气压试验并用发泡剂检漏时，应分段进行，升压应缓慢，系统先升到 0.5 倍强度试验压力，进行稳压检漏，无泄漏异常后再按强度试验压力的 10% 逐级升压，每级应进行稳压并检漏合格，直至升至强度试验压力，经检漏合格后，再按设计压力进行严密性试验，经检查无渗漏为合格，每次稳压时间应根据所用发泡剂检漏工作需要的时间而定
26	干燥	固定干燥临时管线，应设置警戒区
27	其他	1. 试压及清扫作业时，应在人员警戒区外。 2. 现场焊接、用电设备等符合相关安全管理规定

第二节 场站建设

场站建设监督检查要点见表5-2。

表5-2 场站建设监督检查要点

序号	监督项目	监督检查要点
1	企业人员资质	1.工艺管道安装资质、项目组织机构建立：企业相应压力管道安装施工资质、健全的质量管理体系和管理制度。 2.施工工人技术培训、质量安全交底：开展、内容齐全。 3.施工组织设计、设计交底：开展、程序内容齐全。 4.管理人员资格证：主要管理人员相应安全、质量资质证书。 5.工程检验批等划分：检验批、分项、分部、单位工程划分合理准确。 6.建设、监理审查意见：符合程序要求。 7.特种设备人员持证：特种作业人员证件（焊工、电工等上岗证）。 8.检验器具配备齐全、计量器具检定合格且在有效期内使用。 9.人员机具配备符合招标文件承诺和施工现场实际需求
2	设备材料	1.物资供应、建设（监理）、施工三方进场验收记录。 2.材料、设备出厂合格证、产品质量证明文件，标识或标牌、规格、型号等与设计、标准相符合。 3.材料按相关要求堆放、有必要的防雨、防潮措施。 4.管道、配件、阀门、支座安装前外观检验。无使用和观感缺陷。 5.橇装设备外观完好，设备、材料、仪表、阀门、配件等尺寸和规格符合设计要求。 6.电焊条、焊丝、焊剂、保护气体等符合设计、焊剂工艺规程要求。 7.烘干及回收记录准确、内容齐全

续表

序号	监督项目		监督检查要点
3	管道安装	支架吊架	1. 类型、规格符合设计要求；抽查图纸或规范图集，对照实物抽查。 2. 安装位置正确、平整、牢固，与管道接触良好，实测实量
		阀门安装	1. 外观检查、启闭检查：单个阀门必查，多个阀门按不少于10%比例抽查。 2. 抽查合格证及试验记录。 3. 安全阀校验且垂直安装；阀门试压和校验文件
		法兰安装	1. 密封面与管中心垂直；实测实量。 2. 密封面平行；实测实量。 3. 与管道同轴，螺栓自由穿入；实测实量。 4. 螺栓拧紧后应露出螺母外0～3扣螺距，观感抽查
		管道坡口	1. 符合焊接工艺规程规定；对照焊接评定文件，实测坡口加工角度和型式。 2. 端面倾斜偏差小于管道外径1%，实测最大不超过3mm。 3. 坡口观感质量合格，观感无缺陷
		管道组对	1. 端面打磨尺寸不小于10mm，管内清理、临时口封闭，实测。 2. 组对间隙和错边量符合标准；对照焊评文件进行抽查。 3. 对口平直度允许偏差不超过1mm或2mm。依据焊评文件实测实量
		管道安装	1. 坐标允许偏差：架空：±10mm；地沟：±7mm；埋地：±20mm。 2. 标高允许偏差：架空：±10mm；地沟：±7mm；埋地：±20mm。 3. 平直度：DN≤100，允许偏差≤2L/1000；最大40mm；DN＞100，允许偏差≤3L/1000；最大70mm。 4. 铅垂度：允许偏差≤3H/1000；最大25mm。 5. 间距：对照图纸要求检查
	管道焊接	规程焊材	1. 焊接工艺规程有效、适用。 2. 焊材符合焊接工艺规程规定。 3. 雨雪天气及温度低于焊接规程要求、湿度大于90%不得焊接。 4. 焊条材质检测记录、保管在湿度小于60%和距墙地大于300mm清洁干燥库房内，按说明书烘干

续表

序号	监督项目		监督检查要点
3	管道焊接	焊口焊缝	1. 管道组对、焊接观感检查记录齐全、准确。 2. 焊缝错边、宽度、余高、咬边等缺陷。错边量小于或等于 12.5% 管道壁厚且小于 3mm；表面宽度为两侧坡口各加宽 0.5~2mm；余高为 0~2mm，局部不大于 3mm（长度 50mm 以内）；咬边深度小于 0.3mm，咬边累计长度不应大于焊缝周长的 15%
		观感质量	1. 无裂纹、凹陷等观感质量。 2. 验收记录：监理、检测单位记录齐全、准确。 3. 焊口编号：焊口下游 100mm 处，按工艺、区、管道直径、壁厚编写
		焊接检测	1. 人员资质：RT、UT 人员资质证。 2. 检测比例和合格率符合要求。参见合同和检测标准
4	管道防腐	埋地管道	埋地管道防腐、补口、补伤和检漏符合要求。参照《埋地钢质管道聚乙烯防腐层》（GB/T 23257—2017）有关条款
		管道防腐	1. 钢材表面喷砂、除锈符合要求；达到 Sa2 级，锚纹深度 40~70μm。 2. 涂漆符合要求。表面完整、均匀
5	橇装设备安装	设备入场	1. 各项材质单和质量证明书齐全、完整。 2. 验收记录：建设、监理、施工、厂家四方入场验收意见。 3. 观感质量：设备、管件表面完好，无损伤、变形，配件齐全
		设备安装	1. 设备基础复验：依据施工图纸，抽查土建施工记录。基础坐标位移和上平面外形尺寸允许偏差 ±20mm。基础各不同平面标高允许偏差 −20~0mm。 2. 安装的位置、标高、水平、轴线等，标高允许偏差：±5mm，水平度允许偏差纵向：≤L/1000，且≤10mm；横向：≤B/1000，且≤5mm；轴线位移允许偏差：≤15mm。 3. 垫铁位置：使用垫铁找正找平，平斜垫铁成对相向使用、搭接长度≥3/4 全长；垫铁间距：见施工图和规范，外露 10~30mm，垫铁数量 3~5 块且之间焊接固定。 4. 基础二次灌浆。强度等级高于基础 1 级。强度达到 75% 可以拆除模板

续表

序号	监督项目			监督检查要点
6	管沟开挖及回填	管道开挖		1. 定位、放线：按设计文件测量石灰放线，设置边线桩、转角桩。 2. 深度超过 5m 支护或放坡。 3. 超深部分夯实处理。 4. 石方段：管底标高 +200mm，采用细土回填到设计标高。 5. 单管沟宽不小于 500mm，多管沟宽外侧各加 500mm 或按设计施工
		管道回填		1. 沟内清除石块、积水。 2. 防腐层电火花检测、管道焊缝无损检测、隐蔽工程验收合格。 3. 石方段管底应用砂、软土铺垫。 4. 管道悬空段应用细土或砂填塞。 5. 管道两侧同时人工回填夯实至管顶 300mm，其余机械回填并分层夯实
7	试压			1. 吹扫、试压、通球、干燥方案合理、有效，经审查批准。 2. 试压过程符合要求。强度试压稳压 4h：水压 1.5 倍设计压力，气压 1.15 倍设计压力，管道无变形渗漏且压降不超过试验压力 1%。严密性试验稳压 24h，均应与设计压力相同，压降不超过试验压力 1%。 3. 施工及监理记录及时、准确、齐全
8	验收			1. 参加单位及人员到位、符合要求。 2. 各种质量控制资料组卷、到场。 3. 验收组织、程序及记录符合要求
9	施工	土建施工	基础开挖	1. 当基坑施工深度超过 1m 时，坑边应设置临边防护，作业区上方应设专人监护，作业人员上下应有专用梯道。 2. 基坑支护结构及边坡顶面等有坠落可能的物件时，应先行拆除或加以固定。 3. 同一垂直作业面的上下层不宜同时作业。需同时作业时，上下层之间应采取隔离防护措施。 4. 基坑、基槽边沿 1m 范围以内不得堆土、堆料。 5. 在受限空间内施工时，应检查有害气体及氧气浓度，合格后方可进入施工，并应设置专人看护

续表

序号	监督项目			监督检查要点
9	施工	土建施工	墙体砌筑	1. 砌体高度超过地坪1.2m以上时，应搭设脚手架。在一层以上或高度超过4m时，采用里脚手架时应支搭安全网；采用外脚手架时应设护身栏杆和挡脚板，并用密目网封闭。 2. 砌筑深度超过1.5m的基础，应确认槽帮无裂缝、水浸或坍塌危险，送料、砂浆应设置溜槽；砌筑深度超过2m的基础，应设置梯子或坡道，不应站在墙上操作
			钢筋绑扎	1. 多人抬运钢筋，动作应一致，人工上下传递不应站在同一垂直线上。 2. 起吊钢筋骨架，下方无人员和设备，骨架降落至距安装标高1m以内方准靠近。 3. 在平台、走道上堆放钢筋应分散、稳妥。 4. 搬运钢筋与电气设施应保持安全距离，并采取有效措施防止钢筋与带电体接触
			模板安装拆除	1. 支设4m以上的立柱模板和梁模板时，应搭设工作台，模板及其支撑系统在安装过程中，应设置临时固定设施。 2. 高处、复杂结构模板的拆除，应指定专人指挥和制订安全技术措施，并应标出工作区。 3. 作业人员不应在同一垂直面上操作；拆除平台、楼层板的底模，应设置临时支撑；作业人员不应站在悬臂结构上拆除底模。 4. 拆除模板时，混凝土强度应符合拆除强度要求，并严禁向下抛掷
			混凝土施工	1. 混凝土浇筑前应检查模板及支撑的强度、刚度和稳定性，浇筑时不得踩踏模板支撑。 2. 用吊车、料斗浇筑混凝土时，卸料人员不得进入料斗内清理残物，并应防止料斗坠落。 3. 浇灌高度2m以上的框架梁、柱混凝土应搭设操作平台，不应站在模板或支撑上操作，也不应直接在钢筋上踩踏、行走。 4. 混凝土振捣器应经电工检验确认合格后方可使用；开关箱内应装设漏电保护器，插座插头应完好无损，电源线不应破皮漏电；作业人员应穿绝缘鞋，戴绝缘手套

续表

序号	监督项目		监督检查要点
9	施工	管道安装	1. 管子组对时，手指不应放在管口处。 2. 套丝、切管作业中，应用工具清除切屑，不得用手或敲打振落。严禁用手触摸坡口及清理铁屑。 3. 在料场堆放、取用管材时，应防止管材滚落。 4. 吊装管段应捆紧绑牢，不能单点吊装，并应设置溜绳。吊装阀门时，不得将绳扣捆绑在阀门的手轮和手轮架上。起吊前应将管内杂物清理干净，重物下方不得有人作业或行走，停放平稳后方能摘钩。 5. 管子吊装就位后，应及时安装支架、吊架。 6. 在深度 1m 以上的管沟中施工时，应设有人员上下通道，并不得少于两处
		设备安装	1. 拆装的设备零部件应放置稳固。装配时，严禁用手插入接合面或探摸螺孔。取放垫铁时，手指应放在垫铁的两侧。 2. 检查机械零部件的接合面时，应将吊起的部分支垫牢固。 3. 在用倒链吊起的设备部件下作业时，应将部件支垫牢固。 4. 设备内部检验时，应有专人监护，并采取可靠的联络措施。 5. 塔类设备卧式组对时，支座应牢固，两侧应垫牢。 6. 设备封闭前应进行内部检查清理。设备内作业结束后应清点人数
		冲洗吹扫	1. 管道支、吊架应牢固可靠。 2. 清洗排放的脏液不应污染环境或随地排放。 3. 空气吹扫忌油管道时，气体中不得含油。 4. 系统吹扫，应设置警戒线，吹扫口应固定牢固，吹扫口、试压排放口不应朝向电线、基坑、道路和有人操作的场地

第六章

专项监督

第一节　危险化学品

危险化学品监督检查要点见表 6-1。

表 6-1　危险化学品监督检查要点

序号	监督项目	监督检查要点
1	资料	1. 根据所使用危险化学品的种类、危险特性，以及使用量和使用方式建立健全危险化学品安全管理制度、岗位安全责任制度（岗位操作人员安全职责，安全教育培训制度、事故管理制度等）。 2. 危险化学品使用记录台账。 3. 是否有危险化学品安全使用许可证
2	人员资质	1. 人员资质符合要求，熟悉物品性质、管理制度。 2. 主要负责人、安全管理人员、从业人员应当培训考核合格后上岗。 3. 定期组织从业人员参加教育培训，内容包括安全教育、法制教育、岗位技术培训
3	一书一签管理	1. 核对安全技术说明书，化学品安全标签是否与实物一致，并编制使用安全规程和注意事项。 2. 应编制安全操作规程、设置工艺控制卡片
4	出入库管理	1. 严格执行危险化学品出入库管理制度。 2. 设置专人管理，定期对库存危险化学品进行检查。 3. 检查出入库物品规格、质量、数量、危险标志是否齐全醒目，并做好记录，对无产地、无安全标签、无安全技术说明书和检验合格证的物品不得入库。 4. 剧毒化学品及储存数量巨大、构成重大危险源的其他危险化学品应当执行"双人验收、双把锁、双本账、双人保管、双人发货"，即"五双"管理制度。 5. 化学品实际库存与管理台账是否相符。 6. 液体、固体、低毒、剧毒分区存放。 7. 储存区设置明显的标志。 8. 装卸、搬运时，轻装、轻卸，严禁摔、碰、撞、击、拖、拉、倾倒和滚动

续表

序号	监督项目	监督检查要点
5	储存管理	1. 爆炸物品、一级易燃物品、遇潮燃烧物品、剧毒物品不得露天堆放。 2. 贮存的危险化学品应有明显的标志。 3. 贮存危险化学品的建筑必须安装通风设备。 4. 各种危险化学品不允许落地放置。库房、货棚或露天贮存的危险化学品，底部设置防潮设施，库房应垫高 15cm 以上。 5. 堆垛间距主通道大于或等于 180cm；堆垛间距支通道大于或等于 80cm。 6. 堆垛距墙距大于或等于 30cm；堆垛距柱距大于或等于 10cm；堆垛间距垛距大于或等于 10cm。 7. 堆垛距顶距大于或等于 50cm。 8. 危险化学品仓库内照明设施和电气设备的配电箱及电气开关应设置在仓库外，安装漏电保护装置，采取防雨防潮保护措施。 9. 作业场所日常使用的危险化学品的存放量不得超过一个班次的用量。 10. 禁止在危险化学品贮存区域堆放可燃废弃物。 11. 按照危险化学品特性，分类、分区存放
6	使用及废弃处理	1. 危险化学品购买要本单位领导审查后报公司安全环保处备案，经批准后方可购买。 2. 超保质期需做报废处理的要及时报质量安全环保处，方案得到批准后，在安全环保人员监督下进行处置。 3. 剧毒化学品废弃液处置方案要本单位管理领导同意，安全环保人员现场监督处置。 4. 剧毒化学品使用单位要严格建立保管和使用台账，建立领取、审批、发放使用制度。 5. 处置危险化学品应制订处置方案，方案应科学合理，并报所在的安监、环保、公安部门备案。 6. 剧毒物化学品的包装箱、袋、瓶、桶等包装废弃物应由专人负责管理统一销毁，金属容器不经彻底清洗干净不得使用，销毁应在安监、环保、公安部门备案。 7. 对失效过期，已经分解、理化性质改变的危险化学品不得转移，应组织销毁。 8. 危险化学品在报废销毁前应进行分析检验，根据物品性质分别采用分解、中和、深埋、焚烧等相应的处理方法。 9. 不具备销毁工艺和能力的单位应委托有国家认可资质的单位进行处理，双方要签订协议、明确各自职责、义务和完成时限，不得私自转移变卖。 10. 危险化学品废渣、废料不准倾倒入下水井、地面和江河中

续表

序号	监督项目	监督检查要点
7	应急管理	1. 制订本单位危险化学品事故应急预案。 2. 配备应急救援人员和必要的应急救援器材、设备。 3. 定期组织应急救援演练。 4. 应急预案要在所在的安全监督管理部门备案
8	岗位人员劳动防护用品	1. 对工作场所的危险化学品的危害因素应进行定期检测和评估。 2. 对接触人员定期组织职业健康检查。 3. 建立检测评估和人员健康监护档案。 4. 为从业人员按规定配备符合要求的防护用品和器具
9	运输	1. 对运输人员的安全培训,须熟知运输物品的名称、性质、化学、物理危害等。 2. 驾驶、装卸、押运人员的上岗资格证(充装证,准运证,押运证),有无超装、超载等。 3. 运输车上必须配备应急处理器材和防护用品
10	安全设施	1. 使用场所的各种设备、连锁保护系统等安全设施应符合国家和行业标准,并定期进行维护、检测和维修,保持安全可靠。 2. 消防设施布局合理,消防通道畅通。 3. 消防器材防火警示、指示标志应漆色醒目完好。 4. 安全设施、设备要定期检测检验。 5. 使用、储存危险化学品场所应设置"严禁烟火""当心中毒""佩戴防护用品"等安全警示标志

第二节 环 境 保 护

环境保护监督检查要点见表6-2。

表6-2 环境保护监督检查要点

序号	监督项目	监督检查要点
1	基本要求	1. 环境影响评价：建设项目在开工建设前，建设单位必须开展建设项目环境影响评价，向地方环保部门申报，并取得环境影响评价批复。 （1）承包商施工现场应存放环境影响评价文件和环境影响评价批复文件复印件。 （2）组织全员培训，保留记录。 （3）承包商相关管理人员应熟悉环境影响评价和批复文件对施工作业现场的环保管理要求。 2. 环保措施执行落实：建设项目设计阶段、施工阶段、投运等阶段，严格按照相关环境影响评价报告、环境影响评价批复，以及地方政府环保部门要求，落实好各项环保措施。 3. 变更管理：建设项目设计、施工和投运过程中，如环保措施较环评报告、环境影响评价批复及地方政府备案或许可有较大变化时，应提前与地方政府进行沟通，做好相关变更或许可手续办理，否则不允许变更。变更手续和批复文件（或复印件）存放在现场
2	钻井、压裂作业防渗	1. 井口区域：方井底部和四周墙体均应采用至少30cm厚的C30混凝土防渗层；井架基础区域应采用至少20cm厚的C30混凝土防渗层，设置导流沟或一定坡度确保将污水等导流至方井中。 2. 柴油罐区、柴油发电机房、废油暂存区：至少20cm高的水泥浆抹面围堰+20cm厚的C30混凝土防渗层+满铺2mm厚的HDPE膜且膜边缘必须伸出围堰外。 3. 钻井液储备罐区和压裂液储备罐区、废水箱等：至少20cm高的水泥浆抹面围堰+20cm厚的C30混凝土防渗层水泥层（如满铺2mm厚高密度聚乙烯膜且膜边缘必须伸出围堰外，水泥层厚度可适当减少，以保护防渗膜不破损为主）。 4. 钻井液循环系统：全井采用水基钻井液参照第3项做好防渗；采用磺化钻井液、油基钻井液等高含油钻井的，参照第2项做好防渗。 5. 钻井液材料和岩屑处理药剂：不能露天堆放，油料实行密闭式保存，防止散落的混浆材料和油料进入混浆。药剂宜存放在防护防渗库房内，如放置在临时贮存场所，至少20cm高的水泥浆抹面围堰+10cm厚的C30混凝土防渗层+满铺2mm厚的HDPE膜且膜边缘必须伸出围堰外+搭设防雨棚。

续表

序号	监督项目	监督检查要点
2	钻井、压裂作业防渗	6. 管具、设备、管线等粘油设备：应分区集中存放，做好防渗、防雨措施。直接放置地面的，应在下方铺设 2mm 厚的 HDPE 膜，防渗膜铺设区域必须可接收全部掉落油污，同时上面加盖防雨布做好防雨措施；钻杆油套管等区域可不加盖防雨布，但应将防渗膜四周边缘采取措施固定和抬高 20cm 以上，防止油污外流。 7. 油基岩屑处理区域：至少 20cm 高的水泥浆抹面围堰 +20cm 厚的 C30 混凝土防渗层 + 满铺 2mm 厚的 HDPE 膜且膜边缘必须伸出围堰外。油基岩屑临时贮存区域：至少 50cm 高的水泥浆抹面围堰 +20cm 厚的 C30 混凝土防渗层 + 满铺 2mm 厚的 HDPE 膜且膜边缘必须伸出围堰外，实时贮存量不超过 3t；作业机械进出口按 10cm 高度设置围挡；贮存区域应加盖防雨顶棚，采取顶棚四周边沿伸出围堰水平距离 1m 为宜或可采用围防护布等防雨措施。 8. 水基岩屑处理区域：至少 20cm 高的水泥浆抹面围堰 +20cm 厚的 C30 混凝土防渗层（如满铺 2mm 厚的 HDPE 膜且膜边缘必须伸出围堰外，水泥层厚度可适当减少，以保护防渗膜不破损为主）。水基岩屑临时贮存区域：至少 50cm 高的水泥浆抹面围堰 +20cm 厚的 C30 混凝土防渗层；作业机械进出口按 10cm 高度设置围挡；贮存区域应加盖防雨顶棚，采取顶棚四周边沿伸出围堰水平距离 1m 为宜或可采用围防护布等防雨措施。 9. 其他：以上 2~8 项围堰高度和厚度应根据围堰内污染物泄漏量、围堰承载能力，在规定的基础上适当加高或加厚，确保污染物不泄漏；以上所有采用混凝土硬化防渗的地面还应采用水泥基渗透结晶型防水剂做防渗处理。 10. 场外清水池：宜采用水泥池，底部和四周墙体均应采用至少 20cm 厚的 C20 混凝土防渗层。也可采用黏土夯实构筑池壁 +2mm 厚的 HDPE 土工膜防渗；并在清水池内设置抽水泵基础，泵头基础采用 C20 混凝土浇筑，清水池内集水坑底部、防渗膜上方设置 10cm 厚的 C20 混凝土，防止抽水时泵头吸附防渗膜。 11. 雨污分流系统：以井架基础外沿为起点，沿井场前后场方向设置朝向井场四周的排水坡，场外雨水经井场外围排水沟排入场外冲沟；场内雨水经井场四周污水沟收集进污水沟，通过沉砂井、隔油池处理后直接散排，以实现井场雨污分流。清污分流沟采用厚度 8cm 的 C15 混凝土防渗层。当场地肩标高低于外侧地面标高时应设置排水沟，并汇入自然水系；场内清水沟尺寸不小于 400mm×400mm，井场四周修建截面，沟底坡度确保清水沟不积水；井场四角及两侧中部修建容积不低于 3.6m³ 的集水池，按流向分隔为 3 个小池，集水池按沉淀、隔油功能设计，井场清洁区场面雨水流入场内清水沟，通过集水池沉沙后排入场外自然水系。

续表

序号	监督项目	监督检查要点
2	钻井、压裂作业防渗	12.水泥、防渗膜、防雨布等防雨防渗措施在作业过程中必须做好保护和维修，防止破损造成防渗措施失效
3	其他井下作业	1.含油物应当进罐，不得向钻井液池或环境中排放；试油试气、修井过程中分离或产生的天然气应焚烧排放或进入试生产流程。 2.修井作业应"三铺一盖"（即修井机、管杆桥及工具箱下铺防渗布；抽油机盖防渗布），防渗布宜采用2mm厚的HDPE膜或同等以上防渗效果的防渗布，作业完成后应及时清理。 3.酸化、防砂、堵水等各种措施井，严禁各种化学药剂落地，含有毒性的残液不得向环境排放。酸化压裂、洗净等井下作业过程产生的含酸性或者碱性的污水，应用相应耐酸、耐碱等防腐蚀罐体收集，或用中和预处理消除腐蚀性后才可排入水池。 4.应确保试油试气、修井作业过程中产生的各类污染物（生活、工业垃圾）得到合理化处置。 5.其他井下作业防渗措施应参照"钻井、压裂作业防渗"中各项要求执行
4	采油采气集输	1.严格控制原油落地和天然气放空；向大气排放的天然气应当经充分燃烧。 2.各类场站应实现清污分流，生产过程中产生的工业废水应全部纳入污水处理系统，经处理后回注回用。 3.油气集输系统应有管道泄油事故应急预案，并按照计划进行演练。 4.油气生产场站应采取相应的措施，禁止向场外排放污油、污水和油泥；禁止跑冒滴漏和污水池、污水沟渗漏
5	承包商放射源管理	1.生产建设单位对承包商放射源的运输、储存和使用等管理负有监管责任，应定期开展检查，对不符合要求的，责令限期整改，并在整改后进行验证检查。 2.运输、储存和使用放射源物质的承包商，应当按照国家法律法规及有关标准规范建立专门的管理制度，采取有效防护措施，严格监督检查。 3.放射作业场所应当划出安全防护区域，设置辐射警示标志，必要时应设专人警戒，并将作业过程相关风险告知相关方。 4.涉及放射性同位素跨地区使用的，应当向使用地省（自治区、直辖市）环境保护行政主管部门备案

续表

序号	监督项目	监督检查要点
6	环保交接	1. 生产建设过程中如果涉及多个项目环节，各项目完工后立即回收各种原材料，清理井场上落地钻井液、污水、油料和其他各种废弃物，做到工完、料净、场地清。 2. 生产建设过程中如果涉及多个项目环节，需要多个单位和承包商队伍配合完成后，各单位和承包商队伍之间要做好生产作业现场环保交接，交接书中应写明现场环境状况，交接双方应签字确认，以便后期追溯查证，防止遗留环境隐患
7	危险废弃物管理（油基岩屑、废机油、废油泥等）	1. 生产建设单位及承包商应建立危险废物管理计划并向地方环保部门备案。 2. 生产建设单位和承包商应对危险废物处置单位资质进行审核和备案（包括危险废物经营许可证、危险废物道路运输资格证、运输车资质、驾驶员从业资质等）。 3. 危险废物委托方和处置方应签订危险废物委托处置合同及运输合同。 4. 转移危险废物前，应向环保部门报批危险废物转移计划并得到批准。 5. 生产建设单位和相应承包商应编制危险废物应急预案并备案，编制演练计划并组织演练。 6. 生产建设单位或相应承包商应对危险废物管理人员和从事收集、运输、储存、利用和处置等人员进行培训、评估、准入审查（承包商）或备案（分包商）。 7. 不相容的危险废物禁止同一容器内混装；不相容危险废物不得混合或合并存放。 8. 预处理甩干后的油基岩屑可用包装袋装袋后在贮存场所堆放（如可以用液态或半固态盛装在容器进行运输或委托处置的，可以不进行甩干预处理，但应对危险废物盛装容器做好防渗、防雨措施）；其他液态、半固体、易水解、易挥发等危险废物必须装入容器、罐体内存放，容器内预留足够空间，容器顶部与液体表面之间保留100mm以上的空间。 9. 危险废物预处理、贮存场所和设施必须设置警示标识，盛装危险废物的容器必须粘贴危险废物标签。危险废物运输车辆应按照《道路运输危险货物车辆标志》（GB 13392）设置车辆标志。 10. 定期对存放、储存危险废物的容器、场所进行维护检查，发现破损及时采取措施维修。 11. 建设单位、总包商、危险废物处理单位应对污染物治理实行动态监管，严格规范清理、拉运、储存、处理环节，杜绝污染物违规转移、倾倒、乱埋乱放。

续表

序号	监督项目	监督检查要点
7	危险废弃物管理（油基岩屑、废机油、废油泥等）	12. 建设单位和承包商应按照各自职责做好相关资料、记录台账的管理和留存。包括但不限于：危险废物管理计划、备案文件、委托处置合同或协议、委托运输合同或协议、委托处理和处置单位有效资质、准入或备案资料，现场收集/处理记录、转运五联单等。 13. 梳理废机油各作业现场及各作业区的产生与存储、回用及委外处理量是否整体平衡；油基岩屑产生与委外处理及库存量是否平衡
8	一般固体废弃物管理（水基岩屑、生活工业垃圾）	1. 清洁化承包商与地方有资质的砖厂等其他资源化利用单位签订委托处置合同或协议。 2. 水基岩屑须按规定频次、开次检测，取样须三方取样签认并留有封样照片。 3. 清洁化处理承包商应在第一次岩屑拉运前，按属地政府环保部门要求进行相关资料备案，取得固体废弃物处置相关许可手续。 4. 清洁化处理工艺必须包含以下四部分：输送系统（螺旋输送机）、泥水分离系统（振动、水喷淋、搅拌沉淀单元）、板框压滤单元、贮存单元（污水罐、岩屑罐），并在钻井开工前安装完毕。运行程序满足方案或变更申请要求。 5. 滤饼必须干燥、成型，含水率不高于60%。 6. 存放、储存一般固体废弃物的场所必须张贴目视化标识，目视化标识必须符合《环境保护图形标志 固体废物贮存（处置）场》(GB 15562.2)的要求。 7. 生活、工业垃圾等应集中存放；不得乱扔乱弃，应与地方签订委托处置协议，得到合理化处置，建立拉运台账。 8. 水基岩屑处置应按照规范做好检测，检测应由检测单位、建设单位（或甲方委派的驻井监督）、承包商共同现场取样并封样签认（照片留存）；或由建设单位（或甲方委派的驻井监督）、承包商共同现场取样并封样签认送检。 9. 监测单位必须具备 CNAS 或 CMA 认证资格（监测报告有 CNAS 或 CMA 标记）。 10. 监测频次要求：页岩气井一开、二开分别对处理后的岩屑取样检测一次，三开水平段如使用水基钻井液或高性能水基钻井液需对处理后取样检测一次，各次必须在拉运前取得检测结果；油井抽样检测频次计划按实际井筒理论容积的 3 倍产生量计算，每 1000m³ 钻井废弃物至少将处理后的岩屑和滤饼各抽样检测一次；如果三开后使用聚磺体系钻井液，还需单独将该体系下处理后的岩屑和滤饼各抽样检测一次。

续表

序号	监督项目	监督检查要点
8	一般固体废弃物管理（水基岩屑、生活工业垃圾）	11. 处理后的水基岩屑和滤饼浸出液中，各项污染物浓度监测值均应低于《污水综合排放标准》（GB 8978—1996）中的第一类污染物和第二类污染物（二级标准）的最高允许浓度限值（第一类污染物：总镉＜0.1mg/L、总铬＜1.5mg/L、总铅＜1mg/L，第一类污染物指标如地方无相关要求，可仅在三开井段进行检测一次；第二类污染物：pH值＜6～9、石油类＜10mg/L、色度80、COD＜150mg/L；如果环境影响评价或地方有其他要求的，执行相关要求。 12. 建设单位和承包商应按照各自职责做好相关资料、记录台账的管理和留存。包括但不限于：岩屑处置方案、加药台账、设备设施运行台账、地方政府备案资料、委托处置协议、委托处理单位有效资质、固体废弃物/污水处理（包括循环利用和资源化）和拉运统计台账、固体废弃物和污水拉运三联单、岩屑浸出液和污水检测报告等资料台账。 （1）各类固体废弃物、污水的终端去向进行抽查，从源头到处置终端要做到合规闭环。 （2）各类固体废弃物、污水产生台账和委外处理（或拉运台账）及库存量要整体平衡。 （3）水基滤饼拉运到砖厂的联单需要有砖厂的盖章，如无盖章，签字的接收人必须有砖厂盖章签字的授权书。 （4）各类监测报告、检测指标必须齐全，并满足指标要求
9	其他	1. 现场防渗措施（水泥地面、防渗布、围堰等）必须时刻保持完好，如破损或者缺陷等同无效。 2. 现场围堰、防渗区内污水污油应及时清理，不得长时间存放。 3. 各类标识标牌必须清晰、填写准确。 4. 现场设备设施杜绝跑冒滴漏，如由于设备设施老化或者施工原因无法及时更换维修的，岗位人员及时巡检及时清理，不得滴漏到无防渗区域或者长时间不清理。 5. 生产作业区域周边及时巡检和清理，确保无杂物和垃圾。 6. 各类台账、记录、资料字迹清晰，不得有涂改。 7. 梳理环保管理制度、环保管理责任制、环保专项应急预案建立及完善情况，责任制考核落实情况。开展一次环境污染应急演练。 8. 内紧外松排查梳理、处理外协问题（噪声扬尘、水渣污染、土地及附着物补偿、道路压损、工程拖欠等问题），谨防外协举报

续表

序号	监督项目	监督检查要点
10	危险废物标志、标签；一般废物标识	危险废物储存间　　　危险废物标识牌 固体废物储存场

第三节 防爆电气

防爆电气监督检查要点见表6-3。

表6-3 防爆电气监督检查要点

序号	监督项目	监督检查要点
1	爆炸危险场所的分类	按爆炸性物质的物态分为：气体爆炸危险场所和粉尘爆炸危险场所两类
2	爆炸性气体环境的分区	根据爆炸性气体环境出现的频率和持续时间把危险场所分为0区、1区和2区三个区域等级： （1）0区：爆炸性气体环境连续出现或长时间存在的场所。 （2）1区：在正常运行时，可能出现爆炸性气体环境的场所。 （3）2区：在正常运行时，不可能出现爆炸性气体环境，如果出现也是偶尔发生并且仅是短时间存在的场所
3	防爆电气设备的选型	1.防爆电气设备的选型原则： （1）防爆电气设备的选型原则是安全可靠，经济合理。 （2）防爆电气设备应根据爆炸危险区域的等级和爆炸危险物质的类别、级别和组别选型。 2.爆炸性气体环境用电气设备根据区域类别选型应符合下表要求。

适用爆炸危险区域	电气设备防爆型式	防爆标志
0区	本质安全型（ia级）	Exia
0区	为0区设计的特殊型	Exs
1区	适用于0区的防爆型式	—
1区	本质安全型（ib级）	Exib
1区	隔爆型	Exd
1区	增安型	Exe
1区	正压外壳型	Expx、Expy
1区	油浸型	Exo
1区	充砂型	Exq
1区	浇封型	Exm
1区	为1区设计的特殊型	Exs

续表

序号	监督项目	监督检查要点
3	防爆电气设备的选型	续表 | 适用爆炸危险区域	电气设备防爆型式	防爆标志
2区	适用于0区和1区的防爆型式	—
	n型	ExnA、ExnC、ExnR、ExnL、ExnZ
	正压外壳型	Expz
	为2区设计的特殊型	Exs | 注1：对于标有"s"的特殊型设备，应根据设备上标明适用的区域类型选用，并注意设备安装和使用的特殊条件。 注2：根据我国的实际情况，允许在1区中使用的"e"型设备仅限于： ——在正常运行中不产生火花、电弧或危险温度的接线盒和接线箱，包括主体为"d"或"m"型，接线部分为"e"型的电气产品； ——配置有合适热保护装置（见GB/T 3836.3—2021附录D）的"e"型低压异步电动机（起动频繁和环境条件恶劣者除外）； ——单插头"e"型荧光灯。 注3：用正压保护的防爆型式： px型正压——将正压外壳内的危险分类从1区降至非危险或从Ⅰ类（煤矿井下危险区域）降至非危险的正压保护。 py型正压——将正压外壳内的危险分类从1区降至2区的正压保护。 pz型正压——将正压外壳内的危险分类从2区降至非危险的正压保护。 注4：符号： A——无火花设备； C——有火花设备；触头采用除限制呼吸外壳，能量限制和n-正压之外的适当保护； R——限制呼吸外壳； L——限制能量设备； Z——具有n-正压外壳。

续表

序号	监督项目	监督检查要点
3	防爆电气设备的选型	3. 根据气体或蒸气的引燃温度选型： （1）电气设备应按其最高表面温度不超过可能出现的任何气体或蒸气的引燃温度选型。 （2）电气设备上温度组别标志意义见下表。 {组别表如下} | 组别	引燃温度 t，℃
---	---
T1	$450<t$
T2	$300<t\leq450$
T3	$200<t\leq300$
T4	$135<t\leq200$
T5	$100<t\leq135$
T6	$85<t\leq100$ | （3）如果电气设备未标示环境温度范围，设备应在 $-20\sim+40$℃温度范围内使用。如果电气设备标志了该温度范围，设备只能在这个范围内使用。 4. 根据设备类别选型： （1）防爆型式为"e""m""o""p"和"q"的电气设备应为Ⅱ类设备。 （2）防爆型式为"d"和"i"的电气设备应是ⅡA、ⅡB、ⅡC类设备，并按气体/蒸气分类与设备类别间的关系表进行选型。 （3）防爆型式"n"的电气设备应为Ⅱ类设备，如果它包括密封断路装置，非故障元件或限能设备或电路，那么该设备应是ⅡA、ⅡB或ⅡC类，并且按气体/蒸气分类与设备类别间的关系表进行选型。 **气体/蒸气分类与设备类别间的关系** | 气体/蒸气分类	设备类别
---	---
ⅡA	ⅡA、ⅡB或ⅡC
ⅡB	ⅡB或ⅡC
ⅡC	ⅡC	 5. 外部影响： （1）电气设备的选型和安装，应考虑防止外部影响（例如化学作用、机械作用和热、电气、潮湿）对防爆性能产生不利的影响。 （2）应有防止异物垂直落入立式安装电动机通风口内的措施

续表

序号	监督项目	监督检查要点
4	爆炸性气体环境电气线路的安装	安装方式可分为:电缆布线方式和导管布线方式。 注:本质安全电路的安装可不按此规定。 1.电气线路应敷设在爆炸危险性较小的区域或距离释放源较远的位置,避开易受机械损伤、振动、腐蚀、粉尘积聚及有危险温度的场所。当不能避开时,应采取预防措施。 2.选用的低压电缆或绝缘导线,其额定电压必须高于线路工作电压,且不得低于500V,绝缘导线必须敷设于导管内。 3.10kV及以下架空线路严禁跨越爆炸性气体环境;架空线与爆炸性气体环境水平距离,不应小于杆塔高度的1.5倍。 4.电缆及其附件在安装时,根据实际情况其位置应能防止受外来机械损伤、腐蚀或化学影响(例如溶剂的影响),以及高温作用。如果上述情况不能避免,安装时应采取保护措施,使用导管或对电缆进行选型(为了使其损害降低到最小,可使用铠装电缆、屏蔽线、无缝铝护套线,矿物绝缘金属护套或半刚性护套电缆等)。 注:在-5℃安装时,PVC电缆应采取措施防止电缆护套或绝缘材料受损害。 5.无护套单芯电线,除非它们安装在配电盘、外壳或导管系统内,不应用作导电配线。 6.设置电缆的通道、导管、管道或电缆沟,应采取预防措施防止可燃性气体、蒸气或液体从这一区域传播到另一个区域,并且阻止电缆沟中可燃性气体、蒸气或液体的聚集。这些措施包括通道、导管或管道的密封。对于电缆沟,可使用充足的通风或充砂。 7.除加热带外,应避免电缆金属铠装/护套与有可燃性气体、蒸气或液体管道系统之间的偶然接触,利用电缆上非金属外护套进行隔离通常可避免这种偶然接触。 8.危险和非危险场所之间墙壁上穿过电缆和导管的开孔应充分密封,例如用砂密封或用砂浆密封。 9.在危险场所中使用的电缆不能有中间接头。当不能避免时,除适合于机械的、电的和环境情况外,连接应该: ——在适应于场所防爆型式的外壳内进行。 ——配置的连接不能承受机械应力,应按制造厂说明,用环氧树脂、复合剂或用热缩管材进行密封。 注:除本质安全系统用电缆外,后一种方法不能在1区使用。 除连接隔爆设备导管或本安电路中的导线外,导线连接应通过压紧连接、牢固的螺钉连接、熔焊或钎焊方式进行。如果被连接导线用适当的机械方法连在一起,软焊是允许的。

续表

序号	监督项目	监督检查要点
4	爆炸性气体环境电气线路的安装	10. 如果使用多股绞线尤其是细的绞合导线，应保护绞线终端，防止绞线分散，可用电缆套管或芯线端套，或用定型端子的方法，但不能单独使用焊接方法。符合设备防爆型式的爬电距离和电气间隙不应因导线与端子连接而减小。 11. 为处理紧急情况，在危险场所外合适的地点或位置应有一种或多种措施对危险场所电气设备断电。为防止附加危险，必须连续运行的电气设备不应包括在紧急断电电路中，而应安装在单独的电路上。 12. 为保证作业安全，应对每一电路或电路组采取适当方法进行隔离（例如隔离开关，熔断器和熔断丝），包括所有电路导体，也包括中性线。应立即采取与隔离措施一致的标签对被控制电路和电路组标识。 注：裸露非保护导体对爆炸性环境产生危险仍持续时，应有有效措施或程序来阻止对电气设备恢复供电
5	接地	1. 电气设备的金属外壳、金属构架、金属配线管及其配件、电缆保护管、电缆的金属护套等非带电的裸露金属部分均应接地。 2. 爆炸危险场所除 2 区内照明灯具以外，所有的电气设备应采用专用接地线；宜采用多股软绞线，其铜芯截面积不得小于 $4mm^2$。金属管线、电缆的金属外壳等，可作为辅助接地线。中性点不接地系统，接地电阻值不大于 10Ω；中性点接地系统，接地电阻值不大于 4Ω。 3. 在爆炸气体危险环境 2 区内的照明灯具，可利用有可靠电气连接的金属管线系统作为接地线，但不得利用输送易燃物质的管道。 4. 接地干线应在爆炸危险区域不同方向不少于两处与接地体连接。 5. 进入爆炸危险场所的电源，如果使用 TN 型电源系统，应为危险场所中的 TN-S 型（具有单独的中性线 N 和保护线 PE），即在危险场所中，中性线与保护线不应连在一起或合并成一根导线，从 TN-C 到 TN-S 型转换的任何部位，保护线应在非危险场所与等电位连接系统相连。 注：危险场所内中性线和 PE 保护线间的漏电监视应给予考虑。 6. 铠装电缆引入电气设备时，其接地芯线应与设备内接地螺栓连接，其钢带或金属护套应与设备外接地螺栓连接
6	爆炸性气体环境防爆电气设备的安装	1. 防爆电气设备的铭牌、防爆标志、警告牌应正确、清晰。 2. 防爆电气设备的外壳和透光部分应无裂纹、损伤。 3. 防爆电气设备的紧固螺栓应有防松措施，无松动和锈蚀。 4. 防爆电气设备宜安装在金属制作的支架上，支架应牢固，有振动的电气设备的固定螺栓应有防松装置。 5. 电气设备多余的电缆引入口应用适合于相关防爆型式的堵塞元件进行堵封。除本质安全设备外，堵塞元件应使用专用工具才能拆卸。

续表

序号	监督项目	监督检查要点
6	爆炸性气体环境防爆电气设备的安装	6.密封圈和压紧元件之间应有一个金属垫圈,并应保证密封圈压紧电缆或导线,且密封圈不应有老化现象。 7.灯具的安装,应符合下列要求: (1)灯具的种类、型号和功率,应符合设计和产品技术条件的要求。 (2)螺旋式灯泡应旋紧,接触良好,不得松动。 (3)灯具外罩应齐全,螺栓应紧固。 8.防爆合格证书编号后缀有"U"符号的产品与其他电气设备或系统一起使用时,应先进行附加认证方可安装使用
7	防爆电气设备的检查	1.为使危险场所用电气设备的点燃危险减至最小,在装置和设备投入运行之前工程竣工交接验收时,应对它们进行初始检查;为保证电气设备处于良好状态,可在危险场所长期使用,应进行连续监督和定期检查。 初始检查和定期检查应委托具有防爆专业资质的安全生产检测检验机构进行。 2.防爆电气设备的检查和维护应由符合规定条件的有资质的专业人员进行,这些人员应经过包括各种防爆型式、安装实践、相关规章和规程,以及危险场所分类的一般原理等在内的业务培训,这些人员还应接受适当的继续教育或定期培训,并具备相关经验和经过培训的资质证书。 3.连续监督应由企业的专业人员按要求进行,并作好相应的检查记录,发现的异常现象应及时处理。连续监督应包括下列主要项目: (1)防爆电气设备应按制造厂规定的使用技术条件运行。对于防爆合格证书编号带有后缀"X"的产品,应符合其有关文件规定的安全使用特定条件。 (2)防爆电气设备应保持其外壳及环境的清洁,清除有碍设备安全运行的杂物和易燃物品,应指定化验分析人员经常检测设备周围爆炸性混合物的浓度。 (3)设备运行时应具有良好的通风散热条件,检查外壳表面温度不得超过产品规定的最高温度和温升的规定。 (4)设备运行时不应受外力损伤,应无倾斜和部件摩擦现象。声音应正常,振动值不得超过规定。 (5)运行中的电动机应检查轴承部位,须保持清洁和规定的油量,检查轴承表面的温度,不得超过规定。 (6)检查外壳各部位固定螺栓和弹簧垫圈是否齐全紧固,不得松动。 (7)检查设备的外壳应无裂纹和有损防爆性能的机械变形现象。电缆进线装置应密封可靠。不使用的线孔,应用适合于相关防爆型式的堵塞元件进行堵封。

续表

序号	监督项目	监督检查要点
7	防爆电气设备的检查	（8）检查充入正压外壳型电气设备内部的气体，是否含有爆炸性物质或其他有害物质，气量、气压应符合规定，气流中不得含有火花、出气口气温不得超过规定，微压（压力）继电器应齐全完整，动作灵敏。 （9）检查油浸型电气设备的油位应保持在油标线位置，油量不足时应及时补充，油温不得超过规定，同时应检查排气装置有无阻塞情况和油箱有无渗油漏油现象。 （10）设备上的各种保护、闭锁、检测、报警、接地等装置不得任意拆除，应保持其完整、灵敏和可靠性。 （11）检查防爆照明灯具是否按规定保持其防爆结构及保护罩的完整性，检查灯具表面温度不得超过产品规定值，检查灯具的光源功率和型号是否与灯具标志相符，灯具安装位置是否与说明规定相符。 （12）在爆炸危险场所除产品规定允许频繁启动的电动机外，其他各类防爆电动机，不允许频繁启动。 （13）正压外壳型防爆电气设备通风或换气的时间及保护功能须符合产品的使用说明书和警告牌上的规定要求。 4.电气设备运行中发生下列情况时，操作人员可采取紧急措施并停机，通知专业人员进行检查和处理。 （1）负载电流突然超过规定值时或确认断相运行状态。 （2）电动机或开关突然出现高温或冒烟时。 （3）电动机或其他设备因部件松动发生摩擦，产生响声或冒火星。 （4）机械负载出现严重故障或危及电气安全。 5.定期检查应委托具有防爆专业资质的安全生产检测检验机构进行，时间间隔一般不超过3年。企业应当根据检查结果及时采取整改措施，并将检查报告和整改情况向安全生产监督管理部门备案

第四节 消防管理

消防管理监督检查要点见表6-4。

表6-4 消防管理监督检查要点

序号	监督项目	监督检查要点
1	现场消防管理	1. 消防安全管理制度齐全。 2. 建立专（兼）职消防队伍，或者根据需要与所在区域其他专职消防队签订消防服务协议。 3. 开展消防知识的培训和教育，岗位员工以熟知火灾危险性、初期火灾扑救、工艺应急处置、自救互救与紧急避险为主要内容，专（兼）职消防人员以基础理论、责任区熟悉、个人体能与技能、消防设施操作等为主要内容。岗位人员会报火警，会使用灭火器具。 4. 针对油气站场、管道及其他易燃易爆场所，办公楼、倒班点、职工公寓、活动中心、食堂、临时承租房等人员密集场所开展消防安全风险辨识，制订、落实消防安全风险管控措施。 5. 定期组织消防设施、器材的检查测试与维护保养。完善本单位火灾应急预案，定期组织培训、开展消防演练，记录齐全。 6. 消防安全重点单位应确定消防安全管理人员，消防档案齐全，设置防火标志，每日进行防火巡查，并建有巡查记录。 7. 严格执行动火作业安全管理制度，落实动火作业安全措施
2	消防器材	1. 普通建筑场所所配灭火器每月检查一次；甲乙类火灾场所、罐区、锅楼房、地下室等场所每半月检查一次。新配置和搬运后的消防器材应立即检查。 2. 水基型灭火器出厂满三年、首次维修以后每满一年应进行维修；干粉灭火器、洁净气体灭火器和二氧化碳灭火器出厂满五年、首次维修后每满两年应进行维修。 3. 酸碱型灭火器、化学泡沫型灭火器、倒置使用型灭火器、国家明令淘汰的其他类型灭火器应报废。 4. 筒体严重锈蚀，锈蚀面积大于或等于筒体总面积的1/3，表面有凹坑；筒体明显变形，机械损伤严重；器头存在裂纹、无泄压机构；筒体为平底等结构不合理；没有间歇喷射机构的手提式；没有生产厂名称和出厂年月，包括铭牌脱落，或虽有铭牌但已看不清生产厂名称或出厂年月钢印无法识别；筒体有锡焊或补缀等修补痕迹；被火烧过的灭火器应报废。

续表

序号	监督项目		监督检查要点
2	消防器材		5. 水基型灭火器出厂时间超过6年，干粉灭火器、洁净气体灭火器出厂时间超过10年，二氧化碳灭火器出厂时间超过12年应报废。 6. 不得损伤、挪用或者擅自拆除、停用消防设施、器材，不得埋压、圈占、遮挡消火栓或者占用防火间距，不得占用、堵塞、封闭疏散通道、安全出口、消防车通道。 7. 在同一灭火器配置场所，宜选用相同类型和操作方法的灭火器。当同一灭火器配置场所存在不同火灾种类时，应选用通用型灭火器。 8. 在同一灭火器配置场所，当选用两种或两种以上灭火器时，应采用灭火剂相容的灭火器。 9. 一个计算单元内配置的灭火器不得少于两具，每个设置点的灭火器数量不宜多于五具。 10. 灭火器应设置在明显和便于取用的地点，且不得影响安全疏散。 11. 灭火器应设置稳固，其铭牌应朝外，底部离地面高度不宜小于0.15m。 12. 灭火器不应设置在潮湿或强腐蚀性的地点，当必须设置时，应有相应的保护措施。 13. 灭火器箱不应被遮挡、上锁或栓系。 14. 检查灭火器压力指示器指针指示在绿色范围区域内。 15. 手提式灭火器喷射软管不老化、不破损，连接紧固。 16. 推车式灭火器宜设置在平坦场地，行驶机构性能良好，不得设置在台阶上。 17. 设置在室外的灭火器应有防雨、防晒等保护措施，灭火器不得设置在超出其温度范围的地点（−20～50℃）
3	消防栓/消防水带	室外消火栓	1. 室外消火栓地上外露部分是否涂红色漆，外表是否无损伤。 2. 栓体上是否有清晰地铸出型号、规格等永久性标志
		室内消火栓	1. 消火栓箱的外观是否有缺陷，箱门上是否设有耐久性名牌标识，其内容清晰、牢固。 2. 消火栓箱门开启角度不应大于160°，消火栓出水方向是否向下或与墙面成90°。 3. 消火栓的栓体或栓盖上是否有铸出的型号、规格，并设有商标。 4. 手轮轮缘上是否有铸出标识开关方向的箭头和字样，阀杆升降是否平稳、灵活

续表

序号	监督项目		监督检查要点
3	消防栓/消防水带	消防水带	1. 给水枪供水时，消火栓旁应设水带箱，箱内应配备2～6盘直径为65mm、长度为20m的带快速接口的水带和两支内径不得小于19mm、栓口直径为25mm的水枪及一把消火栓钥匙。水带箱距消火栓不宜大于5m。 2. 检查水带是否完整无破损、接口是否牢固、卡簧是否脱落、是否干燥清洁、接口是否和消火栓、水枪匹配、摆放位置是否合理，检查水枪、泡沫枪是否完整无破损、型号与水带接口是否匹配、摆放位置是否合理。 3. 消防水带有裂口及水带边缘磨损严重、漏水，消防水枪接口变形、无法与水带连接或连接后漏水严重的应及时更换
4	消防泵		1. 消防泵房应设专岗，持证上岗；定期对消防泵试运行和保养。 2. 一组水泵的吸水管和出水管不应少于两条，当其中一条发生故障时，其余的应能通过全部水量。 3. 消防泵应设双电源或双回路供电，如有困难，可采用内燃机作备用动力。 4. 消防泵房值班室应设置对外联络的通信设施。 5. 消防泵房及其配电室应设应急照明，其连续供电时间不应少于20min。 6. 消防泵出口的压力表齐全、完好，并按时校验。 7. 消防泵完好无泄漏，各连接部位牢固、可靠。 8. 消防泵出水管上的泄压阀齐全、完好，回流管畅通
5	消防给水		1. 消防水池（罐）液位正常，自动补水设施完好。 2. 冬季寒冷地区消防水有防冻措施
6	防火		1. 进出天然气站场的天然气管道应设截断阀，并应能在事故状态下易于接近且便于操作。三、四级站场的截断阀应有自动切断功能。当站场内有两套及两套以上天然气处理装置时，每套装置的天然气进出口管道均应设置截断阀。进站场天然气管道上截断阀前应设泄压放空阀。 2. 管道穿越防火堤处应采用非燃烧材料封实。严禁在防火堤上开孔留洞。 3. 油罐防火堤上的人行踏步应不少于两处，且应处于不同方位。隔堤均应设置人行踏步。

续表

序号	监督项目	监督检查要点
6	防火	4.生产区不应种植含油脂多的树木，宜选择含水分较多的树种；工艺装置区或甲、乙类油品储罐组与其周围的消防车道之间不应种植树木；液化石油气罐组防火堤或防护墙内严禁绿化。 5.站内电缆沟应有防止可燃气体聚集及防止含有可燃液体的污水进入沟内的措施。电缆沟通入变（配）电室、控制室的墙洞处应填实、密封。 6.变（配）室间的室内地坪应比室外地坪高0.6m，并设置挡鼠板
7	疏散通道和安全出口	1.疏散通道和安全出口设置的疏散门是否向疏散方向开启。 2.疏散通道、安全出口是否保持畅通，是否设置门槛和其他影响疏散的障碍物。 3.消防应急照明、安全疏散标志是否完好、有效、不被遮挡
8	手动火灾报警按钮	1.手动火灾报警按钮是否设置在疏散通道或出入口处。 2.手动火灾报警按钮是否设置在明显和便于操作的部位。 3.火灾报警按钮被触发时，是否能向报警控制器输出火警信号。 4.启动按钮的报警确认灯，是否能手动复位

第五节 应 急 管 理

应急管理监督检查要点见表 6-5。

表 6-5 应急管理监督检查要点

序号	监督项目	监督检查要点
1	应急管理组织机构及制度建设	1. 设立应急管理机构,下发公司文件。 2. 确立应急管理部门,配备专、职应急管理人员。 3. 制订应急管理制度和办法,并根据实际情况及时修订完善。 4. 根据管理办法要求,定期组织应急工作自查自改。 5. 下发年度应急工作安排,并按计划开展应急管理工作。 6. 建立应急管理奖惩机制,有奖惩记录
2	风险识别及防控措施	1. 建立本单位风险识别记录清单。 2. 针对风险源,制订工区、班组级应急处置措施。 3. 建立特种设备、危化品台账,有正确具体的防控措施。 4. 开展本单位风险识别和防控的宣贯和培训
3	应急预案及演练	1. 根据本单位风险分析识别,编制相应应急预案和应急处置措施。 2. 应急预案按要求及时修订完善。 3. 应急预案在公司应急办公室备案。 4. 制订年度应急预案演练计划,按计划组织演练,演练变更有申请记录和跟踪。 5. 预案演练有记录、总结评估及整改措施,留存整改销项记录
4	应急培训及实施	1. 制订年度应急培训及宣传计划。 2. 按照应急培训计划实施培训,有记录总结,有整改措施,留存整改销项记录
5	应急队伍建设情况	1. 制订应急队伍培训、拉练计划。 2. 建立应急队伍人员通讯录,并及时更新。 3. 建立应急队伍救援设备和防护装备台账清单,并及时更新。 4. 留存应急队伍应急处置记录,包括出勤人员、物资使用和处置措施等情况
6	应急物资和机械设备	1. 应急物资管理。 2. 应急物资应保持功能正常、有效、完好,随时处于备战状态;现场不得配备、使用超过标校期的应急物资;物资若有损坏或影响安全使用的,应及时修理、更换或报废。

续表

序号	监督项目	监督检查要点
6	应急物资和机械设备	3. 应急物资的使用人员，应接受相应的培训和考核，熟悉与本岗位相关的各种应急物资的用途、技术性能及有关使用说明资料。 4. 应急物资只能用作临时应急使用，不得用作他用。 5. 应急物资应置于取用方便的位置并设有专人管理。 6. 生产作业现场应建立应急物资的有关制度和记录： （1）物资清单及使用说明。 （2）物资存储、保管和使用管理制度。 （3）物资使用、维护保养、报废及更新等记录。 7. 编制年度应急物资补充更新购置计划，并按计划实施。 8. 仓储应急物资摆放整齐，物资标签清晰，品名、规格、产地、编号、数量、质量、生产日期、入库日期齐全，有效期内储存。 9. 应急物资配备。 （1）生产作业现场应根据作业性质、工作场所、作业环境、地理条件等因素配备应急物资（生产作业现场应急物资配备基本要求见附录一）。 （2）在生产作业场所、危险作业场所、特殊作业场所中，当两个或三个作业在同一场所时，应综合考虑配备相应种类的应急物资，对同一种类的应急物资应按最高标准配备。 （3）医用急救包配备标准（见附录二）。 （a）100人（含100人）以上的野外生产作业场所和联合站、转油站、油气集输站等相对固定的生产作业场所配备大型急救包1个。 （b）20~100人（含20人）的野外生产作业场所、钻井队、采油队、临时派外作业队伍等流动性比较大的生产作业场所配备中型急救包1个。 （c）20人以下的生产作业场所和修井队、测井队、生产前线换班车辆配备小型急救包1个。 （4）医用急救包管理及使用。 （a）急救包不应与有毒、有害物质及其他杂物共同存放，应由专人保管，保管人员应经过救护培训，且考核合格。 （b）急救包内药品有效期应以药品的外包装上注明的批号和有效期为准，且所有药品不得超过使用有效期。 （c）相对固定的生产作业现场应组建急救小组，小组成员必须经过专门的急救培训及考核，并定期组织演练
7	应急日常工作	1. 建立应急管理标准化记录本，有应急队伍、应急机械设备台账。 2. 留存公司下发应急管理工作文件，调度上报信息内容规范，了解汇报内容和范围。

续表

序号	监督项目	监督检查要点
7	应急日常工作	3. 编制月领导值班表，有签字记录。 4. 按要求节假日前报送应急队伍、机械应急留守情况表。 5. 绘制应急抢险路线图册，并按季度进行完善补充。 6. 建立应急抢险通讯录，并及时进行完善补充。 7. 建立应急预案启动记录台账，有评估总结记录
8	承包商应急管理	1. 承包商在本单位应急办公室备案应急预案和应急处置措施。 2. 建立承包商应急通讯录。 3. 组织承包商单位开展应急管理培训、应急措施交底。 4. 组织对承包商的应急管理工作开展检查。 5. 参与并指导承包商应急演练工作。 6. 组织并参与承包商应急抢险工作，留存应急处置记录

第六节 交通管理

交通管理监督检查要点见表6-6。

表6-6 交通管理监督检查要点

序号	监督项目	监督检查要点
1	管理机构	明确交通安全管理部门，配备专（兼）职交通安全管理人员
2	管理制度	1. 安全教育制度。 2. 机动车保养制度及保养记录。 3. 车场（库）管理制度。 4. 驾驶员安全行驶档案（含违章、肇事、安全行驶里程、安全奖惩考核等记录）。 5. 机动车必须按车辆管理相关规定的期限接受检验。 6. 租赁车辆应签订车辆租赁合同，明确双方安全责任；单位应与聘用驾驶员签订安全责任协议，明确各方的安全责任。 7. 交通管理中心（车队）应按照ABC分类标准，建立驾驶员评估打分标准，每月组织一次安全驾驶能力评估，实行ABC动态分类管理。 8. 车辆技术档案
3	安全例会	1. 每周召开一次交通安全例会。 2. 对违章违法驾驶员进行通报，剖析违章违法问题原因，做出相应处理，吸取教训。 3. 开展岗位风险辨识，进行事故案例分享，对驾驶员进行风险控制措施教育
4	安全检查	1. 车队每月、班组每周和岗位每天出车前，按照不同检查内容，开展车辆技术状况检查。 2. 月检要有车辆管理单位领导、技术人员、安全员等人参加，持表逐车逐项进行检查。 3. 建立车辆月检项目、隐患、问题整改销项记录表，做好检查记录，签字确认销项。 4. 生产一线车辆3个月进修理厂检查一次，对于运行里程超过450000km或者使用15年及以上的车辆，2个月检查一次

续表

序号	监督项目	监督检查要点
5	维修保养	1. 原则按照每 8000km 或 6 个月为一个保养周期，视情况更换机油、机油滤清器。 2. 每 40000km 或 2 年为一个保养周期，视实际情况决定是否更换空气滤清器滤芯、汽油滤清器、发动机冷却液、制动液。 3. 汽车进厂维修、保养、装饰，由所驾驶该车的驾驶员，填写《车辆维修申请单》
6	安全教育	1. 按照年度培训计划，每季度开展一次培训，全员参加。 2. 按员工培训规定建立健全培训档案。 3. 新上岗驾驶员必须进行 24h 的安全教育培训后方可上岗
7	调派管理	长途用车，必须履行审批手续。由用车人在协同平台提交用车申请，按流程审批完成后，进行派车使用
8	"三交一封"	1. 国家法定假日非生产用车实行交车辆钥匙、交行驶证、交准驾证，定点封存车辆的"三交一封"管理，建立并做好"三交一封"记录。 2. 设置车辆"三交一封"封存柜，封存期间上锁。 3. 在封存期间因特殊情况需启用封存车辆时，需履行审批手续，做好记录
9	车辆驾驶	1. 驾驶员内部准驾证持证率 100%，准驾证的复审周期为一年，换证周期不超过五年。 2. 车辆行驶中司机、乘车人员应系安全带。 3. 驾驶员应遵守道路行驶标识规定，严禁超速行驶，疲劳驾驶。 4. 驾驶员驾车行驶时不得接听手机
10	安全设施	1. 客运车灭火器，安全锤（密闭客车）配备齐全完好。 2. 客运车设置灭火器位置、安全锤等标识。 3. 机动车辆配置安全带齐全完好，安全带及插口不得被座套、垫封死
11	其他	1. 送班客运车严禁携带油（气）样、酒精、挥发性的液体等易燃易爆品。 2. 交通管理中心（车队）应制订交通事故应急预案，每年至少开展一次演练。 3. 车辆管理单位应每年组织驾驶员健康检查。 4. 无内部准驾证不得驾驶公司所属机动车辆

第七节 特种设备

一、特种设备通用

特种设备通用监督检查要点见表6-7。

表6-7 特种设备通用监督检查要点

序号	监督项目	监督检查要点
1	机构设置和人员配备	特种设备使用单位，应根据情况设置特种设备安全管理机构或者配备专职、兼职的安全管理人员
2	岗位基本要求	1. 特种设备专（兼）职管理人员应熟悉特种设备法律法规和相关安全知识，了解本单位特种设备的安全状况。 2. 岗位操作人员熟悉掌握本岗位巡回检查内容、操作规程和应急处置流程
3	持证上岗	1. 特种设备作业人员应取得特种设备作业人员证书。 2. 特种设备作业人员必须在"特种设备作业人员证"许可的项目范围内进行作业。 3. 特种设备作业人员证书应每4年复审一次，使用单位应对本单位持有作业证书的人员建立档案，并按规定定期组织作业人员参加证件复审
4	特种设备管理制度	应根据本单位实际制订特种设备规章制度。应包括但不限于： 1. 安全生产责任制度。 2. 特种设备操作规程。 3. 安全教育、培训制度。 4. 特种设备维护保养管理制度。 5. 特种设备安全检查和隐患整改制度。 6. 特种设备应急救援制度。 7. 特种设备事故处理制度。 8. 特种设备定期检验申报制度
5	文件和记录管理	1. 特种设备安全管理文件应注明日期、应有编号、保管有序，易于识别；文件的形式可以是书面的，也可以是电子化形式或其他媒体形式。 2. 应控制管理特种设备使用运行、维护保养、自行检查等记录。记录应填写完整、字迹清楚、标识明确

续表

序号	监督项目	监督检查要点
6	安全信息的收集、传达与沟通	1. 有完整有效的特种设备安全管理法规、安全技术规范等。 2. 应将法规、安全技术规范、政府有关文件及本单位特种设备安全管理信息在内部各层次之间，以及内外部之间及时有效地传达，并将发现的特种设备安全隐患及时通报给相关责任人员。 3. 特种设备专（兼）职管理人员定期检查督促特种设备的安全使用工作
7	使用登记变更管理	1. 特种设备使用单位应当在投入使用前或者投入使用后 30 日内按规定办理使用登记手续。 2. 特种设备安全状况发生变化、长期停用、移装或者过户的，应在变化后 30 日内持有关文件向企业主管部门和设备属地特种设备安全监督管理部门申请办理变更登记。 3. 特种设备存在严重事故隐患，无改造、维修价值，或者超过安全技术规范规定使用年限，应及时予以报废，并报企业主管部门和设备属地特种设备安全监督管理部门办理注销
8	对承包商的管理	1. 应对从事特种设备安装、改造、维修、检验等活动的承包商及其作业人员是否取得国家有关法定的资质进行审查，选择具备资质的承包商。 2. 应对特种设备安装、改造、维修、检验等承包商在本单位场所内对特种设备开展的相关活动进行监督和检查
9	应急准备与响应	1. 建立特种设备应急预案、制订防范措施，指定专（兼）职的应急救援人员。 2. 应急资料准备：包括特种设备的技术资料、现场工艺流程图及平面示意图、现场作业人员名单、应急人员的联络方式和地址、生产现场承包方或供货方人员名单、质量技术监督、医疗、消防、公安等部门的电话、地址及其他联系方式等。 3. 应对特种设备岗位员工进行应急培训，使其熟知岗位上可能遇到的紧急情况及应采取的措施。 4. 定期组织特种设备应急预案演练，演练次数一年不得少于一次，以验证应急预案、应急准备工作，以及应急响应规定的有效性、充分性和适宜性。 5. 对特种设备应急预案演习和实施过程中暴露的问题进行总结和评审，对演练规定、内容和方法进行及时修订

续表

序号	监督项目	监督检查要点
10	特种设备故障处理和隐患整改	1. 应制订故障处理和隐患整改工作流程并建立隐患整改台账。 2. 特种设备使用单位无力解决的特种设备重大事故隐患，除采取有效防范措施外，应书面向企业主管部门报告。 3. 对物质或技术条件暂时不具备整改的重大隐患，必须采取应急的防范措施，并纳入计划，限期解决或停产。 4. 各级检查人员都应将检查出的隐患和整改情况报告，重大隐患及整改情况交本单位主管部门汇总并存档

二、锅炉

锅炉监督检查要点见表6-8。

表6-8 锅炉监督检查要点

序号	监督项目	监督检查要点
1	人员持证	1. 司炉、水质化验人员应持有特种设备作业人员证，并随身携带正证或副证。 2. 司炉、水质化验人员的操作证批准项目应与所操作的设备类别相适应，并在有效期内
2	锅炉安全技术档案	锅炉使用单位应当逐台建立安全技术档案，安全技术档案至少包括以下内容： 1. 锅炉的出厂技术文件及检验证明。 2. 锅炉安装、改造、修理技术资料及检验证明。 3. 水处理设施的安装调试技术资料。 4. 锅炉定期检验报告。 5. 锅炉日常使用状况记录。 6. 锅炉及其安全附件、安全保护装置及测量调控装置日常维护保养记录。 7. 锅炉运行故障和事故记录
3	锅炉制度规程	锅炉使用管理应当有以下制度、规程： 1. 岗位责任制，包括锅炉安全管理人员、班组长、运行操作人员、维修人员、水处理作业人员等职责范围内的任务和要求。 2. 巡回检查制度，明确定时检查的内容、路线和记录的项目。

续表

序号	监督项目	监督检查要点
3	锅炉制度规程	3.交接班制度，明确交接班要求、检查内容和交接班手续。 4.锅炉及辅助设备的操作规程，包括设备投运前的检查及准备工作、启动和正常运行的操作方法、正常停运和紧急停运的操作方法。 5.设备维修保养制度。规定锅炉停（备）用防锈蚀内容和要求，以及锅炉本体、安全附件、安全保护装置、自动仪表及燃烧和辅助设备的维护保养周期、内容和要求。 6.水（介）质管理制度，明确水（介）质定时检测的项目和合格标准。 7.安全管理制度，明确防火、防爆和防止非作业人员随意进入锅炉房的要求，保证通道通畅的措施及事故应急预案和事故处理办法等。 8.节能管理制度，符合锅炉节能管理有关安全技术规范的规定
4	锅炉运行管理	1.锅炉使用管理记录包括：锅炉及燃烧和辅助设备运行记录；水处理设备运行及汽水运行记录；交接班记录；锅炉及燃烧和辅助设备保养维修记录；锅炉及燃烧和辅助设备检查记录；锅炉运行故障及事故记录；锅炉停炉保养记录。 2.安全运行要求： （1）锅炉运行操作人员在锅炉运行前应当做好各种检查，应当按照规定的程序启动和运行，不应当任意提高运行参数，压火后应当保证锅水温度、压力不回升和锅炉不缺水。 （2）当锅炉运行中发生受压元件泄漏、炉膛严重结焦、锅炉尾部烟道严重堵灰、锅炉烧红、受热面金属严重超温、汽水质量严重恶化等情况时，应当停止运行
5	锅炉房布置	1.锅炉房通向室外的门应向外开。 2.在锅炉运行期间锁住或闩住门。 3.小型蒸汽锅炉，采用燃油、燃气或电加热，有可靠温控装置、超温超压自动保护装置、低水位保护装置，出现异常，能自动切断热源，可以不要求独立建造锅炉房，但应与蒸汽使用场所隔开，安装时应保证安全阀的泄放方向避开人员所处位置。 4.锅炉房应悬挂锅炉使用登记证

续表

序号	监督项目		监督检查要点
6	锅炉安全附件检查	安全阀	1.安全阀每年校验一次，铅封、标签完好，在有效期内使用，外观无缺陷，疏水畅通，排气管、放水管引到安全地点。 2.安全阀安装： （1）安全阀应当垂直安装，并且应当安装在锅筒（锅壳）、集箱的最高位置，在安全阀和锅筒（锅壳）之间或者安全阀和集箱之间，不应当装设有取用蒸汽或者热水的管路和阀门。 （2）几个安全阀如共同装置在一个与锅筒（锅壳）直接相连接的短管上，短管的流通截面积应不小于所有安全阀流通截面积之和。 （3）采用螺纹连接的弹簧式安全阀时，应当符合《安全阀一般要求》（GB/T 12241）的要求；安全阀应当与带有螺纹的短管相连接，而短管与锅筒（锅壳）或者集箱筒体的连接应当采用焊接结构。 3.弹簧式安全阀应有提升手把和防止随便拧动调整螺钉的装置。 4.安全阀启闭压差一般应为整定压力的4%～7%，最大不超过10%，当整定压力小于0.3MPa时，最大启闭压差为0.03MPa。 5.锅炉运行中安全阀应当定期进行排放试验，锅炉运行中安全阀不允许随意解列和任意提高安全阀的整定压力或者使安全阀失效
		压力表	1.压力表：每半年校验一次，有校验标签并在有效期内，表盘清晰，指针功能正常，便于观察。 2.锅炉的以下部位应当装设压力表： （1）蒸汽锅炉锅筒（锅壳）的蒸汽空间； （2）给水调节阀前； （3）省煤器出口； （4）过热器出口和主汽阀之间； （5）再热器出口、进口； （6）直流蒸汽锅炉的启动（汽水）分离器或其出口管道上； （7）直流蒸汽锅炉省煤器进口、储水箱和循环泵出口； （8）直流蒸汽锅炉蒸发受热面出口截止阀前（如果装有截止阀）； （9）热水锅炉的锅筒（锅壳）上； （10）热水锅炉的进水阀出口和出水阀进口； （11）热水锅炉循环水泵的出口、进口；

续表

序号	监督项目		监督检查要点
6	锅炉安全附件检查	压力表	（12）燃油锅炉、燃煤锅炉的点火油系统的油泵进口（回油）及出口； （13）燃气锅炉、燃煤锅炉的点火系统的气源进口及燃气阀组稳压阀（调压阀）后。 3.选用压力表应符合下列规定： （1）压力表精确度不应低于2.5级，对于A级锅炉，压力表的精度应当不低于1.6级； （2）压力表的量程应当根据工作压力选用，一般为工作压力的1.5～3.0倍，最好选用2倍； （3）压力表表盘大小应当保证锅炉操作人员能够清楚地看到压力指示值，表盘直径应当不小于100mm。 4.压力表安装应当符合下列要求： （1）应当装设在便于观察和吹洗的位置，并且应当防止受到高温、冰冻和震动的影响； （2）锅炉蒸汽空间设置的压力表应当有存水弯管或者其他冷却蒸汽的措施，热水锅炉用的压力表也应当有缓冲弯管，弯管内径应当不小于10mm； （3）压力表与弯管之间应当装设三通阀门，以便吹洗管路、卸换、校验压力表
		水位表	1.水位表：水位表上有最低、最高安全水位和正常水位的明显标志，玻璃管水位表有防护罩；两只水位表显示的水位一致；有定期冲洗水位表记录。 2.每台蒸汽锅炉至少应装两个彼此独立的直读式水位表，符合下列条件之一的锅炉可以只装设一个直读式水位表： （1）额定蒸发量小于或等于0.5t/h的锅炉； （2）额定蒸发量小于或等于2t/h，且装有一套可靠的水位示控装置的锅炉； （3）装有两套各自独立的远程水位显示装置的锅炉。 3.水位表的结构、装置。 （1）水位表应当有指示最高、最低安全水位和正常水位的明显标志，水位表的下部可见边缘应当比最高火界至少高50mm，并且应当比最低安全水位至少低25mm，水位表的上部可见边缘应当比最高安全水位至少高25mm； （2）玻璃管式水位表应当有防护装置，并且不应当妨碍观察真实水位，玻璃管的内径应当不小于8mm；

续表

序号	监督项目		监督检查要点
6	锅炉安全附件检查	水位表	（3）锅炉运行中能够吹洗和更换玻璃板（管）、云母片； （4）用2个及2个以上玻璃板或者云母片组成的一组水位表，能够连续指示水位； （5）水位表或者水表柱和锅筒（锅壳）之间阀门的流道直径应当不小于8mm，气水连接管内径应当不小于18mm，连接管长度大于500mm或者有弯曲时，内径应当适当放大，以保证水位表灵敏准确； （6）连接管应当尽可能地短，如果连接管不是水平布置时，气连管中的凝结水能够流向水位表，水连管中的水能够自行流向锅筒（锅壳）； （7）水位表应当有放水阀门和接到安全地点的放水管； （8）水位表或者水表柱和锅筒（锅壳）之间的汽水连接管上应当装设阀门，锅炉运行时，阀门应当处于全开位置；对于额定蒸发量小于0.5t/h的锅炉，水位表与锅筒（锅壳）之间的汽水连接管上可以不装设阀门
		温度测量仪表	表盘式温度测量仪表的温度测量量程应当根据工作温度选用，一般为工作温度的1.5～2.0倍
7	排污和放水装置		排污和放水装置的装设应当符合以下要求： 1. 蒸汽锅炉锅筒（锅壳）、立式锅炉的下脚圈和水循环系统的最低处都需要装设排污阀；B级及以下锅炉采用快开式排污阀门；排污阀的公称通径为20～65mm；卧式锅壳锅炉锅壳上的排污阀公称通径不小于40mm。 2. 额定蒸发量大于1t/h的蒸汽锅炉和B级热水锅炉，排污管上装设两个串联的阀门，其中至少有一个是排污阀，且安装在靠近排污管线出口一侧。 3. 过热器系统、再热器系统、省煤器系统的最低集箱（或者管道）处装设放水阀。 4. 有过热器的蒸汽锅炉锅筒装设连续排污装置。 5. 每台锅炉装设独立的排污管，排污管尽量减少弯头，保证排污畅通并且接到安全地点或者排污膨胀箱（扩容器）；如果采用有压力的排污膨胀箱时，排污膨胀箱上需要安装安全阀。 6. 多台锅炉合用一根排放总管时，需要避免两台以上的锅炉同时排污。 7. 锅炉的排污阀、排污管不宜采用螺纹连接

续表

序号	监督项目	监督检查要点
8	安全保护装置	1. 额定蒸发量大于或等于6t/h的锅炉，还应当装设蒸汽超压的报警和联锁保护装置，超压联锁保护装置动作整定值应低于安全阀较低整定压力值。 2. 锅炉的过热器和再热器，应当根据机组运行方式、自控条件和过热器、再热器设计结构，采取相应的保护措施，防止金属壁超温；再热蒸汽系统应当设置事故喷水装置，并且能自动投入使用。 3. 安置在多层或者高层建筑内的锅炉，每台锅炉应当配备超压（温）联锁保护装置和低水位联锁保护装置。 4. 锅炉运行中联锁保护装置不应当随意退出运行，联锁保护装置的备用电源或者气源应当可靠，不应当随意退出备用，并且定期进行备用电源或者气源自投试验
9	燃烧设备、辅助设备	1. 燃油（气）燃烧器燃料供应母管上主控制阀前，应当在安全并且便于操作的地方设有手动快速切断阀。 2. 炉前燃气系统在燃气供气主管路上，应当设置具有连锁功能的放散阀组。 3. 锅炉与蒸汽母管连接的每根蒸汽管上，应装设两个切断阀门，切断阀门之间应装有通向大气的疏水管和阀门，其内径不得小于18mm。 4. 给水泵出口应当设置止回阀和切断阀，给水止回阀应装在锅筒（锅壳）和给水切断阀之间，并与给水切断阀紧接相连。 5. 额定蒸发量大于4t/h的锅炉，应装设自动给水调节装置，并在锅炉操作人员便于操作的地点装设手动控制给水的装置
10	水质要求	1. 应做好水处理工作，保证水汽质量，无可靠的水处理措施，锅炉不应当投入使用。 2. 水处理系统运行应当符合以下要求： （1）保证水处理设备及加药装置正常运行，能够连续向锅炉提供合格的补给水； （2）采用必要的检测手段检测水汽质量，能够及时发现和消除安全隐患； （3）严格控制疏水、生产返回水的水质，不合格时不能够回收进入锅炉
11	锅炉及辅机检查	1. 接头可见部位、阀门、法兰及入孔、手孔、头孔、检查孔、汽水取样孔周围应无腐蚀、渗漏。 2. 炉顶、炉墙、保温密封良好，无漏烟现象，无开裂、凸鼓、脱落等缺陷。

续表

序号	监督项目	监督检查要点
11	锅炉及辅机检查	3. 承重结构和支、吊架等无过热、变形、裂纹、腐蚀、卡死。 4. 锅炉范围内管道及阀门没有泄漏，保温完好无破损。 5. 排污装置：阀门、排污管无渗漏；排污畅通，排污时无振动，有定期的排污记录。 6. 给水系统：给水设备、阀门能保证可靠地向锅炉供水。 7. 循环泵：循环泵和备用循环泵完好，可靠。 8. 燃烧系统：燃烧设备、燃料供应设备及管道、除渣机、鼓风机、引风机运转正常。 9. 给水设备完好，匹配合理，水处理设备正常运行，除氧装置工作正常

三、压力容器

压力容器监督检查要点见表6-9。

表6-9 压力容器监督检查要点

序号	监督项目	监督检查要点
1	人员持证	1. 经质量技术监督部门考核发证，持压力容器操作证上岗。 2. 使用单位应对压力容器操作人员定期进行专业培训与安全教育
2	压力容器安全技术档案	压力容器使用单位应当逐台建立安全技术档案，安全技术档案至少包括以下内容： 1. 设计文件、产品质量合格证明、安装及使用维护保养说明、监督检验证明等相关技术资料和文件。 2. 定期检验和定期自行检查记录。 3. 日常使用状况记录。 4. 压力容器及其附属仪器仪表的维护保养记录。 5. 故障运行和事故记录
3	压力容器使用管理	1. 压力容器使用单位应当在压力容器投入使用前或者投入使用后30日内，向所在地负责特种设备使用登记的部门申请办理"特种设备使用登记证"。 2. 压力容器使用单位应当按照《特种设备使用管理规则》（TSG 08—2017）的有关要求，设置安全管理机构，配备安全管理负责人、安全管理人员和作业人员。

续表

序号	监督项目	监督检查要点
3	压力容器使用管理	3. 压力容器使用管理专项要求： （1）建立设备安全管理档案，进行日常维护保养、定期自行检查并且记录存档，发现异常情况时，应当及时请特种设备检验机构进行检验； （2）达到设计使用年限应当报废，如需继续使用的，使用单位应当及时处理并且记录； （3）发生事故时，事故发生单位应当迅速采取有效措施，组织抢救，防止事故扩大，并且按照《特种设备事故报告和调查处理规定》（国家市场监督管理总局令第50号）的要求进行报告和处理，不得迟报、谎报、瞒报事故情况。 4. 压力容器的使用单位，应当在工艺操作规程和岗位操作规程中，明确提出压力容器安全操作要求，包括以下内容：操作工艺参数（含工作压力、最高或最低工作温度）；岗位操作方法（含开、停车的操作程序和注意事项）；运行中重点检查的项目和部位，运行中可能出现的异常现象和防止措施，以及紧急情况的处置和报告程序。 5. 压力容器使用单位应当建立压力容器装置巡检制度，并且对压力容器本体及其安全附件、装卸附件、安全保护装置、测量调控装置、附属仪器仪表进行经常性维护保养，对发现的异常情况，应当及时处理并且记录，保证在用压力容器始终处于正常使用状态
4	压力容器本体	1. 制造单位须在容器明显的部位装设产品铭牌，铭牌应清晰牢固耐久，铭牌应当采用中文（必要时可以中英文对照）和国际单位。 2. 产品铭牌上的项目至少包括以下内容：产品名称、制造企业名称、产品标准、主体材料、介质名称、设计温度、设计压力、最高允许工作压力、耐压试验压力、产品编号或者产品批号、设备代码、制造日期、压力容器分类、自重和容积（换热面积）。 3. 容器表面：容器焊接处不得有表面裂纹、未焊透、未熔合、表面气孔、弧坑、未填满和肉眼可见的夹渣等缺陷；焊缝与母材应当圆滑过渡；角焊缝的外形应当凹型圆滑过渡；按照疲劳分析设计的压力容器，应当去除纵、环焊缝的余高，使焊缝表面与母材表面平齐；咬边及其他表面质量，应当符合设计文件和产品标准的规定。 4. 保温层有无破损、脱落、潮湿、跑冷。 5. 检漏孔、信号孔有无漏液、漏气。 6. 支承或者支座有无损坏、基础有无下沉、倾斜、开裂，紧固螺栓齐全、完好。 7. 排放（疏水、排污）装置完好。 8. 运行期间无超压、超温、超量等现象。 9. 罐体有接地装置的，接地装置符合要求

续表

序号	监督项目	监督检查要点
5	安全附件	1. 安全阀：铅封、校验标签完好，在校验有效期内使用，无泄漏。 2. 液位计：整体完好，阀件牢固，无假液位，指示清晰。 3. 压力表：外观、校验标签完好，在检定有效期内使用，表盘清晰，指针功能正常，表盘上有超压警示标记。 4. 爆破片装置：完好、无泄漏、无变形，在有效期内使用。 5. 测温仪表：在规定的检定、检修期限内使用，仪表及防护装置无破损。 6. 紧急切断阀：灵敏、可靠、能远程控制。 7. 快开门联锁保护装置： （1）当快开门达到预定关闭部位方能升压运行的联锁控制功能。 （2）压力容器的内部压力完全释放，锁紧装置脱开，方能打开快开门的联锁联动作用。 （3）具有与上述动作同步的报警装置
6	压力容器修理、改造	应由取得相应资质的单位进行，并按规定办理了相应告知手续，并由特种设备监督检验部门进行全面检验并出具检验报告
7	定期检验	1. 使用单位应当在压力容器有效期届满一个月前，向特种设备检验机构提出定期检验申请，并且做好定期检验相关的准备工作。定期检验完成后，由使用单位组织对压力容器进行管道连接、密封、附件（含安全附件及仪表）和内件安装等工作，并且对其安全性负责。 2. 金属压力容器一般应当于投用后 3 年内进行首次定期检验。以后的检验周期由检验机构根据压力容器的安全状况等级按照以下要求确定： （1）安全状况等级为 1、2 级的，一般每 6 年检验一次。 （2）安全状况等级为 3 级的，一般 3～6 年检验一次。 （3）安全状况等级为 4 级的，监控使用，其检验周期由检验机构确定，累计时间不超过 3 年。在监控间，使用单位应当采取有效的监控措施。 （4）安全状况等级为 5 级的，应对缺陷进行处理，否则不得继续使用

四、压力管道

压力管道监督检查要点见表 6-10。

表 6-10　压力管道监督检查要点

序号	监督项目	监督检查要点
1	压力管道安全技术档案	1. 管道元件产品质量证明、管道设计文件（包括平面布置图、轴测图等图纸）、管道安装质量证明、安装技术文件和资料、安装质量监督检验证书、使用维护说明等文件。

续表

序号	监督项目	监督检查要点
1	压力管道安全技术档案	2. 管道定期检验和定期自行检查记录。 3. 管道日常使用状况记录。 4. 管道安全保护装置、测量调控装置,以及相关附属仪器仪表的日常维护保养记录。 5. 管道运行故障和事故记录
2	压力管道安全管理制度	1. 管道安全管理机构及安全管理人员的管理。 2. 管道元件订购、进厂验收和使用的管理。 3. 管道安装、试运行及竣工验收的管理。 4. 管道运行中的日常检查、维修和安全保护装置校验的管理。 5. 管道的检验(包括制订年度定期检验计划,以及组织实施的方法、在线检验的组织方法)、修理、改造和报废的管理。 6. 向负责管道使用登记的登记机关报送年度定期检验计划,以及实施情况、存在的主要问题及处理。 7. 管道事故的抢救、报告、协助调查和善后处理。 8. 检验、操作人员的安全技术培训管理。 9. 管道技术档案的管理。 10. 管道使用登记、使用登记变更的管理
3	安全管理人员和操作人员	应经安全技术培训和考核,能严格遵守有关安全法律、法规、技术规程、标准和安全生产制度,取得相应的特种作业人员证
4	安全附件	1. 安全阀:铅封、校验标签完好,并在校验有效期内,无泄漏、无锈蚀。 2. 压力表:外观、铅封完好,在有效期内,表盘清晰,指针功能正常。 3. 爆破片装置:完好无泄漏、无变形,并在有效期内。爆破片装置和管道间的截断阀处于全开状态。 4. 其他测量仪表:外观、铅封完好,并在检定有效期内,量程与其检测的范围匹配
5	管子管件及阀门	1. 管道及其他组成件应无泄漏。 2. 管道绝热层无破损、脱落、跑冷等情况;防腐层完好。 3. 管道应无异常振动。 4. 位置与变形: (1) 管道位置应符合安全技术规范和现行国家标准的要求;管道与管道、管道与相邻设备之间无相互碰撞及摩擦情况。 (2) 管道无挠曲、下沉及异常变形等。

续表

序号	监督项目	监督检查要点
5	管子管件及阀门	5.支吊架： （1）支吊架无脱落、严重变形、严重腐蚀或损坏。 （2）支架与管道接触处无积水现象。 6.阀门： （1）阀门表面无严重腐蚀现象。 （2）阀门连接螺栓无松动现象。 （3）阀门操作应灵活。 7.法兰： （1）法兰无偏口，紧固件齐全并符合要求，无松动和腐蚀现象。 （2）法兰面无异常翘曲、变形。 8.膨胀节：表面无划痕、腐蚀穿孔、开裂、变形失稳等现象。 9.阴极保护装置：管道的阴极保护装置应完好。 10.防雷防静电装置：对有防雷防静电要求的管道，其装置应完好
6	定期检验	1.管道定期检验分为在线检验和全面检验。 （1）在线检验，主要检查：管道在运行条件下是否有影响安全的异常情况，一般以外观检查和安全保护装置检查为主，必要时进行壁厚测定和电阻值测量。 （2）在线检验后应当填写在线检验报告，做出检验结论。 （3）全面检验，一般进行外观检查、壁厚测定、耐压试验和泄漏试验，并且根据管道的具体情况，采取无损检测、理化检验、应力分析、强度校验、电阻值测量等方法。 （4）全面检验时，检验机构还应当对使用单位的管道安全管理情况进行检查和评价。检验工作完成后，检验机构应当及时向使用单位出具全面检验报告。 2.在线检验是在运行条件下对在用管道进行的检验，在线检验每年至少1次（也可称为年度检验）；全面检验是按一定的检验周期在管道停车期间进行的较为全面的检验。 3.GC1（注1）、GC2（注2）级压力管道的全面检验周期按照以下原则之一确定： （1）检验周期一般不超过6年。 （2）按照基于风险检验（RBI）的结果确定的检验周期，一般不超过9年。 4.GC3（注3）级管道的全面检验周期一般不超过9年。 5.下列情况之一的管道，应当适当缩短检验周期： （1）新投用的GC1、GC2级的管道（首次检验周期一般不超过3年）。 （2）发现应力腐蚀或者严重局部腐蚀的管道。

续表

序号	监督项目	监督检查要点
6	定期检验	（3）承受交变载荷，可能导致疲劳失效的管道。 （4）材质产生劣化的管道。 （5）在线检验中发现存在严重问题的管道。 （6）检验人员和使用单位认为需要缩短检验周期的管道

注1：符合下列条件之一的工业管道，为GC1级：
（1）输送毒性程度为极度危害介质，高度危害气体介质和工作温度高于其标准沸点的高度危害的液体介质的管道。
（2）输送火灾危险性为甲、乙类可燃气体或者甲类可燃液体（包括液化烃）的管道，并且设计压力大于或等于4.0MPa的管道。
（3）输送除前两项介质的流体介质并且设计压力大于或等于10.0MPa，或者设计压力大于或等于4.0MPa，并且设计温度高于或等于400℃的管道。
注2：GC2级：除注3规定的GC3级管道外，介质毒性程度、火灾危险性（可燃性）、设计压力和设计温度低于注1规定的GC1级的管道。
注3：GC3级：输送无毒、非可燃流体介质，设计压力小于或等于1.0MPa，并且设计温度高于-20℃但是不高于185℃的管道。

五、起重机械

起重机械监督检查要点见表6-11。

表6-11 起重机械监督检查要点

序号	监督项目	监督检查要点
1	作业人员	1.吊装作业人员（指挥人员、起重工）应持有效的"特种作业人员操作证"，方可从事吊装作业指挥和操作。 2."特种设备作业人员证"每4年复审一次。持证人员应当在复审期届满3个月前，向发证部门提出复审申请
2	起重机械技术档案	设计文件、产品质量合格证明、监督检验证明、安装技术文件和资料、使用和维护说明： 1.安全保护装置的型式试验合格证明。 2.定期检验报告和定期自行检查的记录。 3.日常使用状况记录。 4.日常维护保养记录。 5.运行故障和事故记录。 6.使用登记证明

续表

序号	监督项目	监督检查要点
3	检验	1. 起重机械定期检验周期最长不超过 2 年，不同类别的起重机械检验周期按照相应安全技术规范执行。 2. 使用单位应当在定期检验有效期届满 1 个月前，向检验检测机构提出定期检验申请。未经定期检验或者检验不合格的特种设备，不得继续使用
4	操作规程	使用单位应针对起重机械操作岗位制订安全操作规程，以及起重机械吊具、索具安全使用管理规定
5	司机室	1. 司机室应有良好的视野。室门有锁定装置、室内应设合适的灭火器、有便于司机操作的音响警示信号。 2. 流动式、正面吊等臂架型起重机的司机室内应有清晰可见的额定负载特性图表。 3. 流动式、门座起重机装有幅度指示器，便于司机观察
6	操作按钮、手柄、踏板	1. 所有操纵按钮、手柄、踏板等灵活，无卡滞现象，上面或附近处均应有标明用途或操纵方向的清楚标志。 2. 换挡杆在各挡位置应定位可靠，不允许出现脱挡、串挡现象。 3. 各手柄、踏板在中位不得因震动产生离位
7	流动类回转尾部等部件	1. 在起重机明显部位应有清晰可见的额定起重量标志，对人员构成危险的相对移动部件应涂黄黑相间的安全色，如吊钩组、吊具。 2. 流动式支腿可靠地固定或支承，轨道固定牢固，轨道端部止挡可靠
8	受力构件	1. 主要受力构件失去整体稳定性时不应修复，应报废。主要受力构件没有严重塑性变形等明显可见的缺陷。 2. 重要金属结构的连接焊缝无明显可见的焊接缺陷，螺栓或铆钉连接不得有松动等明显缺陷
9	吊钩、钢丝绳	1. 吊钩应有标记和防脱钩装置，吊钩危险断面没有严重磨损。 2. 在可分吊具上，应永久性地标明其自重和能起吊物品的最大质量。 3. 起重机械不得使用铸造的吊钩，片式吊钩缺陷不得补焊。 4. 吊钩的磨损量不应超过基本尺寸的 5%，否则应报废。 5. 钢丝绳、环链端部固定应牢固、可靠，钢丝绳不应有扭结、弯折、断股、笼状畸变等明显变形现象。环链不应有裂纹、严重磨损等缺陷
10	液压系统、制动器	1. 液压油箱应有过滤装置，液压管路、接头、阀组等元件不得漏油。液压系统有相对运动部位的软管，应避免相互刮擦。 2. 动力驱动的起重机，其起升、变幅、运行、回转机构都应装可靠的制动装置。 3. 制动器调整适宜，制动平稳可靠。零部件不应有裂纹、过度磨损、塑性变形、缺件等缺陷

续表

序号	监督项目	监督检查要点
11	卷筒	1. 多层缠绕的卷筒，应有防止钢丝绳从卷筒端部滑落的凸缘。当钢丝绳全部缠绕在卷筒后，凸缘应超出最外面一层钢丝绳，超出的高度不应小于钢丝绳直径的 1.5 倍。 2. 卷筒上钢丝绳尾端固定装置，应安全可靠并有防松或自紧的性能。如果钢丝绳尾端用压板固定，固定强度不应低于钢丝绳最小破断拉力的 80%，且至少应有两个相互分开的压板夹紧，并用螺栓将压板可靠固定。 3. 卷筒出现下述情况之一时，应报废： （1）裂纹。 （2）筒壁磨损达原壁厚的 20%
12	电源及电气系统	1. 起重机供电电源应设总电源开关，该开关应设在靠近起重机且地面人员易于操作的地方，出线端不得连接与起重机无关的电气设备。 2. 起重机必须设置紧急断电开关，该开关在紧急情况下应方便切断起重机总电源。 3. 起重机械所有电气设备外壳、金属导线管、金属支架及金属线槽均应根据配电网情况进行可靠的接地
13	限位装置	1. 起升机构高度限位器有效。 2. 门座起重机变幅机构在最大最小幅度限位装置应有效；流动式变幅机构在最小幅度限位装置应有效
14	限重装置	1. 除维修专用起重机，额定起重量桥式大于 20t、门式大于 10t 的起重机的起重量限制器有效。 2. 门座起重机、场桥、岸桥的起重量限制器有效。 3. 起重量≤16t 的汽车和轮胎起重机、起重量≤32t 的履带起重机起重量指示器有效。 4. 起重量小于 24t 的正面吊起重量显示器有效
15	力矩限制器	1. 起重量≥16t 的汽车和轮胎起重机、起重量＞32t 的履带起重机力矩限制器有效。 2. 门座起重机具有两种额定载荷时起重力矩限制器有效。 3. 正面吊防倾覆保护装置有效
16	起重机防护	1. 门座起重机的象鼻架或臂架顶端、岸桥的梯形架和外臂架顶端应安装红色（航空红色）障碍灯。 2. 门座起重机的象鼻架高端或臂架顶端、岸桥的梯形架和外臂架顶端应设避雷针。 3. 门座起重机、岸桥、起升高度大于 50m 的桁架臂式汽车、轮胎起重机和起升高度大于 55m 的履带起重机，在起重机较高处不受遮挡的地方设置有风速仪（使用单位总调度台有气象预报职能时可不设）

续表

序号	监督项目	监督检查要点
17	联锁保护与警示装置	1. 相对运动接口处的门必须设有电气联锁保护装置且有效,当任何门打开时,至少相应的危险机构均不能工作。 2. 起重机上的门不能往有坠落可能一侧打开。 3. 可两处操作的起重机应设有联锁保护装置,以防止同时操作。 4. 场桥的大车运行机构与大车转向机构联锁保护有效。 5. 岸桥的小车停车位置与外臂架动作联锁有效,外臂架位置与小车动作联锁有效。 6. 场桥行走声光报警有效,正面吊倒退声光报警装置有效
18	其他	1. 流动式、门座起重机采用钢丝绳变幅的起重机,钢丝绳变幅应有防臂架后倾装置。正面吊限制臂架最大仰角的装置有效。 2. 露天工作的起重机应装设夹轨钳、锚定装置或铁鞋等防风装置。 3. 起重机械在靠近架空电缆线作业时,起重机的相关部位与架空输电线的最小距离应符合小于 1kV 为 1.5m;1~20kV 为 2m;35~110kV 为 4m;154kV 为 5m;220kV 为 6m;330kV 为 7m

六、场(厂)内机动车辆

场(厂)内机动车辆监督检查要点见表 6-12。

表 6-12 场(厂)内机动车辆监督检查要点

序号	监督项目	监督检查要点
1	安全技术档案	技术档案内容至少包括: 1. 车辆出厂的技术文件和产品合格证。 2. 使用、维护、修理和自检记录。 3. 安全技术检验报告。 4. 车辆事故记录
2	登记注册及检验	1. 场(厂)内机动车辆必须通过特种设备安全监察机构注册登记,并进行年度检验取得"安全检验合格"标志。 2. 场(厂)内机动车辆应安装牌照,并粘贴"安全检验合格"标志后使用。 3. 场(厂)内机动车辆作业人员必须取得技术监督部门颁发的资格证书
3	安全管理	场(厂)内机动车辆使用单位应按照国家标准的要求,在生产作业区或者施工现场实施交通安全管理

续表

序号	监督项目	监督检查要点
4	技术要求	1. 使用单位应严格执行场（厂）内机动车辆年检、月检、日检等常规检查制度，应做详细记录，并存档案备查。 2. 行驶在易燃易爆危险场所的车辆，必须符合防爆的特殊安全要求。 3. 发动机启动和熄火正常，运转平稳，没有异响。 4. 场（厂）内机动车辆必须设置转向灯、制动灯，并且保持良好；有喇叭的应灵敏。 5. 液传动车辆必须处于空挡位置时，才能启动发动机。 6. 车架和前后桥不得有变形、裂纹，车架与前后桥连接应紧固。 7. 转向机构运转可靠、操作灵活，转向机构不得拼凑焊接，不得有漏油、裂纹和变形现象。 8. 场（厂）内机动车辆必须设置行车制动和驻车制动装置。制动效能试验制动可靠有效，点制动无跑偏现象。 9. 场（厂）内机动车辆的货叉不得有裂纹。 10. 各类自行专用机械的专用机具（叉架、铲、斗、吊钩、滚、轮、链、轴、销）及结构件（门架、护顶架、臂架、支承台架）应完整，无裂纹，无变形，连接配合良好，工作灵敏可靠。 11. 升降倾斜油缸密封良好，无裂纹泄漏现象。液压系统管路密封良好，与其他机件不磨不碰。 12. 车辆方向盘的最大自由转动量从中间位置向左右各不得大于30°。 13. 车辆同一轴上的轮胎应为相同型号的花纹。车辆转向轮不得装用翻新的轮胎。 14. 车辆的钢板弹簧不得有裂纹、断片和缺片现象，其中心螺栓和U形螺栓须紧固。

七、电梯安全

电梯安全监督检查要点见表6-13。

表6-13 电梯安全监督检查要点

序号	监督项目	监督检查要点
1	使用登记	是否有使用登记证
2	定期检验	是否在检验有效期内
3	作业人员	电梯安全管理人员是否至少有一名持证人员

续表

序号	监督项目	监督检查要点
4	设备维护保养	1. 是否有有效的维护保养合同。 2. 是否按规定至少每 15 日保养一次，并有维护保养记录。 3. 维护保养作业人员是否在规定时间抵达现场
5	合格标志及警示标记	1. 是否有安全检验合格标志，并按规定固定在电梯的显著位置，粘贴的检验合格标志是否在检验有效期内。 2. 安全注意事项和警示标志是否置于易于为乘客所视的位置
6	机房	1. 机房门是否上锁，手动松闸装置是否齐全。 2. 是否配灭火器。 3. 限速器是否在有效期内。 4. 曳引机是否有漏油。 5. 有无堆放其他物品或安装其他设备，通道是否通畅
7	轿厢及层门	1. 报警电话联系是否畅通。 2. 警铃会不会响。 3. 应急灯能否亮。 4. 呼层、楼层等显示信号系统功能是否有效，指示是否正确，召唤按钮有无损坏。 5. 轿厢是否有变形，层门有无变形。 6. 轿（层）门地坎是否有垃圾堆积。 7. 安全触板或光幕是否有效。 8. 运行是否有异常

附录

附录一 生产作业现场应急物资配备标准

注：本附录是生产作业现场应急物资配备的基本要求，生产作业现场应根据作业性质、工作场所、作业环境、地理条件等因素适当增配应急物资的种类和数量。

附表 1-1 井场应急物资配备标准

序号	种类	物资名称	单位	钻井 探井	钻井 生产井	钻井 试油井	采油 试采井	采油 修井	备注
1	安全防护	正压式空气呼吸器	套	8	*8	6	*4	*2	
2		空气呼吸器充气机	台	1	*1	1	*1	*1	
3		洗眼液	瓶	2	2	2	—	1	
4	监测检测	可燃气体检测仪	台	2	2	2	2	2	
5		固定式硫化氢监测仪	套	1	*1	1	*1	*1	四个以上探头
6		携带式硫化氢监测仪	套	5	*4	4	*4	*4	
7		便携式二氧化硫监测仪（或显色长度检测器）	套	1	*1	1	*1	*1	配备检测管
8		一氧化碳检测仪	台	2	2	2	2	2	
9		红外线遥感测温仪	太	1	1	—	1	—	
10	警戒器材	警示牌	套	1	1	1	1	1	
11		警戒带	m	500	—	500	500	500	
12		警示灯	个	4	—	4	4		
13	报警设备	声光报警器	套	1	1	1	1	—	
14	生命支持	氧气瓶	个	2					
15		氧气袋	个	5					

续表

序号	种类	物资名称	单位	井场应急物资配备数量					备注
				钻井			采油		
				探井	生产井	试油井	试采井	修井	
16	医疗器材	急救包	个	1	1	1	1	1	
		担架	副	1	1	1	1	1	
17	照明设备	防爆手电筒	个	5	5	2	5	2	
18		防爆探照灯	具	2	2	2	2	2	
19		应急发电机	台	1	1	1	1	1	按需要订规格
20	通信设备	卫星电话	部	1	—	—	—	—	
21		防爆对讲机	部	4	—	4	4	4	
22	污染清理	吸油毡	kg	200	200	200	200	200	
23		集污袋	个	200	200	200	200	200	20L/个

注："*"表示在油气有可能含 H_2S 的情况下配备。

附表 1-2 联合站、天然气处理站、注气站、转油站、原油装车站、油气集输站、油化气实验室、液化气储运站生产作业现场应急物资配备标准

序号	种类	物资名称	单位	应急物资配备数量							
				联合站	天然气处理站	注气站	转油站	原油装车站	油气集输站	油化气实验室	液化气储运站
1	安全防护	正压式空气呼吸器	套	*5	*5	*4	*2	*6	*2	*1	*5
2		避火服	套	1	1	1	1	1	1	1	2
3		静电防护衣	套	—	—	—	—	—	—	—	5
4		洗眼液	瓶	2	2	2	2	2	2	1	2
5		防爆工具	套	2	1	1	1	1	1	—	1

续表

序号	种类	物资名称	单位	应急物资配备数量							
				联合站	天然气处理站	注气站	转油站	原油装车站	油气集输站	油化气实验室	液化气储运站
6	监测检测	可燃气体检测仪	台	2	2	2	2	2	2	—	2
7		固定式硫化氢监测仪	套	*2	*2	—	*2	*1	*2	1	1
8		携带式硫化氢监测仪	套	*2	*2	—	*2	*1	*2	1	1
9		静电检测仪	套	2	2	1	1	1	1	—	1
10	警戒器材	警示牌	个	2	2	2	2	2	2	2	2
11		警戒带	m	200	200	200	200	200	200	200	200
12	报警设备	声光报警器	套	1	1	1	—	—	1		
13	医疗器材	急救包	个	1	1	1	1	1	1	1	1
14	照明设备	防爆探照灯	具	2	1	1	1	1	2	1	1
15		应急发电机	台	1	1	1	1	1	1	—	1
16	通信设备	防爆移动电话	部	1	1	2	1	2	1	2	2
17		防爆对讲机	部	8	6	4	2	—	2		4
18	输转设备	防爆型电动抽油泵	台	1	—	—	1	1	1		
19		防爆型手摇抽油泵	台	1			1	1	1		
20		容器桶	个	5	—		5	5	5		
21	堵漏材料	木质堵漏液	套	1	1	1	1	1	1		1
22		粘贴式堵漏工具	套	1	1	1	1	1	1	—	1

续表

序号	种类	物资名称	单位	应急物资配备数量							
				联合站	天然气处理站	注气站	转油站	原油装车站	油气集输站	油化气实验室	液化气储运站
23	堵漏材料	管道粘结剂	套	1	1	1	1	1	1	—	1
24		管卡	套	1	1	1	1	1	1	—	1
25	污染清理	吸油毡	kg	200	—	—	200	200	200	—	—
26		集污袋	个	200	200	200	200	200	200	200	200

注："*"表示在油气有可能含 H_2S 的情况下配备。

附表 1-3 危险作业场所应急物资配备标准

序号	种类	物资名称	单位	危险作业场所应急物资配备数量						备注
				高处作业	受限作业	工业动火	管线打开	挖掘作业	吊装作业	
1	安全防护	安全帽	个	5	5	5	5	5	5	
2		安全带	副	2	—	—	—	—	—	钻修井钻机二层平台
3		紧急逃生索道	个	1	—	—	—	—	—	
4		紧急逃生滑道或逃生梯	个	1	—	—	—	—	—	距坠地点2m以上操作部位
5		正压式空气呼吸器	套	—	2	—	—	—	—	
6		长管式呼吸器	套	—	2	—	—	—	—	
7		救援三脚架	个	—	1	—	—	—	—	
8		洗眼液	瓶	—	—	1	—	—	—	
9		安全绳	条	2	2	—	—	—	—	
10		速差防坠器	套	5	—	—	—	—	—	
11		胶靴	套	5	5	5	5	5	5	
12		防爆工具	套	—	—	1	1	—	—	

续表

序号	种类	物资名称	单位	危险作业场所应急物资配备数量						备注
				高处作业	受限作业	工业动火	管线打开	挖掘作业	吊装作业	
13	检测器材	可燃气体检测仪	台	—	1	1	1	—	—	
14		氧气浓度检测仪	台	—	1	1	—	—	—	
15		硫化氢监测仪	台	—	*1	—	—	—	—	
16		接地电阻测试仪	台	—	—	1	—	—	—	
17	警戒器材	警示牌	个	4	4	4	4	4	4	
18		警戒带	m	200	—	200	200	200	200	
19		警戒旗	面	10	—	5~15	5~15	5~15	5~15	
20	医疗器材	急救包	个	1	1	1	1	1	1	
21		担架	副	1	1	1	1	1	1	
22	照明设备	防爆探照灯	具	—	2	1	1	2	—	
23		防爆手电筒	个	—	2	2	2	2	—	
24	通信设备	防爆对讲机	部	2	2	2	2	2	2	

注:"*"表示在受限空间中有可能含 H_2S 的情况下配备。

附表 1-4　其他应急物资配备标准

序号	种类	物资名称	单位	应急物资配备数量					备注
				井场	集输处理储运	油库	加油站	炼化装置	
1	防台风洪汛物资	塑料薄膜	kg	10	10	10	10	10	
2		塑料胶带	卷	10	10	10	10	10	
3		室外设备封管	套	—	—	—	2	—	
4		救生圈	只	—	—	2	2	—	
5		救生衣	件	—	—	4	4	—	
6		雨衣	件	10	10	10	10	10	
7		雨靴	双	10	10	10	10	10	
8		编织袋	个	50	50	50	50	100	

续表

序号	种类	物资名称	单位	井场	集输处理储运	油库	加油站	炼化装置	备注
9	防台风洪汛物资	沙子	m³	10	10	10	10	10	
10		铁锹	把	10	10	10	10	10	
11		棉绳	m	100	100	100	100	100	
12		铁丝	m	100	100	100	100	100	
13		水泵	台	1	1	1	1	1	
14		泥浆泵	台	1	1	1	1	1	
15		克丝钳	套	2	2	2	2	2	
16		螺丝刀	套	2	2	2	2	2	
17	防雪灾冰冻物资	粗砂	m³	10	10	10	10	10	
18		炭渣	m³	10	10	10	10	10	
19		草垫	个	50	50	50	50	50	
20		融雪剂	t	1	1	1	1	1	
21		防滑链	条	10	10	10	10	10	
22		防滑垫	个	10	10	10	10	10	
23	防震物资	哨子	个	—	5	5	5	5	
24		帐篷	顶	—	2	2	2	—	
25		棉被	条	—	5	5	5	—	
26		毛毡	个	—	5	5	5	—	
27		手套	副	—	10	10	10	—	
28		口罩	个	—	10	10	10	—	
29	安保物资	防撞墩（硬隔离）	个	—	—	4	4	—	
30		破胎器	套	—	—	2	—	—	
31		警棍	根	—	—	1	—	—	
32		防暴头盔	个	—	—	5	—	—	
33		防暴盾牌	个	—	—	5	—	—	

注：本表中集输处理储运是指除油库和加油站以外的其他集输处理储运作业场所。

附录二 医疗急救包应急物品配备标准

附表 2-1 大型急救包配备药品及简易医疗器材配备标准

序号	药品及器械名	规格	数量	序号	药品及器械名	规格	数量
1	纯棉弹性绷带	小号	2卷	24	水溶性消毒片		1瓶
2	纯棉弹性绷带	大号	1卷	25	CPR人工呼吸隔离面罩		1个
3	脱脂棉	25g/包	1包	26	骨折固定夹板	组合式	2块
4	脱脂棉球	25g/包	1包	27	手套	$7\frac{1}{2}$号	1双
5	强力弹力绷带	大号	1卷	28	剪刀		1把
6	自粘弹性绷带	小号	1卷	29	镊子		1把
7	网状弹力绷带	小号	1包	30	安全别针		5只
8	网状弹力绷带	大号	1包	31	防爆手电筒（含电池）		1只
9	织边纱布绷带	6cm×500cm	6卷	32	体温计		1支
10	防粘无菌敷料	小号	5片	33	SAM夹板		1个
11	防粘无菌敷料	中号	5片	34	保温毯	大片	1包
12	防粘无菌敷料	大号	5片	35	速冷袋		2袋
13	三角巾	82复合型	1包	36	速热袋		2袋
14	透气胶带	1.25cm	1卷	37	四合一颈托		1个
15	碘伏	20mL	1瓶	38	上肢止血带		2根
16	棉签		100根	39	下肢止血带		2根
17	酒精棉片		100包	40	笔记本		1本
18	防水创可贴		100片	41	铅笔		1支
19	弹力网帽		2个	42	说明书		1本
20	湿润烫伤膏	40g	2支	43	急救包		1个
21	正红花油	25mL	2瓶				
22	藿香正气滴丸		1瓶				
23	云南白药	4g	1瓶				

附表 2-2　中型急救包配备药品及简易医疗器材配备标准

序号	药品及器械名	规格	数量	序号	药品及器械名	规格	数量
1	纯棉弹性绷带	小号	1卷	24	水溶性消毒片		1瓶
2	纯棉弹性绷带	大号	1卷	25	CPR人工呼吸隔离面罩		1个
3	脱脂棉	25g/包	1包	26	骨折固定夹板	组合式	2块
4	脱脂棉球	25g/包	1包	27	手套	7½号	1双
5	强力弹力绷带	大号	1卷	28	剪刀		1把
6	自粘弹性绷带	小号	1卷	29	镊子		1把
7	网状弹力绷带	小号	1包	30	安全别针		5只
8	网状弹力绷带	大号	1包	31	防爆手电筒（含电池）		1只
9	织边纱布绷带	6cm×500cm	2卷	32	体温计		1支
10	防粘无菌敷料	小号	2片	33	SAM夹板		1个
11	防粘无菌敷料	中号	2片	34	保温毯	大片	1包
12	防粘无菌敷料	大号	2片	35	速冷袋		1袋
13	三角巾	82复合型	1包	36	速热袋		1袋
14	透气胶带	1.25cm	1卷	37	四合一颈托		1个
15	碘伏	20mL	1瓶	38	上肢止血带		2根
16	棉签		50根	39	下肢止血带		2根
17	酒精棉片		100包	40	笔记本		1本
18	防水创可贴		100片	41	铅笔		1支
19	弹力网帽		2个	42	说明书		1本
20	湿润烫伤膏	40g	1支	43	急救包		1个
21	正红花油	25mL	1瓶				
22	藿香正气滴丸		1瓶				
23	云南白药	4g	1瓶				

附表 2-3 小型急救包配备药品及简易医疗器材配备标准

序号	药品及器械名	规格	数量	序号	药品及器械名	规格	数量
1	纯棉弹性绷带	小号	1卷	20	骨折固定夹板	组合式	1块
2	纯棉弹性绷带	大号	1卷	21	手套	7½号	1双
3	脱脂棉	25g/包	1包	22	剪刀		1把
4	脱脂棉球	25g/包	1包	23	镊子		1把
5	强力弹力绷带	大号	1卷	24	安全别针		5只
6	自粘弹性绷带	小号	1卷	25	防爆手电筒（含电池）		1只
7	网状弹力绷带	小号	1包	26	CPR人工呼吸隔离面罩		1个
8	网状弹力绷带	大号	1包	27	SAM夹板		1个
9	织边纱布绷带	6cm×500cm	2卷	28	保温毯	大片	1包
10	防粘无菌敷料	小号	2片	29	速冷袋		1袋
11	防粘无菌敷料	中号	2片	30	速热袋		1袋
12	防粘无菌敷料	大号	2片	31	四合一颈托		1个
13	三角巾	82复合型	1包	32	上肢止血带		2根
14	透气胶带	1.25cm	1卷	33	下肢止血带		2根
15	碘伏	20mL	1瓶	34	笔记本		1本
16	棉签	100根	1包	35	铅笔		1支
17	酒精棉片		100包	36	说明书		1本
18	防水创可贴		100片	37	急救包		1个
19	体温计		1支				